感情労働としての介護労働

介護サービス従事者の感情コントロール技術と精神的支援の方法

吉田輝美

旬報社

まえがき

　本書は，いままで介護労働の分野ではタブー視されてきた，労働者の「感情」の問題に焦点を当てている。

　介護サービスの利用者やその家族から発せられる言葉，それがたとえみずからの心を傷つけるような言葉であっても，介護労働者はぐっと堪え，自分が傷ついていることを悟られないように振る舞い，常に利用者やその家族が満足できるようなサービスを提供しようと努力している。

　以前から筆者は，介護労働者のそうした行為は「感情労働」と呼ぶに相応しいものだと考え，そのことを研究のなかで立証したいと強く思い続けてきた。約15年に及ぶその思いが，全国の介護サービス従事者の方がたのご協力によってようやく実現できたことに，まずは心より感謝申し上げたい。

　本書は序章・終章を含め，7章で構成されている。まず序章では，"あるべき介護労働者像"の重圧に苦悩する労働者たちが，具体的にどういう問題を抱えながら仕事をしているのかを概観した。次に第1章では，わが国で早い時期から「感情労働」に着目し，それを看護労働の分野で取り上げた武井麻子氏の先行研究を紹介するなかで，介護労働との接点を明らかにした。そして第2章では，特別養護老人ホームをフィールドに，介護労働者が利用者やその家族とのかかわりによって感じる「傷つき」の実態と，それを乗り越えるために実行している対処法をさぐった。また第3章では，「感情労働」を実践する手段の一つとしてコミュニケーション能力に着目し，介護サービス従事者に起こるストレスをどのように軽減していけばよいかを考えてみた。さらに第4章では，在宅サービスの要とされるケアマネジャーに焦点を当て，第2章と同様に，サービス利用者とその家族による「傷つき」の実態とその対処法をさぐった。続いて第5章では，ケアマネジャーの支援システムである主任ケアマネジャーの役割，スーパーバイザーへの育成課題を，現場の実態調査をもとに明らかにした。そして終章では，介護サービス従事者が「感情労働」を実践していくために必要な知識や技術，組織による支援体制の整備について検討した。

介護サービスにおける人材不足が問題になって久しいが，遅々として改善が進まないのは，賃金の低さや職務に対する社会的評価の低さだけが原因ではないだろう。介護士やケアマネジャーは，辞めても代わりはいくらでもいると考える管理者がいるとすれば，それは大きな誤りである。職員として大切にされているという実感がなければ，離職率の高止まりや人材難はいつまで経っても解決しないだろう。こういう状況だからこそ，組織が介護従事者を守り，育成していくという視点に立って，働きやすい環境づくりを進めていく必要がある。

　福祉は人がつくり，人で成り立っている。このことを忘れたら，福祉は単なる金儲けの具に成り下がってしまうだろう。

　この本を書き終えて一つ心残りだったのは，組織の管理者が一人ひとりの介護従事者とどのように向き合っているのか，突っ込んだ調査・分析が及ばなかったことである。この点については，今後の課題としたい。

　日本中の介護サービス従事者が日々何を感じ，みずからの職務を遂行するためにどのように悩み，努力しているのかを，少しでも多くの読者に知っていただきたい。本書がその一助となれば幸いである。

2014 年 8 月

目 次

まえがき　3

序　章　介護労働者が抱える問題 …………………………………… 13
1　介護労働の現状 ……………………………………………………… 15
　　（1）　離職率の高さと賃金の低さ　15
　　（2）　介護労働に対する偏見　16
　　（3）　利用者やその家族から受けるハラスメント　17
2　介護労働者と介護倫理 ……………………………………………… 18
　　（1）　専門職に求められる姿勢と行動　18
　　（2）　人としての倫理と職業倫理　19
3　介護労働と感情コントロール ……………………………………… 20
　　（1）　援助者自身の感情コントロール　20
　　（2）　感情コントロールの重要性　21
　　（3）　感情労働と介護労働者　22
4　介護労働とコミュニケーション …………………………………… 23
　　（1）　感情労働とコミュニケーション能力　23
　　（2）　感情労働と介護サービス従事者養成　24

第1章　感情労働としての介護労働 ………………………………… 27
　　　　――武井麻子による感情労働の解釈を通して
　　はじめに　29
1　感情労働とは何か …………………………………………………… 30
　　（1）　感情労働と感情管理　30
　　（2）　感情労働の3つの特徴　31
　　（3）　感情労働と女性労働　32
2　武井麻子の看護師観 ………………………………………………… 33
　　（1）　看護職の社会的評価　33

　　　　(2)　看護師という仕事の現実　35
　　3　武井麻子がとらえる感情労働 …………………………………… 37
　　　　(1)　看護は「気働き」の労働　37
　　　　(2)　看護労働における共感疲労　38
　　　　(3)　感情労働としての看護労働　40
　　4　看護労働が介護労働に与える影響 ……………………………… 42
　　　　(1)　看護労働と介護労働の関連性　42
　　　　(2)　介護労働は感情労働か　43
　　5　介護労働の社会的評価を高めるために ………………………… 44
　　　　(1)　介護職員処遇改善交付金の効果　44
　　　　(2)　感情労働として認知された介護労働　45
　　　　(3)　組織的な感情管理体制の必要性　46

第2章　介護労働者にみる「傷つき」・ストレス …………… 49
　　　　――特別養護老人ホームでの調査から

第1節　利用者やその家族からの言葉による傷つきには
　　　　　どのようなものがあるか ………………………………… 51
　1　介護労働者の感情労働 …………………………………………… 51
　2　介護労働者の「傷つき」実態調査 ……………………………… 52
　　　　(1)　調査の概要　52
　　　　(2)　調査対象者の基本属性　54
　　　　(3)　コミュニケーションストレスの有無　54
　　　　(4)　利用者の障害状況　55
　　　　(5)　利用者からの言葉による傷つき　55
　　　　(6)　コミュニケーションストレスと利用者の言葉による傷つきの関係　56
　　　　(7)　利用者の言葉による傷つきの自由記述　56
　　　　(8)　利用者の言葉で傷ついたときの対処方法に関する自由記述　59
　3　介護労働者の「傷つき」とストレス …………………………… 65
　　　　(1)　コミュニケーション技術の重要性　65
　　　　(2)　「傷つき→ストレス→無力感→バーンアウト」の連関を

　　　　断ち切るには　66
　　　（3）介護労働者と感情コントロール　67
　　　（4）優先される利用者との関係形成　68
　　　（5）介護労働者の属性と感情ワークの伝承　69
　第2節　言葉による傷つきやストレスにどう対処するか ………………… 70
　　1　労働の継続を可能にする力とは ………………………………………… 70
　　2　介護労働者の行動特性調査 ……………………………………………… 71
　　3　感情労働のサバイバーたち ……………………………………………… 72
　　　（1）調査対象者の属性　72
　　　（2）利用者やその家族からの言葉による傷つき　73
　　　（3）介護労働を継続させる力　73
　　4　介護労働を可能にする力 ………………………………………………… 87
　　　（1）言葉による傷つきを克服する行動パターン　88
　　　（2）感情を統御する能力　88
　　　（3）介護労働者の支援体制　89

第3章　コミュニケーション能力と介護サービス従事者の ストレス軽減 …………………………………………………… 93

　第1節　コミュニケーション能力評価尺度調査から明らかに なったこと ……………………………………………………… 95
　　1　介護労働におけるコミュニケーションとは …………………………… 95
　　2　介護労働者のコミュニケーション能力と測定方法 …………………… 96
　　　（1）コミュニケーション能力尺度評価の選定　96
　　　（2）調査方法　97
　　3　平均値との比較、年齢・経験年数との関係 …………………………… 99
　　　（1）各因子の平均得点と9因子の平均得点　99
　　　（2）42項目の平均値と9因子の平均得点　99
　　　（3）年代と平均得点を下回る項目との関係　101
　　　（4）経験年数と取得資格の平均得点を下回る項目との関係　101
　　4　介護労働者に必要なコミュニケーション能力とは …………………… 103

　　　　(1)　自己評価が高い能力と低い能力　103
　　　　(2)　介護労働者にみるコミュニケーション能力の特徴　104
　第2節　ストレス軽減のための認知療法の活用 ……………………… 105
　　1　セルフセラピーとしてのストレス対処法 ……………………… 105
　　2　ストレス軽減のための3つの技法 ……………………………… 106
　　3　認知行動療法を通じて明らかになったこと …………………… 108
　　　　(1)　調査対象者の基本属性　108
　　　　(2)　自己対処法の効果　109
　　　　(3)　対処法の実践結果　110
　　4　自分を大切にする方法 …………………………………………… 122
　　　　(1)　3つの対処法の効果　122
　　　　(2)　効果から読み取れる特徴　123
　　　　(3)　残された課題　124

第4章　ケアマネジャーと主任ケアマネジャーにみるストレスとその対処法 …………………………………………… 127

　第1節　ケアマネジャーと主任ケアマネジャーの現状 …………… 129
　　1　介護保険制度の成立と介護サービスのマネジメント化 ……… 129
　　2　地域包括支援センターの創設と主任ケアマネジャーの配置 … 130
　　3　主任ケアマネジャー研修の変遷 ………………………………… 132
　　4　ケアマネジャーと主任ケアマネジャーのストレス研究 ……… 133
　第2節　ケアマネジャー業務にみる「傷つき」・ストレス ……… 134
　　　　――ケアマネジャーと主任ケアマネジャーの調査から
　　1　ケアマネジャーと感情労働 ……………………………………… 134
　　2　ケアマネジャーと主任ケアマネジャーの「傷つき」・
　　　ストレス度調査 …………………………………………………… 135
　　　　(1)　調査対象　135
　　　　(2)　調査内容　136
　　3　ケアマネジャーと主任ケアマネジャーにみる「傷つき」の実態 … 137
　　　　(1)　調査対象者の基本属性　137

(2)　コミュニケーションストレスについてのとらえ方　140
　　　(3)　言葉による傷つきの実態　142
　4　調査から明らかになったこと ………………………………………… 166
　　　(1)　傾向　166
　　　(2)　ケアマネジャー・主任ケアマネジャーと感情労働　167

第5章　ケアマネジャーと主任ケアマネジャーの精神的ストレス軽減のための支援体制 ……………………………………… 171

第1節　居宅介護支援事業所における精神的ストレス軽減のための
　　　　支援体制 …………………………………………………………… 173
　1　居宅介護事業所で起こる精神的ストレス …………………………… 173
　　　(1)　ヒューマンサービスとストレス，バーンアウトとの関連　173
　　　(2)　スーパーバイザーとしての主任ケアマネジャー　174
　2　精神的ストレス対処行動特性調査 …………………………………… 175
　3　居宅介護支援事業所における精神的ストレスと支援関係の現状 … 176
　　　(1)　調査対象者の属性　176
　　　(2)　どんな場面で精神的ストレスを感じたか　176
　　　(3)　精神的ストレスにどう対処したか　177
　　　(4)　行き詰まったときは誰に相談するか　178
　　　(5)　主任ケアマネジャーとスーパーバイザー業務　178
　　　(6)　居宅主任ケアマネジャーからみた地域包括支援センター
　　　　　 主任ケアマネジャーの存在　180
　4　ケアマネジャーと事業所とを支援する環境 ………………………… 181
　　　(1)　精神的ストレスへの対処行動の有効性　182
　　　(2)　スーパーバイザーとしての力量について　183
　　　(3)　主任ケアマネジャー間の関係について　184
　　　(4)　ケアマネジャーの精神的ストレス軽減策について　185
第2節　ケアマネジャーとスーパービジョン ……………………………… 186
　1　スーパービジョン関係に着目したアンケート調査 ………………… 186
　　　(1)　調査対象　186

　　　　（2）　調査方法　187
　2　スーパービジョンの実態 ……………………………………………… 188
　　　　（1）　〈特定加算ありCM〉のスーパービジョン認知度と実施状況　188
　　　　（2）　スーパービジョンは機能しているのか　189
　　　　（3）　主任ケアマネジャーのスーパービジョン研修満足度　189
　　　　（4）　スーパービジョン研修の満足度に関する自由記述　190
　　　　（5）　スーパービジョンの機能状況と研修の満足度　190
　　　　（6）　主任ケアマネジャー間の業務上の連携に関する自由記述　190
　　　　（7）　主任ケアマネジャー間の連携について感じていること　200
　3　スーパービジョン関係構築のために ………………………………… 205
　　　　（1）　スーパービジョンの実施状況　205
　　　　（2）　スーパーバイザー育成の課題　206
　　　　（3）　2箇所に存在するスーパーバイザーの問題　207
　　　　（4）　ケアマネジャー養成課程とスーパービジョンの重要性　207
　　　　（5）　スーパービジョンを実践するための連携課題　208
第3節　支援体制の現状 …………………………………………………… 209
　1　主任ケアマネジャーへのインタビュー調査 ………………………… 209
　　　　（1）　調査対象　209
　　　　（2）　調査内容　210
　2　主任ケアマネジャーの本音 …………………………………………… 211
　　　　（1）　スーパービジョンの実施状況と改善点　211
　　　　（2）　職種・組織としての連携のあり方　214
　3　スーパーバイザーとしての役割をどう担うか ……………………… 215
　　　　（1）　主任ケアマネジャーの本務　215
　　　　（2）　主任ケアマネジャーの関与の仕方　216
　　　　（3）　独自の取り組み　217
　　　　（4）　ケアマネジャーの感情管理　217
　　　　（5）　スーパーバイザーの必要性　218
　　　　（6）　パラレルプロセスという考え方　219

終　章　感情労働の実践者 ……………………………………………… 223
　1　介護労働の専門性 …………………………………………………… 225
　　（1）　介護労働への誤った評価が就業構造に与える影響　225
　　（2）　感情コントロール技術と人生経験　226
　2　ケアマネジャーと感情労働 ………………………………………… 226
　3　介護労働における感情労働の特殊性 ……………………………… 227
　4　感情労働とコミュニケーション能力 ……………………………… 228
　5　ミス・コミュニケーションを乗り越える力 ……………………… 228
　6　感情コントロールの技術 …………………………………………… 229
　7　介護労働者の精神的支援 …………………………………………… 230
　8　これからの介護労働に求められるもの …………………………… 231
あとがき　235

序章　介護労働者が抱える問題

1 介護労働の現状

(1) 離職率の高さと賃金の低さ

2003年度より実施されている介護労働安定センターの「介護労働実態調査」[1]によると，介護従事者の離職率は07年度まで20％を超えていたが，08年度は18.7％，09年度は17.0％，10年度は17.8％と，続く3年間はいずれも20％を下回っている。とはいえ，全労働者の平均離職率を上回っていることに変わりはない。介護の職場は，他分野の雇用状況が良い場合には雇用が難しく，逆に他分野の雇用状況が芳しくないときには雇用が増えるといわれている。このことから，08年9月のリーマンショック以降，一般的には失業率が高くなったため，介護職を辞めて他分野へ移るという流れは起きにくくなり，介護分野の離職率は下がることが予測された。ところが，09年度以降の調査結果をみると，11年度は16.1％，12年度は17.0％と，介護従事者の離職率の高止まりは依然として続いている。そうなると，介護労働分野における離職率の高さは，必ずしも経済状況に左右されるものではないと考えることも可能であろう。

そうしたなかで厚生労働省は，2009年6月に「福祉・介護人材確保対策等について」という提言を発表した。ここでは，2014年までに高齢者分野の介護従事者を約40万人から60万人確保する必要があるとの試算を行っている。

介護労働者が離職する要因の一つに，賃金の低さが挙げられる。労働の対価としての賃金の高低は，職業の社会的地位との関連が深く，介護労働についていえば，その社会的地位は未だ高くはない。なぜ介護職の社会的地位が低いのかを考えるにあたっては，社会福祉の歴史を振り返る必要がある。

福祉労働者は，わが国の社会福祉事業のなかに存在する一つの職業層であるが，労働者としていかにあるべきかについて，四半世紀以上にわたり，さまざまな議論がなされてきた。大谷［1979］は，福祉には労働者的観点は無用とま

---

[1] 財団法人介護労働安定センターでは毎年，「介護労働実態調査」を実施し，その結果をホームページで公表している。http://www.kaigo-center.or.jp/center/

では必ずしも言えないとし，福祉労働者の献身や奉仕，熱意だけを拠り所に福祉サービスを提供していく姿勢に疑問を投げかけている。また，佐武［1987］は福祉労働をサービス労働の一種であると述べ，浅井［2002］は社会福祉労働者を「社会福祉領域で働く賃金労働者」と定義づけている。さらに朝倉［2008］は，福祉労働は「人々の健康で文化的な生活を保障することを目的とした専門職による労働である」とし，大谷［1978］，廣末［2002］は，福祉労働者の労働条件を向上させることが，福祉水準を高めていくことにつながるものであり，これらを一体のものとして取り組んでいく必要があると述べている。

福祉労働者の賃金は他業種に比べて低く，男性介護労働者のなかには，妻子を養うことができないために転職を余儀なくされるケースが多い。そうした場合，男性の就労継続を困難にしている低賃金構造が，介護労働への社会的評価の低さからくるものだとすれば，それは介護労働に対する偏見以外の何ものでもない。

(2) 介護労働に対する偏見

染谷［2007］は，1970年代のアメリカにおけるウーマンリブ運動を経て女性が社会進出する際に得た職業は，教員や看護師，ソーシャルワーカーであり，男性の専門職に比して，準専門職として位置づけられるものであったことを指摘している。藤野［2007］は，わが国の介護現場の特徴について，「専ら介護の仕事に従事している介護職に女性の割合が多く，男性の介護職は少ない」と述べ，その理由の一つに，子育て終了後の40歳代以降の女性の求職が多いことを挙げている。さらに藤野は「福祉現場における介護という仕事を家庭の主婦が行う家事の延長としてみなされていたこともあり，男性の仕事と考える経営者はまだ少なかった」とも指摘している。

介護労働と女性の関係性を語る際には，家事労働の延長であるから女性のほうが適職だ，あるいは，女性の社会進出にともない参入できる産業が限られていた，などの意見が主流を占めている。その根底には，家事労働が無償労働であることから，その延長としての介護労働にも高い賃金は不要であるという考え方がある。介護労働には専門的能力は必要ないという考えが，いまだ根強く残っていることがうかがわれよう。

福嶋［2006］は特別養護老人ホームに限定し，介護労働の現場で専門性が構築されにくい要因について分析を行っている。そして，介護労働は「社会的な認知度が向上し，必要性についての認知も進んでいるが社会的評価は低く，在宅，施設を問わず専門性の重要性が叫ばれているにも関わらず，現実には介護は誰にでもできるという意識が介護労働者の中にも根強く存在しており，専門職としての介護労働者が社会的にも正当な評価を得ていない」と指摘している。また，白崎［2009］は「介護労働は賃金の低さが社会的な地位の低さとなっていて，単なる肉体労働と思われている」と述べている。

　2000年の介護保険法導入にともない，福祉は措置から契約へとパラダイム転換が図られた。本書では時代背景を区別するためにも，介護保険法導入後の介護労働者に着目し，介護保険法にもとづいて報酬を得る業務に従事しているものを「介護サービス従事者」と定義する。また，とくに介護保険法下において利用者に対する身体介護や生活援助を提供する業務に従事しているものを「介護労働者」と定義し，ケアマネジャーと区別して論じていく。

　介護保険制度導入により，介護サービスの利用者と提供者双方に介護労働のコスト意識が芽生えてきたことは評価できるが，介護労働者にとって新たな課題も生まれた。この点について白崎［2009］は，「介護労働者の賃金は看護師の賃金の半分から3分の2にしか満たない。これではどんなに介護の仕事が好きでも，手抜きができない介護労働者ほど体調を崩して離職を余儀なくされるだろう」と述べ，賃金の低さが介護労働者の離職を招いている現状を危惧する。

　介護労働者は，肉体的・精神的に大変な仕事を担っている。木下［1989］が述べるように，人間関係を形成していくことの難しさを日々痛感し，自己の力量不足に悩みながら仕事をしている。

(3) 利用者やその家族から受けるハラスメント

　顧客にサービスを提供する職業を総称してヒューマンサービスというが，対人援助はヒューマンサービスに位置づけられ，医療，教育，福祉などがこれに該当する。対人援助の領域では，職業を遂行していくなかで，人間関係の煩わしさなどからくるストレスが生起することがある。対人援助職のストレスについては多方面において研究が蓄積されており，介護労働もストレスの多い仕事

として取り上げられるようになった。その一つとして，介護労働者が利用者やその家族から受ける暴力行為（越谷［2008］，吉田［2008］）があげられ，介護労働者が利用者やその家族から受けるハラスメントの存在が明らかになってきた。

ハラスメントは権力のある強者から権力のない弱者への精神的な暴力とされ，一般に教育・看護・介護領域においては，強者が教師・看護師・介護専門職であり，弱者は生徒や保護者・患者・利用者と理解されている。しかし，近年は逆ハラスメントといわれる現象が起こっている。つまり，教師が生徒や保護者から受けるハラスメント，看護師が患者から受けるハラスメント，介護労働者が利用者やその家族から受けるハラスメントである。

ハラスメントに関しては，教育領域と看護領域が介護領域に先行し，「モンスターペアレント」対策や「モンスターペイシェント」対策が，自治体や専門職団体を巻き込んでなされている。しかし，介護領域での対応は組織だってなされているわけではなく，事業所独自の取り組みに任せたり，介護労働者個々の対応に帰したりしているのが現状といっても過言ではない。このような職場環境のなかで業務に当たる介護労働者の精神的健康について考えると，決してよい状態にあるとは言いがたい。

したがって，近年の介護労働者の精神的健康に関する問題を解決するためにも，介護労働者自身が課題を乗り越えていくことができる技術が必要であると考える。具体的には，介護労働者が利用者やその家族から受けるハラスメントに対抗できる言語的コミュニケーション能力，そして精神的健康を保つための技術習得と，介護労働者の精神的健康を支えていく労働環境だろう。

2　介護労働者と介護倫理

(1) 専門職に求められる姿勢と行動

1987年に制定された「社会福祉士及び介護福祉士法」により，介護福祉士養成は翌年度からスタートした。介護労働の専門家を養成するためには，その専門性を担保する教育が必要である。専門職とは，一般的に高度な知識や技術を有した者である。このことから，介護専門の労働者の場合には，介護に関す

る専門知識と技術を習得している者がこれに当たる。さらに，専門職に求められるのは，人びとの幸福に寄与し，社会に貢献していくことである（横山[2008]）。

　介護労働は，利用者の生命や生活にかかわる仕事であり，利用者やその家族に対して少なくない影響力をもつ仕事である。介護労働者自身のかかわり方ひとつで，利用者の生活や人生までも変えてしまう場合もある。そのようなことから，介護労働者は，重要な仕事を担っている専門職であることを意識するとともに，専門職としてふさわしいとされる行動が要求され，介護労働者自身がみずからを律していかなければならない。これらは介護労働者の倫理であり，行動を律するために倫理綱領が存在することを理解する必要がある。

(2) 人としての倫理と職業倫理

　倫理は一般的に，「人として守り行うべき道」，「普遍的な基準となるもの」，「道徳」，「モラル」などといわれる（宮内[2009]）。つまり，人としてのありようが問われるものである。さらに，仕事をしていくにはそれぞれの職業倫理があり，それは「その業務を行ううえでの行動規範」とされている。介護労働者には，人としての倫理の上に介護労働者としての職業倫理という二重の倫理が要求されるのである（図参照）。

　介護労働における職業倫理としては，介護専門職としてのあるべき姿や禁止事項を定めた倫理綱領がある。倫理綱領は，介護労働者の行動や姿勢の具体的指針であり，日本では日本介護福祉士会倫理綱領やホームヘルパー協議会倫理綱領がその代表である。介護専門職がその社会的な位置づけを確固とするためにも，倫理綱領の順守が求められる。倫理綱領は明文化されたもので誰にでもわかるが，介護労働の現場には，他に介護労働者としてこうあるべきであるという規制や，こうしてはいけないという，それぞれの実践現場で策定された禁止事項が存在する。それらは，いわゆるローカル・ルールと呼ぶに値するもので，従来からの介護労働者の経験則にもとづくものや，利用者やその家族から求められる介護労働者としてのあるべき姿であるといえる。

図　介護専門職に求められる倫理と倫理綱領

<倫理と職業倫理>

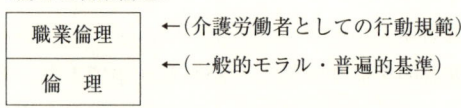

<介護専門職に求められる倫理と倫理綱領>

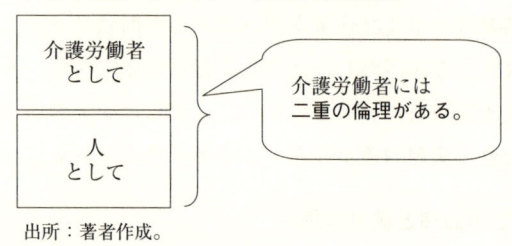

出所：著者作成。

3　介護労働と感情コントロール

(1)　援助者自身の感情コントロール

　対人援助職者に求められる能力の一つに，感情コントロールがある。広辞苑によると，感情とは「喜怒哀楽や好悪など，物事に感じて起こる気持ち」「主体が状況や対象に対する態度あるいは価値づけをする心的過程」とされている。この感情コントロールについて，社会福祉領域の人材育成の際に伝統的なテキストとして使われているのが，F.P.バイステックの著書『ケースワークの原則』である。そこでは，対人援助職に求められる感情コントロールとして，「意図的な感情の表出」と「統制された情緒的関与」の二つがあげられている。前者の「意図的な感情の表出」は，どちらかといえばクライエント側の感情をコントロールする意味合いが強いのに対し，後者の「統制された情緒的関与」は，援助者自身の感情をコントロールしてクライエントと向き合う場合を想定している。このうち本書では，バイステックの理論にもとづき，介護労働者自身の感情コントロールについて論じることにする。また，本書における「感

情」とは，介護労働者が，利用者やその家族とかかわるなかで起こる事象について感じる気持ちを指している。したがって，あくまでも介護労働者の主観に寄り添い，介護労働者がある事象に対して行う価値づけの善し悪しについては問題にしない。利用者やその家族とかかわるなかで感じる心的過程を「感情」と呼ぶことにする。

　介護労働の中心的な従事者とは，国家資格者である介護福祉士と，訪問介護員養成研修の課程を修了したホームヘルパー（訪問介護員）を指す。介護福祉士養成については，2009年度より養成内容が大幅に見直されたが，本書では最新の介護福祉士養成の教科書に沿って，介護労働の感情コントロールがどのように取り扱われ，人材育成に使われているのかを整理してみたい。

(2) 感情コントロールの重要性

　介護福祉士という職業に求められることとして，杉原［2009］は次のように述べている。「介護福祉士は，人の生命や生活にかかわる職業であり，人に対して大きな影響力をもっている職業です。自分のかかわり方一つで相手の生活，人生までも変えてしまうかもしれません。したがって，介護福祉士は人の生活にかかわる重要な専門職であることを常に意識し，自らの行動を律することが重要であり，そのためには他の専門職同様に高い倫理が求められるということを理解することが大切です。」[2]

　ここでいう「自らの行動を律する」とは，先に述べた介護労働者の職業倫理と解することができる。さらに，横山［2008］は「介護職員自らの感情を適切にコントロールできるかどうかが介護の質を決定づける一つの要因となる。……（中略）……したがって，介護職員がどのような姿勢で，どのような行動をとるかという行動規範が厳しく問われることになる。」[3]として，介護労働者自身の感情コントロールに言及している。

　これらのことから，介護労働者は利用者やその家族が求めるあるべき介護労働者像に応えるべく，専門職倫理に規定された内容を忠実に実践するよう要請

---

2) 介護福祉士養成講座編集委員会［2009］『介護の基本Ⅱ』中央法規出版，32頁より引用。
3) 西村洋子編［2008］『介護の基本』メヂカルフレンド社，234頁より引用。

されることになる。つまり，介護労働者は，倫理規定による求めと利用者や家族による求めという，二重の求めに対応した行動をとらねばならないのである。そして，そこから逸脱することは，介護の質を著しく低下させ，介護サービスへの信用を失墜させることにもなりかねない。そのような事態を招かないためにも，介護労働者はいつ，いかなる時でも「自らの感情を適切にコントロール」できることが必要で，そのことが介護サービスの質の向上につながるとされるのである。

(3) 感情労働と介護労働者

ここで横山［2008］は，「介護職は感情労働という特質をもった専門職である」と述べているが，介護労働者がどのように感情コントロールを行っていくかについては言及しておらず，介護労働者の行為は「感情の意味を十分理解し，適切な応答をすることに深く関連している」と述べるにとどまっている。また，諏訪編著［2009］においても，介護労働を感情労働ととらえたコラムが掲載されており，そこでは「自分の感情をうまくコントロールしながら，望ましい対応をすること……（中略）……利用者から理不尽なクレームが寄せられたとしても，ムッとしたりせず，笑顔を作りながら冷静に対応しなければなりません」と書かれている。

第1章で詳述するが，A.R. ホックシールドは，「感情労働」を「職務内容の一部として求められている適切な感情状態や感情表現を作り出すためになされる感情管理」と定義している。そこでは，肉体労働にも頭脳労働にも該当しない労働として「感情労働」が取り上げられている。そこで，本書では，介護サービスに従事する労働者が，利用者やその家族を支援する際に，どんな不快な感情状態にあっても，その感情のまま利用者やその家族に応答するのではなく，業務上適切であろうとされる感情を作り出し，利用者やその家族が不快となることのないような応答をする労働を「感情労働」と定義する。

以上のことから，近年の介護労働者養成においては，介護労働を感情労働と規定し，それに沿ったかたちでの人材育成にシフトしつつあることが理解できる。しかし，介護労働者養成においては，介護労働のどの部分が感情労働であり，どのようにすれば感情労働が実践できるのかが明確でなく，感情コント

ロール技術の習得方法についてはふれられないままに終わっている。また，感情労働であるがゆえに生じるであろう介護労働者に対するメンタルヘルスについても，十分に論じられていないのが現状である。

4 介護労働とコミュニケーション

(1) 感情労働とコミュニケーション能力

　介護サービス従事者は，「笑顔を作りながら冷静に対応」することが求められる。これは現行の介護労働者養成課程において，介護のコミュニケーション技術に位置づけられ，利用者への声かけの仕方などを学ぶ。広辞苑によると，コミュニケーションとは「相互に了解を志向しながら強制なき合意形成を目指す言語行為を指す」とある。これを介護の現場に当てはめると，介護サービス従事者と利用者やその家族は，支援過程に必要とされる情報を相互にやりとりするなかで人間関係を形成していく。そして両者が信頼関係を築くうえでとくに重視されるのが，コミュニケーションである。コミュニケーションには，言語的コミュニケーションと非言語的コミュニケーションがあるが，本書では，言語として発信された情報を，介護サービス従事者がどのように解釈し，感情労働を行っていくのかを見るために，言語的コミュニケーションを中心に取り扱った。したがって，本調査では，介護サービス従事者と利用者やその家族との言語行為としてのやりとりを「コミュニケーション」と呼ぶことにしたい。
　岡堂［1997］は「人間関係は，人と人の間のコミュニケーションによって成り立つ」と述べ，水野［1998］は「適切なコミュニケーションが良好な人間関係を結ぶ」とし，介護においてコミュニケーションは，援助関係の基盤づくりであり，介護サービスの質にかかわるものでもあると述べている。また，井上［2005］は，介護という目的を共有するためには人間関係の形成が必要であり，それをつくるためにコミュニケーションが介在しているとする。つまり，介護労働の中心にあるのは，介護サービス従事者と利用者やその家族とのコミュニケーションだといえる。コミュニケーションを通じて，介護サービス上に人間関係が形成され，それによって介護サービス関係は維持されるという，コミュ

ニケーションをシステムととらえる関係性の循環が存在している．また，教育・看護・介護領域におけるハラスメントについては，その一因にコミュニケーションの不足が指摘されている（山脇［2008］）．

このことから，コミュニケーションがいかに円滑に図れるかは，介護サービス従事者に求められる能力の一つと言える．それはコミュニケーション技術を駆使して，介護サービス関係を維持していく能力であると言い換えることもできるだろう．利用者やその家族との介護サービス関係を維持するためのコミュニケーション能力は，介護サービス従事者に求められる感情労働の実践につながるものであり，コミュニケーション能力の高さは，感情労働による介護サービス従事者の疲弊を予防する役割を果たすかもしれない．

(2) 感情労働と介護サービス従事者養成

田中［1997］は，「人間関係によってもたらされた苦悩は，おそらく人間関係によって癒される以外ない」と述べている．本書では，介護サービスにおける感情労働の実態をさぐり，感情労働ができる介護サービス従事者の養成をどのように行っていくのかを考えてみたい．また，介護サービス従事者の離職防止の一助として，従事者への支援体制の整備も検討課題に加えたい．

ストレスとは，ハンス・セリエによって定義された用語で，広辞苑には「種々の外部刺激が負担として働くとき，心身に生じる機能変化」「俗に，精神的緊張をいう」と書かれている．本書では，介護サービス従事者にとっての外部刺激を利用者やその家族とし，利用者やその家族による言語的コミュニケーションによって，介護サービス従事者が自己の心身に生じる精神的緊張を「ストレス」と定義した．また，「ストレス」は精神的ストレスに限定し，疲労や腰痛などの肉体的ストレスについては除外した．

本書で公表する調査は，特別養護老人ホームでは介護労働者を，在宅サービスではケアマネジャーをそれぞれ対象とした．介護サービス利用者やその家族とのコミュニケーションを通じて，介護サービス従事者に生じるストレスや傷つきに焦点を当て，彼らは自己の感情をどのようにコントロールしているのかを明らかにしている．

北山ら［2006］によると，「傷つき」とは「対人関係や生活のなかでの事件

でその刺激の強さが許容量を超えて適切に取り扱えなくなり，心理的混乱や痛みを招来したり，後の心的な障害を準備したりすること」とされている。介護サービスに従事する介護労働者やケアマネジャーたちは，利用者を支援する過程で，利用者やその家族との関係形成のためにコミュニケーションを通じた相互理解を図ることを業務の一つとしているが，利用者やその家族から向けられる言語的コミュニケーションによって，彼らの名誉や心情などが傷つけられる場合もある。その多くは主観的なものであるが，そのときに感じた落ち込みや悲しい気分を，本調査では「傷つき」と定義づけた。

　介護サービス従事者の支援環境の整備については，とくにケアマネジャーと主任ケアマネジャーがどのような関係性にあるのかを明らかにし，ケアマネジャーの精神的支援のあり方について検討する。

　以上の調査を通じて，介護サービス労働が感情労働に位置づけられることを検証していきたい。

参考文献

浅井春夫［2002］「福祉労働者と福祉運動」『社会福祉労働の専門性と現実』かもがわ出版，36-53頁。

朝倉美江［2008］「介護・福祉労働の課題と展望——ジェンダーの視点から」『金城学院人文社会科学研究所紀要』17-31頁。

井上千津子［2005］「介護を支える技術」『改訂新・セミナー介護福祉　11　介護概論』ミネルヴァ書房。

大谷勉［1979］「福祉労働者の福祉労働観——大阪における調査報告書」福祉労働編集委員会『福祉労働』創刊号，現代書館，80-94頁。

岡堂哲雄［1997］「人と人の結びつき——関係性と文脈」『看護と介護の人間関係』現代のエスプリ別冊，至文堂，13-21頁。

介護福祉士養成講座編集委員会［2009］『介護の基本Ⅱ』中央法規出版。

北山修・舛田亮太［2006］「傷つく」『日常臨床語辞典』誠信書房，144-147頁。

木下康仁［1989］『老人ケアの社会学』医学書院，79-80頁。

越谷美貴恵［2008］「施設入所者の暴力的行為が介護者の精神的健康に及ぼす影響」『介護福祉学』15［1］，62-73頁。

佐武弘章［1987］「福祉労働の役割と課題」福祉労働編集委員会『福祉労働』25号，現代書館，36-50頁。

白崎朝子［2009］『介護労働を生きる　公務員ヘルパーから派遣ヘルパーの22年』現代書館．
杉原優子［2009］「日本介護福祉士会倫理綱領」介護福祉士養成講座編集委員会『介護の基本Ⅱ』中央法規出版．
諏訪茂樹編著［2009］『人間関係とコミュニケーション』建帛社．
染谷俶子［2007］「女性労働と福祉の発展」『東京女子大学社会学紀要』35号, 35-56頁．
田中一彦［1997］「小集団の人間関係——地位と役割」『看護と介護の人間関係』現代のエスプリ別冊, 至文堂, 38-55頁．
廣末利弥［2002］「介護保険制度導入後の高齢者福祉労働」『社会福祉労働の専門性と現実』かもがわ出版, 119-144頁．
フェリックス・P. バイステック［1996］／尾崎新・福田俊子・原田和幸訳『ケースワークの原則　援助関係を形成する技法〔新訳版〕』誠信書房．
福嶋正人［2006］「介護労働の専門性構築を阻害する諸要因について」『聖母女学院短期大学研究紀要』35号, 169-179頁．
藤野達也［2007］「介護労働者の労働環境——社会福祉現場における介護職と非介護職の労働環境の実態——」染谷俶子編著『福祉労働とキャリア形成　専門性は高まったか』ミネルヴァ書房, 199-213頁．
水野良也［1998］「介護における心理的援助」岡村民夫・久垣マサ子・奥田いさよ編『改訂版介護概論　理論と実践のためのミニマム・エッセンシャルズ』川島書店．
宮内寿彦［2009］介護福祉士の倫理『介護の基本Ⅰ』建帛社．
山脇由貴子［2008］『モンスターペアレントの正体　クレーマー化する親たち』中央法規出版．
横山正博［2008］「介護福祉の倫理」西村洋子編『介護の基本』メヂカルフレンド社．
吉田輝美［2008］「介護労働者の労働環境支援についての一考察——施設ケアハラスメントの現状を踏まえて——」『仙台白百合女子大学紀要』13号, 91-106頁．

第 1 章
感情労働としての介護労働
―― 武井麻子による感情労働の解釈を通して

はじめに

　1988 年 4 月より施行された「社会福祉士及び介護福祉士法」は，社会福祉基礎構造改革や介護保険法制定の影響を受けながら幾度かの改正がなされ，2007 年には「社会福祉士及び介護福祉士法等の一部を改正する法律」が成立した。そこでは介護福祉士養成課程の見直しがなされ，09 年 4 月から新たな教育カリキュラムがスタートし，より一層質の高い介護福祉士養成が求められるようになった。しかし，一方では介護労働者の確保に苦慮するようになったため，08 年に「介護従事者等の人材確保のための介護従事者等の処遇改善に関する法律」が制定され，厚生労働省により「福祉・介護人材確保対策等について」という提言が発表された。

　介護という仕事は対人援助を基盤とするものであり，従来からストレスの強い職業として位置づけられてきた。藤井 [2009] は，新カリキュラムのなかで「介護の仕事とストレス」として，介護職の心の健康について述べている。堀之内 [1998] は，介護の現場で働く者はさまざまなストレスを抱えながら仕事に取り組んでいるが，それらについて支援する体制がないことと，介護者自身がストレスを解決する方法を知らないことが問題であるとしている。また，介護サービスについては，2000 年 4 月から介護保険制度の創設によって，利用者から選ばれる契約制度となったことから，介護労働者のストレスはこれまで以上に増している可能性がある。

　介護福祉士養成新カリキュラムにおいて，大谷・諏訪 [2009] は初めてコラムの欄で「感情労働」を取り上げ紹介している。新たな介護福祉士養成の教育体系のなかで感情労働が取り上げられることは大変意義深いことだと言える。2010 年 12 月 1 日現在，CiNii-NII 論文情報ナビゲータで「感情労働」というキーワードを検索すると，161 件の論文がヒットした。そこからさらに，介護の近接領域をキーワードで絞り込んでいくと，社会学 19 件，看護 54 件，介護 15 件，教師 4 件，保育 1 件の合計 93 件が検索できた。介護分野の感情労働研究は，看護におけるそれにはまだまだ及ばないものの，感情労働の発祥領域である社会学に追いつこうとしている状況がうかがえる。介護保険導入後の介

サービス事業における人材確保が喫緊の課題になっていることもあり，今後，介護労働のあり方についてもっと議論を深める必要があると思われる。

筆者は介護労働が感情労働であるならば，近接領域である看護労働との比較検討を通じて，介護労働の特性が導き出されるのではないかと考えた。そこで本稿では，わが国で感情労働を最初に看護の領域に取り入れた武井麻子の文献を拠り所にして，介護労働における感情労働のとらえ方を検討したい。感情労働の概念が介護労働に浸透していくにあたり，介護労働の社会的評価を高め，労働環境の改善につなげることができればと考えている。

1　感情労働とは何か

(1)　感情労働と感情管理

感情労働 (Emotional labor) とは，アーリー・R. ホックシールド (Hochschild. 1983) が提唱した概念であり（石川・室伏訳 [2000]），その研究対象は客室乗務員であった。彼は，客室乗務員には3つの労働が要求されると述べる。1つめは，通路を重い食事カートを引きながら通るような肉体労働，2つめは，フライト中の緊急事態や，瞬時の判断が要求される場面で求められる頭脳労働，そして3つめが感情労働である。ホックシールドはこの感情労働を，乗客のやっかいな要求に対して嫌な顔をすることなく，普段と変わらない明るさで対応することが求められる労働だとし，「職務内容の一部として求められている適切な感情状態や感情表現を作り出すためになされる感情管理」であると定義している。

たとえば，客室乗務員は研修などを通じて客室乗務員としての感情を管理され，乗客の感情に何らかの変化をもたらすような接客を職務上求められる。つまり，経営者が客室乗務員に求めているのは，客室乗務員が自己の感情を駆使して乗客に接することによって，次もまたこの航空会社を利用したいという気を起こさせる接客態度である。そして客室乗務員は，このような感情労働を通じて，労働の対価としての報酬を得る。これをホックシールドは「感情が商品になる」という言葉で表現し，心が商品化されるのが感情労働であるとしている。

感情労働は，自己の感情管理によって他者の感情に働きかける仕事であり，「感情労働を行う人は自分の感情を誘発したり抑圧したりしながら，相手のなかに適切な精神状態を作り出すために，自分の外見を維持しなければならない」(ホックシールド[1983：7])。また，「感情労働は賃金と引き替えに売られ，〈交換価値〉を有する」(ホックシールド[1983：7])のである。

(2) 感情労働の3つの特徴

ホックシールドは，感情労働には3つの特徴があるとする。第1に，「対面あるいは声による顧客との接触が不可欠」であること，第2に，「従事者は，他人の中に何らかの感情変化——感謝の念や恐怖心等——を起こさなければならない」こと，第3に，「雇用者は，研修や管理体制を通じて労働者の感情活動をある程度支配する」ことである。そして，客室乗務員の内面で行われている一連の感情管理の方法を「感情作業（感情ワーク）」と呼んでいる。

企業は客室乗務員が適切な感情をつくることができるように，「自己意識講座」という感情管理の技術を研修のなかに取り入れている。そこでは，乗客の怒りや暴言の原因分析の方法を習得するのではなく，そうした乗客に抱く自己の感情を鈍らせる方法を習得することによって，乗客への適切な対応技術を身につけるのである。客室乗務員は，自分の過去の体験をもとに乗客の怒りの背景を推察したり，深呼吸をしてみたり，独り言を言ってみたり，自分が納得できる言葉を自分自身に言い聞かせてみたりすることで，自己の感情を管理することを提案される。これが「感情ワーク」と呼ばれるものである。つまり，客室乗務員は「感情ワーク」を通して自己の感情を管理しているのである。

また，ホックシールドは，客室乗務員が乗客から向けられるやっかいな要求に対して，内面に自然と湧き出てくるマイナス感情を抑圧し，職業人として表向きは穏やかに対応する「感情ワーク」を「表層演技」と名づけている。これに対し，自己の感じ方そのものを変えようとする作業を「深層演技」と呼び，深呼吸をしたり，相手の状況を考えたりして気持ちを鎮めることも含まれている。

さらに，ホックシールドは，この感情管理は組織的になされるべきであると述べている。客室乗務員は，乗客から求められる「あるべき姿」を演じ，組織

はそれを商品価値として売り出し，結果的には客室乗務員の賃金が対価として支払われるため，客室乗務員の感情管理は組織にとって必要不可欠なのである。こうした職務に必要な感情は，感情規則として管理されている。客室乗務員が行う感情労働は，感情規則に沿って個人や組織から管理され，能力として評価されるのである。感情労働を必要とする職種のなかにも，感情労働を遂行する者もあれば，遂行しない者もいる。それは雇用者が，仕事の一部として感情労働従事者には奨励金を出し，逆に感情労働が必要であるにもかかわらず遂行しない者には監督を強化するからである。

　このように見ると，対人サービスは，ホックシールドが述べる感情労働の特徴の第1点目だけでなく，第2の特徴，第3の特徴をも合わせ持っていることがわかる。そうした職業としてホックシールドは，客室乗務員以外に外交官やウエイター，秘書や看護師などを挙げている。

(3) 感情労働と女性労働

　感情労働には感情管理が必要であり，そのために従事者は適切な感情をつくり出すための感情作業を行っている。この感情作業は目に見えない労力であり，イヴァン・イリイチによって「シャドーワーク」と名付けられた。「シャドーワーク」は物事を処理するうえで大切な仕事だが，賃金を得るための労働とはみなされない。その代表的なものが家事労働である。具体的には，家を清潔にし，笑顔で「お帰りなさい」を言い，疲れた様子を見せないよう努めることである。

　家事労働はジェンダー・イデオロギーによって，主に女性の労働とされてきた。男性は外で働き，女性は家を守るという男女の役割分担の歴史を見ると，このことは明らかである。家事労働には育児や病人の世話も含まれるが，これらが社会分業化したものが保育士，看護師であろう。保育士や看護師は多くを女性が占めることから，女性は対人サービスに向いていると考えられてきた。次節で取り上げる武井麻子が整理したジェンダー・イデオロギーによると，女性特有の労働とされる領域では，商業効果として感情管理能力が要求され，それが市場に導入されているとされる。

　ホックシールドが感情労働を概念化して以降，対人的職業とされる看護領域

では，感情労働についての研究が進んだ。とくにわが国では，武井がP.スミスの著書を翻訳したことがきっかけとなり，対人的職業の領域での感情労働研究への関心が高まった。

2 武井麻子の看護師観

武井自身が看護師についてどのようなイメージを持ち，看護労働をどのようにとらえているかについて，武井の文献とその著作の発刊後に行われた講演録をもとに検討してみたい。

(1) 看護職の社会的評価

わが国ではこれまで，人の身体に触ったり，下の世話をしたりする職業に就く人を特別視する傾向が強かった。1つは，人に奉仕することを天職として選んだ人であるということ，いま1つは，経済的に困窮した状態にある人ということである。

看護という行為は，家庭では主として女性によって担われており，家事の一部とみなされてきた。それは誰にでもできることであるとされ，単純労働として扱われてきた。また，女性が職に就くのは，家計を支える目的からだとみなされた。歴史的に見れば，看護職への社会的評価は低かったのである。

看護教育の特殊性は，病院が学校を運営し，その病院で働く看護師を養成してきたところにある。このシステムはヨーロッパの多くの国でも採用され，学問としての看護学の発展にはなかなか結び付かなかった。1970年代に入って，アメリカのアカデミックな看護教育の影響を受け，病院と看護教育機関の分離が図られた。この看護教育改革によって労働条件の改善が進み，女性としてのキャリアが描けるようになり，高い報酬と職業的評価が得られるようになった。

2002年5月に日本赤十字看護大学で開催された第28回保健医療社会学会の教育講演において，社会一般が描く看護師像について，武井は以下のような関係図式を示した。

「看護師=『白衣の天使』=自己犠牲と慈愛のイメージ」[1]

このような献身的に働く看護師像が社会のなかに定着しているため，看護師が関係した事件が起きると，マスコミは「看護師のはずなのに」「看護師のくせに」という言葉を並べ立てる。そのことで，ますます社会のなかにステレオタイプ的な看護師イメージが植え付けられていくことになると指摘している。

　また一方で，看護師自身もそれらの社会的な評価や言葉のなかに身を置くことで，社会から要請される看護師像を追求するようになると述べている。「患者を受容すること」，「患者に共感すること」，「患者の言葉に傾聴すること」が最高の看護師であると思い込んでいく道筋ができあがる。つまりそこには，社会が要請する看護師像に自らを近づけていこうとする看護師自身がいるのである。

　武井は，2004年10月に京都府の病院で起きた看護助手による患者の爪はがし事件[2]と，2005年2月に石川県で起きたグループホーム職員による石油ファンヒーター熱風火傷死亡事件[3]を例に，看護職に対するステレオタイプ的な評価について述べている。

「看護や介護は『善意の職業』，それにたずさわる人は『善意の人』」[4]

　このような役割を押し付けられているのが看護労働者や介護労働者であり，ひとたび何か事件が起こると，社会から過大な批判が浴びせられる。そしてこ

---

1) 武井麻子［2002］『感情と看護』「保健医療社会学論集」13巻2号，7頁より引用。
2) 2004年10月に京都市内の病院で，当時看護助手であったS被告は，人と関わることが多い職場でしだいにストレスがたまり，意思疎通困難な入院患者6人の手足の爪合計49枚を剥がし，懲役3年8ヵ月の実刑判決を受けた。S被告は，服役後に懲罰の事実を履歴書へ記載せず，京都市内で別の病院へ再就職し，同様の事件を2011年8月に起こし逮捕された。爪をはがされもだえ苦しむ高齢患者の顔をみてストレスを発散させていたとされる。
3) 2005年2月に石川県内の認知症グループホームで，当時介護職であったM被告が，女性入所者を熱傷性ショックで死亡させた。被害者が「寒い」と言うので石油ファンヒーターをつけるが，被害者はヒーターを足で揺らして消してしまうことに腹を立て，つけるたびに隅に座り込んでいた女性入所者の数十センチ前に，最高温度に設定したヒーターを置き，熱風を約30分間当てて死亡させた。この背景には，正職員を希望していたが夜勤のみの非常勤で不安定な地位だったことや，M被告の家庭でのストレスなどがあると報道された。
4) 武井麻子［2006］『ひと相手の仕事はなぜ疲れるのか——感情労働の時代』3頁より引用。

れは，看護や介護に対する「愛情規範」，つまり患者や介護対象者への愛情がなければならないという考えが社会に根強くあるためで，"愛の労働"とされる家事や育児と同類の扱いがなされているという。

　この点に関わって武井は，看護が社会的な地位を獲得するまでの歴史を振り返り，そこには看護の先人たちによる"愛の労働"観との長い戦いがあったことを指摘している。たとえば，看護職場では賃上げ交渉や労働条件の改善要求などは後回しにされ，看護従事者は長い間，きわめて低い労働待遇に留め置かれてきた。これは家事や育児同様，看護は"愛の労働"であるがゆえに，看護についての知識や技術は不要である，金銭的な報酬も必要ない，という論理に拠っている。患者に注ぐ無償の愛に対して，患者から感謝の念を受け取ることができれば，それが看護師への報酬とされたのである。看護師は，患者からの感謝の念によってみずからの魂が救われ，さらに強い愛を患者に注ぐことができるという「ファンタジー」がそこに成立したのだと，武井は述べている。

「厄介なのは，……（中略）……ケアをめぐるファンタジーがあること……（中略）……『白衣の天使』『無償の愛』ということを公然と言う人がいること。」[5]

　武井は，社会的につくり上げられた看護師観は看護師自身のなかにもあるとし，それが時としてどれほど看護師を苦しめているかに注意を喚起しようとしている。以下では看護労働の現実に目を向けながら，武井の看護労働観を見てみたい。

(2) 看護師という仕事の現実

　看護の仕事は"愛の労働"と表現されるようなシャドーワークが非常に多いが，それが特別に評価されることはなく，どこまでも延々と続く終わりのない仕事だと言える。介助が必要な患者の世話は煩雑であり，なかでも介助を嫌が

---

[5] 武井麻子［2009］『感情と看護――人とのかかわりを職業とすること――「感情労働」の視点からケアを考える』『東邦大学看護研究会誌』第6号，48頁より引用。

る患者とのかかわりは，看護師にとって「格闘」に近いものとなる。このような仕事は日常生活の援助に区分され，看護師資格がなくてもできるのではないかと思いながらも，手際よくこなすことが求められる。

　近年は医療技術の進化にともない，看護師も高度な技術を要求されるようになっている。コンピューターを使いこなし，最新機器の操作に習熟している者が有能な看護師とされ，経験年数による年功序列は看護師の世界では通用しなくなってきている。

　また，看護師には「状況を読む」能力，すなわち患者の様子を見て何が起こっているかを瞬時に判断する能力も必要であり，それは患者本人の特性ばかりでなく，医療従事者の人間関係なども考慮しながらの対応となる。

　看護師たちの多くは，できることなら患者の話にじっくり耳を傾けたいと思っているが，そうすることで周囲から仕事を怠けているように見られては困るので，あえて忙しそうに振る舞っているところがある。執拗に話しかけてくる患者は適当にあしらい，できるだけ彼らの悩みや不安に向き合わないようにしているのが現状のようだ。また，交代制の不規則勤務や慢性的な人手不足も，患者とのコミュニケーションを困難にする一因になっている。処置と記録に日々追いまくられ，上司や同僚との人間関係からストレスがたまり，最後にはバーンアウトしてしまうのが近年の看護現場の実情だといえる。

「患者との関係，同僚との関係，医師との関係，自分の家族との関係のなかで，看護婦は日々葛藤しながら働いています。看護婦が辞めていくのは，感情的に限界に達したと思ったときです。みずからの感情を語ることは，ある意味で看護婦としての『恥』をさらすことのように感じられるかも知れません。……（中略）……けれども，感情の問題をくだらないと感じることから問題にしなければなりません。それは，看護婦が人間として大事にされていないということでもあります。」[6]

---

6) 武井麻子［2001］『感情と看護——人とのかかわりを職業とすることの意味』28頁より引用し，「看護婦」の呼称は原文のまま用いている。

武井は，看護師の離職率の高さは，労働内容よりも人間関係のなかで生じる「感情」によるところが大きく，そのことを問題視しなければ人手不足の解消は難しく，悪循環は断ち切れないと述べている。看護師による医療事故や犯罪の背後にかいま見えるのは，看護師が人間として大事にされてこなかったために，みずからもまた患者を人間として大事にできなくなってしまったと考えることはできないだろうか。

　近年の医療制度改革の一環としての在院日数の短縮化により，看護師は重篤な患者への緊急対応に追われ，患者に寄り添って療養の手助けをする余裕がなくなっている。病人を自宅で看取る習慣がなくなり，直ちに病院へ搬送されてくることから，看護師は患者の死に向き合うことを余儀なくされる。それが常態化すると，死への感覚を麻痺させなければ業務が遂行できないという異常な状況が生まれる。"気遣いの看護"が行われる余地は，ほとんど残されていないのである。

　また，患者の「知る権利」が定着するにつれて診察内容の録音化・録画化が進み，看護師は医療事故の当事者になるのではないかと常に怯えている。医療における患者との対等性は当然だが，看護師にとってはそれが弊害にうつる場合もあるのではないだろうか。患者による看護師への暴言や暴力，無理な要求，セクシャル・ハラスメントなども増えている。それと裏腹に，病院内への市場原理の導入によって，患者をお客様として扱う「患者様」接遇が求められ，それに対応した院内教育が実施されているのが現状である。

3　武井麻子がとらえる感情労働

(1) 看護は「気働き」の労働

　ここでは，看護師教育において看護労働が感情労働として位置づけられていく過程を，武井の文献をもとに検討したい。

　診察場面を例にとると，看護師は物品管理や患者の心理面への配慮など，さまざまな気配りや気働きが求められる。これらは看護師として当然身につけていなければならないことだとされ，それができない場合は「気が利かない」看

護師とみなされる。

　武井は気の利く看護師を「気働き」と表現しているが，これは看護領域でP.ベナーが用いた「ケアリング」に当たるものである。このケアリングについて武井［2001］は，ベナーらが示している「思考と感情と行為を区別せず，人間の知の働きと存在を一体的に表現する言葉」であることに賛同している。しかし一方で，看護業務だけを提供して終わるのでなく，そこに気づかいが存在しなければケアとは呼べないとするベナーの意見には異議を唱えている。

　本来のケアとは，さりげない思いやりの仕草や言葉で示されるもので，多くは目に見えないとされる。しかし，業務に追われる状況下にあっては，これこそが看護師にとっての苦悩なのである。看護師が患者に深くかかわろうとすればするほど，みずからの感情が関与することになり，それがストレスにつながっていくと考えられている。したがって，看護師の思考と感情と行為は明確に区別されるものではなく，また区別すること自体が難しいため，看護労働は感情労働になりうると，武井は述べている。

　武井がそう考えるようになったのは，2000年に翻訳したイギリスの看護研究者P.スミスの『感情労働としての看護』から影響を受けたためであった。P.スミスは，ホックシールドの概念を看護に取り入れた人物として知られている。そこには語ることをタブーとしていた看護師の姿が描き出されており，武井はそれをありのままに訳出した。そしてこの著書を修士課程の教科書として使うなかで，看護労働は肉体労働や頭脳労働とは異なる感情労働だという，現在の武井の主張につながったのである。

（2）看護労働における共感疲労

　多くの看護師は，傷つき，気の毒な状態にある患者を前にすると，「何とかしなければ」という思いに駆られる。しかし，実際には何もできなかったりすると，「自分は看護師なのに何もできなかった」と罪悪感を抱き，それがストレスにつながるのだといわれる。これは"思いやり疲労"とも呼ばれ，ジョンソンが概念化した共感疲労である。B.H.スタム［1999］は共感疲労を「苦痛や逆境に見舞われた他者に対する深い共感や悲嘆の感情で，その人の苦痛やその原因を取り除き癒したいという強い希求を伴うもの」と定義している。

共感疲労は二次的外傷性ストレス障害とも呼ばれ，一次的受傷者である患者と接することによって傷つく者を二次的受傷者と名づけている。

また，看護師は一次的外傷性ストレス障害に陥る危険性もある。その場面とは，患者による暴力・暴言などに曝されたときである。このように看護師は，時に一次的外傷性ストレス障害の被害者となり，慢性的には二次的外傷性ストレス障害に曝されている。いずれにしろ，看護師が共感疲労に陥りやすい職業であることを認識する必要がある。

武井は，共感疲労の背景には看護教育の影響があるという。それは，看護師に要求される能力の一つに「共感できる能力」が挙げられているからだと述べている。共感という言葉は，看護師と患者の関係について語るときに頻繁に登場するが，その意味するところは非常に曖昧で，実体がどのようなものなのかもはっきりしない。

「相手の立場に自分をおいて，相手の気持ちになり，その見方や考え方にたって相手が体験している世界をともにわかろうとすること。『いま，ここで』ともに感じる共通の感じ，すなわち『通じ合った』という感じなどと表現され，相手の感情に巻き込まれたり同調したりしないという点で同情と区別され，看護において重要なものとして強調されている。」[7]

これは看護教育のなかで，「共感的理解」の用語説明として引用されたものである。看護師として共感することを教え込まれ，共感することのできない看護師は能力のない看護師であると自分自身に思い込ませ，それがストレスを蓄積させていくことになる。「共感」という言葉は看護師に肯定的な価値を与え，患者に対して看護師が嫌だと感じたり苛立ったりする否定的な感情は「共感」ではないとされる。否定的な感情を持つ看護師は無能であり，どんな患者に対しても肯定的な感情を持てる看護師が，共感能力のある有能な看護師だとされる。この点を武井は危惧しているのである。

---

7) 武井麻子［2001］『感情と看護——人とのかかわりを職業とすることの意味』88頁より引用。

看護領域では，共感疲労は「ケアリング」の副作用であるともいわれている。共感疲労は，まじめ・熱心と評される人ほど陥りやすいとされる。まじめであるがゆえに，共感能力のある有能な看護師になるべく「努力する」からである。熱心な看護師ほど自分の努力が足りないと自己の評価を低くし，ますます努力するようになり，そのことがある一定水準を超えると，疲労感が蓄積され，無力感や勤労意欲低下などのバーンアウト状態になる。その結果，看護師の離職や医療事故要因につながりかねないことを武井は危惧している。

(3) 感情労働としての看護労働

武井は，患者が看護師によって感情変化を与えられるケースを挙げて，看護労働が感情労働となりうることを説明している。看護師は患者に対する「ケアリング」を通じて，患者に何らかの感情変化をもたらす。その一例として，患者が不安そうにしているのを察した看護師が気を利かせ，言葉かけやタッチングなどの行為により，不安を取り除くことがあると述べている。たとえば，患者がみずからの病気を受け入れられず，その怒りを看護師に向けてきた場合，優しい言葉かけを行うと患者の不安は和らぎ，怒りは鎮まる。

これら一連の看護行為は，肉体労働でもなく頭脳労働でもなく，看護師の心の働かせ方が労働となって現れたものである。看護師の心の労働は患者の精神状態に呼応して行われ，看護の職務内容のなかでも重要な要素となる。

また，看護師に対する患者の評価は，病院という組織に対する評価にも連動し，ときにそれは病院の経営を左右しかねないものにもなる。したがって，看護師の感情は医療組織にとって商品価値を持っていることになる。

看護労働が感情労働として成り立つためには，看護という職業にふさわしい「適切な感情」が存在することが必要である。ここでいう「適切な感情」とは，あくまで職務上許された範囲内のものであり，感情規則に沿って自己の感情をコントロールすることが求められるものである。この感情コントロールはホックシールドの言う感情管理であり，看護師自身が行う感情管理と，組織として一人ひとりの看護師に行う感情管理の２つがあるとしている。また，武井は感情管理について，臨床場面を用いて次のように述べている。

「患者がケアされているという満足感や安心感を得るために、看護師は優しさや平静さをかもし出すように自分の感情を調整し、管理する。そのためには、どんなにひどい傷口を見ても動揺をみせてはならず、どんなに腹が立っても患者に対して怒りや憎しみを示すことは差し控えなければならない。死に直面しても絶望感を抱いてはならない。こうした看護師についての感情規則を象徴的に示したのが、前に述べた『白衣の天使』像といえる。看護学生は実習を通して看護の感情規則を学んでいき、感情管理のスキルを身につけていく。たとえば、患者の前では涙を見せず、トイレで泣く、といったものだ。看護教育には、明示された学科カリキュラムのほかに、感情労働に関する隠れたカリキュラムがあるのだ。もし、期待される適切な感情管理ができなければ、看護師としては失格という烙印が押される。」[8]

　武井は、看護師自身が行う感情管理として、「優しさや平静さをかもし出す」「患者の前では涙を見せず、トイレで泣く」ことを、自己の感情をコントロールする方法であるとしている。一方、看護師への組織としての感情管理については、「看護学生は実習を通して看護の感情規則を学んでいき」、「看護教育には、明示された学科カリキュラムのほかに、感情労働に関する隠れたカリキュラムがある」という説明の仕方をしている。

　武井によると、看護労働における感情規則には、具体的なもの、抽象的なもの、明言されていないものが存在しており、「隠れたカリキュラム」とされる臨床の場に拠らなければ学ぶことができないものだという。

　具体的な感情規則には、「患者に接するときにはにこやかに目を見て話す」などの接遇規則があり、これを実際の臨床の場で身につけていく。抽象的な感情規則の代表的なものは「患者の気持ちに共感する」であり、学科カリキュラムでは患者の世界に入り込んでいくことには限界があるため、臨床の場で実際にやってみることによってはじめて身につくスキルだとされている。明言されていない感情規則には、「泣いたり取り乱してはいけない」「患者に怒っては

---

[8] 武井麻子［2002］「感情と看護」『保健医療社会学論集』13巻2号、日本赤十字看護大学、10頁より引用。

いけない」「派手に見えてはいけない」などのような職務上の規範となる感情規則で，先輩が後輩に伝えていく世代間伝承が特徴であり，やはり臨床の場で身につけていくものである。

感情規則は看護の職業倫理として存在しているために，何よりも優先すべきものとされている。その結果，看護師個人の苦しみは取るに足らないものとされ，患者の苦しみの軽減を最優先することを，看護師は組織的にも社会的にも強いられているのである。この点についても武井は，看護の歴史のなかで看護師の感情がいかに無視されてきたかを明らかにしている。

武井によって広められた「感情労働としての看護」の概念は多くの支持を得ることとなり，本人が出版当初に抱いた懸念は払拭された。「自分たちの仕事を的確に表現する言葉にめぐり合えた」という看護師たちの言葉に武井は当惑を覚えながらも，看護師が希望を失わずに働き続けられるシステムがぜひ必要だということを実感したという。そして2002年に出版した『感情と看護』のなかでは，「人が人をケアするところならどこででも，すなわち子育てや介護の現場や学校など，すべてに起こりうる事態なのだという理解が必要」[9]だと述べている。

4　看護労働が介護労働に与える影響

(1)　看護労働と介護労働の関連性

学問としての看護学が発展した結果，近年の看護教育は高度なレベルに到達し，高い報酬と職業的評価が得られるようになった。また，医療技術の高度化によって，看護師に求められる労働内容も複雑かつレベルの高いものになった。そして，医療行為以外の入浴や食事介助など，看護労働のなかで高い医療技術を必要としない領域は看護助手が担うことになった。看護労働のなかの介護業務的な領域は，患者の感情を操作するために看護師の適切な感情をつくり出す

9）　武井麻子［2001］『感情と看護——人とのかかわりを職業とすることの意味』12頁より引用。

シャドーワークとして行われた。看護労働が感情労働であるならば，看護労働において介護的な業務を担う看護助手もまた，感情労働者である。そうなると，介護業務を専門に行う介護労働者は，当然ながら感情労働者ということになる。

2000年4月施行の介護保険制度により，介護サービスは利用に応じて有償化された。これまで家族によって無償で提供されてきた介護が社会化され，商品となったのである。介護サービス事業者には，この介護という商品を購入してもらうための手腕が問われることとなった。そこでは，介護労働者がシャドーワークとしてのケアリングをいかに実践するかが鍵となった。

(2) 介護労働は感情労働か

田中［2005］は，ケアワークとされる介護労働には，感情労働の特徴である見えない労働があり，それがサービスの質に大きくかかわってくると述べている。また，三橋［2006］は，ホックシールドが示す感情労働の3つの特徴を介護労働に照らし合わせた結果，第1の「体面による接触」と第2の「顧客の感情操作」については条件を満たしているが，第3の「組織的な感情管理体制」については，組織の感情管理マニュアルや研修制度，管理・評価制度に未整備な点が多いことから，条件を満たしていないようにみえると述べている。ここで三橋はホックシールドの表現を用い，介護における感情管理体制が曖昧で不十分なことを指摘している。

長谷川［2008］も三橋同様，感情労働の3つの特徴に照らして介護労働を検討しているが，長谷川の場合は，第3条件については半分だけ満たしているとする。その根拠は，感情管理体制の代表とされるスローガンが掲げられていたり，「思いやりと優しさ」「明るく親切な態度」といった感情規則が掲示されていたりする施設が多いことである。

福富［2009］は，介護を職業とする労働者には，介護行為による腰痛や健康障害を指す身体的負担と，介護行為を媒体とした利用者やその家族とのかかわりによって生じるストレスやジレンマを指す精神的負担があると述べている。このことからも，介護労働は単なる肉体労働ではなく精神労働でもあることがわかる。

二木［2010］は，介護労働には肉体労働と頭脳労働の両面があり，排泄や入

浴に関する介助は肉体労働に当たり，利用者の生活場面に最もふさわしい援助は何かを考え，最適なサービスを提供する行為は頭脳労働に当たるとしている。

さらに福富も二木も，介護労働には肉体労働にも頭脳労働にも該当しない，第三の労働といわれる感情労働が存在することに言及している。福富は，要介護者のなかに適切な心理状態をつくり出すために，ケア提供者は自己の感情を管理（コントロール）していることから，感情労働を行っていると考える。二木は，利用者と介護労働者の間には，理解や共感といった多くの感情のやり取りがあり，そこで介護労働者は自己の感情を管理し，利用者の好ましい感情を引き出す感情労働を行っているとする。このように感情労働を介護労働との関連で論じたものとしては，他に田中［2005・2008］，西浦［2005］，西田［2006］などがある。ホックシールドは，ソーシャルワーカーや接客業などの対人サービスすべてを感情労働としていることを考えると，当然ながら介護労働は感情労働だと理解してよいだろう。

5 介護労働の社会的評価を高めるために

(1) 介護職員処遇改善交付金の効果

序章でも述べたが，2008年に介護労働安定センターが発表した調査によると，介護労働者の離職率は21.6％で，他の職業に比較すると非常に高かった。当時の離職理由をみると，「仕事内容のわりに賃金が低い」「業務に対する社会的評価が低い」「精神的にきつい」が上位に挙げられている。ところがその後，2010年8月に同センターが発表した介護職の離職率は17.0％と，改善傾向がみられた。この背景には，他業種との賃金格差を縮めて安定した雇用を維持させようとした厚生労働省による「介護職員処遇改善交付金」[10]の創設があった。但し，この交付金は暫定的なものであるうえ，リーマンショック後の他業種における雇用情勢の悪化で介護労働者の離職率が減ったことを考えると，施策の

---

10) この制度は，2011年度末までの期限付きで，介護職員（常勤換算）1人当たり月額平均1.5万円を交付するものである。2012年度の介護報酬改定の際に，介護職員処遇改善加算として介護報酬に組み込まれた。

実効性には疑問が残る。2008年時点で離職理由の上位にあった「賃金の低さ」には多少の改善がみられるとはいえ、「職場環境の悪さ」と「社会的評価」については、なお一層の取り組みが必要である。

(2) 感情労働として認知された介護労働

　介護労働には、福富と二木が述べるような第三の労働といわれる感情労働の存在が、少しずつではあるが認知されるようになってきた。これまで、利用者とのかかわりを通じて起こる感情は労働者個人のものであり、取るに足らないものだという受け取り方だった。その原因の一端は、「援助者は自分の感情を自覚して吟味する（統制された情緒的関与）こと」というバイステックの原則にあった。つまり、自己の感情表出を抑制することが望ましいという規範的な考え方である。そこには原則にのっとった援助ができない自分を周囲に知られたくない、介護労働者としての無能さを認めたくないという気持ちがある。羞恥心や無能さを感じないようにするためには、感情を自分自身の心の奥深くに仕舞い込む必要があった。しかし、これには弊害もともなう。自分は無能だという自己評価のもとに、さらなる努力を自分に強いることで疲労ばかりが蓄積され、結果的にはバーンアウトや離職につながってしまうケースである。これは看護労働について武井が危惧した点であり、介護労働においても実際に起こっていることである。介護労働者の感情規則であるバイステックの原則は、ときに「あるべき像」を介護労働者に押し付け、がんじがらめにしてしまう力を持っているのである。

　しかし、介護労働が感情労働として認知されることで、バイステックの原則が介護労働者にネガティブな感情を生起させるだけではないことも明らかになるだろう。三橋［2006］や長谷川［2008］が述べるように、現在は未整備だとされる組織的な感情管理体制が整備されることにより、バイステックの原則にのっとった感情規則についても、ストレスを抱えずに実践できるようになると思われる。そのためには、ホックシールドが感情労働の特徴づけにあたって必要な条件とした「雇用者は、研修や管理体制を通じて労働者の感情活動をある程度支配する」ことが、介護労働においても適切に実践されなければならない。雇用者による研修や管理体制に望まれるものは、事業所ごとの理念にもとづい

た行動規範を示すことだろう。

(3) 組織的な感情管理体制の必要性

　介護労働者の人材育成過程においては，感情労働の第2条件である「利用者が満足し利用者の感情に何らかの変化をもたらす」ために，第3条件である「組織的な感情管理体制を整備」する必要がある。また，組織的な感情管理体制を確立するために，的確なスーパービジョン[11]を展開できる環境づくりも求められる。スーパービジョンについては，介護労働者の業務を監視・監督するような管理的機能や，できないことを教えるという教育的機能だけではなく，支持的機能を持ち合わせたスーパーバイザーが必要である。それは介護労働者が自己の感情を語ることを認め，感情管理に必要な感情ワークを支援し，ストレスを十分に軽減できる技術を持ったスーパーバイザーである。現状では，支持的機能を併せ持つスーパービジョンが展開されにくい業務実態にある。労働環境が整備されることにより，介護サービスはより良い商品となり，利用者から選ばれるものになっていくだろう。

　介護保険制度によって契約システムとなった介護サービスは，質が悪ければ利用者から選ばれず，事業所はどんどん淘汰されていく状況にある。介護労働者によって，肉体労働や頭脳労働と同様に感情労働が展開されるようになれば，介護の質は向上し，業務への社会的評価も高まっていくだろう。組織が介護労働者の気持ちを大切にするようになれば，「精神的にきつい」と言って離職する労働者は減っていくし，組織の支持が得られれば，介護労働者のバーンアウトは防げる。また，自分が組織から大切にされているという実感があれば，介護労働者は利用者の気持ちも大切にできる。そのためには，介護労働者の疲弊した感情を理解し，サポートするスーパービジョン体制が整備される必要がある。

---

11) 専門的実践能力を向上させるために，スーパーバイザーの熟練者がスーパーバイジーの未熟練者に対して行う援助活動をスーパービジョンとする。相談援助職のスーパービジョンにおいては，職務遂行を管理する管理機能専門的な知識・技術・態度などを習得するための教育機能，スーパーバイジーを支持し励ますなどにより業務への自信や確信を得ることを支えていく支持機能の3つが挙げられている。

介護労働が介護労働者の犠牲の上に成り立つのではなく，他の感情労働と同じように正当な評価が与えられるためには，これまで見過ごされていた労働者の感情管理の部分に光を当てなければならない。

参考文献

アーリー・R. ホックシールド［1983］／石川准・室伏亜希訳［2000］『管理される心　感情が商品になる時』世界思想社。

大谷佳子・諏訪茂樹コラム［2009］「感情労働と自己覚知」『人間とコミュニケーション体験学習型ワークブック』建帛社, 75頁。

武井麻子［2001］『感情と看護――人とのかかわりを職業とすることの意味』医学書院。

武井麻子［2002］「感情と看護」『保健医療社会学論集』13巻2号　日本赤十字看護大学, 7-13頁。

武井麻子［2006］『ひと相手の仕事はなぜ疲れるのか――感情労働の時代』大和書房。

田中かず子［2005］「ケアワークの専門性――見えない労働『感情労働』を中心に――」『女性労働研究』47号, 58-71頁。

田中かず子［2008］「感情労働としてのケアワーク・ケア」『その思想と実践　ケアすること』岩波書店, 97-119頁。

西田真規子［2006］「感情労働とその評価」『大原社会問題研究所雑誌』567号, 1-13頁。

西浦功［2005］「ホームヘルパーのアイデンティティー構築の困難性――感情労働としての在宅介護――」『人間福祉研究』8号, 43-54頁。

長谷川美貴子［2008］「介護援助行為における感情労働の問題」『淑徳短期大学研究紀要』第47号, 117-134頁。

フェリックス・P. バイステック／尾崎新他訳［1999］『ケースワークの原則　援助関係を形成する技法』　誠信書房。

B.H. スタム［1999］／小西聖子・金田ユリ子訳［2003］『二次的外傷性ストレス　臨床家, 研究者, 教育者のためのセルフケアの問題』誠信書房。

藤井保人［2009］「第5章介護に携わる人の健康管理」『新・介護福祉士養成講座　介護の基本Ⅱ』中央法規, 186-191頁。

福富昌城「ケアする人のケアを考える――ケアする人にとっての癒しとは――」『花園大学社会福祉学部研究紀要』2009年, 17頁。

二木泉［2010］「認知症介護は困難か――介護職員の行う感情労働に焦点をあてて――」『社会科学ジャーナル』69頁。

堀之内高久［1998］『介護職のためのストレス対処法』中央法規。

増山真緒子［2007］「感情労働としての介護——学校の心理学化と介護体験の行く末——」『國學院大學教育学研究紀要』第42号，1-19頁。

三橋弘次「感情労働の再考察——介護職を一例として——」『ソシオロジ』第51巻第1号，35-51頁。

第 2 章 介護労働者にみる「傷つき」・ストレス──特別養護老人ホームでの調査から

第1節　利用者やその家族からの言葉による傷つきにはどのようなものがあるか

1　介護労働者の感情労働

　わが国では介護労働者の高い離職率が問題となり，常にその人材の確保に頭を悩ませている。政府は，2008年に「介護従事者等の人材確保のための介護従事者等の処遇改善に関する法律」を制定した。これにもとづいて，厚生労働省では「福祉・介護人材確保対策等について」を発表し，介護労働者の確保に力を入れている。しかしながら，介護労働の領域では有資格者が社会的に高い評価を得ているわけではなく，介護労働は低賃金，サービス残業，交代勤務ゆえに休暇が取りにくいなど，劣悪な労働環境におかれている。

　福富［2009］は，介護労働者は身体的負担と精神的負担を担っているとし，二木［2010］は，介護労働者は肉体労働と頭脳労働を行っていると述べており，介護労働は単なる肉体労働のみでない点に着目している。これ以外に，田中［2005・2008］，西浦［2005］，西田［2006］などは，介護労働と感情労働の関連について論じている。

　感情労働は教育領域においてもみられる。教師の共感疲労による心理的負担（古賀［2001］）や無償労働（柳［2005］），献身性を求められることからくる思いやり疲労（油布［2007］），日々の教育活動のなかで自己の感情をさまざまに利用している点に着目した先行研究（伊佐［2009］）などがある。

　近年，感情労働は対人サービスの多くの領域で取り上げられるようになったが，その実態についてはあまり知られておらず，「感情を使う仕事＝感情労働」というように図式化して紹介されることが多い。

　本章では，特別養護老人ホームで介護業務に携わる職員を介護労働者と呼び，利用者やその家族とかかわるなかで抑圧している感情をストレスととらえる。

そして，利用者やその家族から向けられる怒りや苦情などにより，日々心が傷ついていくのはどのような場面や言葉なのか，それに対して介護労働者はどのように対処しているのかをみていく。あわせて，介護労働者の行う感情管理，とりわけホックシールドのいう感情規則に沿った感情管理は実際に行われているのかどうかを検証したい。

2　介護労働者の「傷つき」実態調査

(1)　調査の概要

　介護領域における感情労働の実態をさぐるために，介護労働者が利用者やその家族とかかわるなかで経験した「傷つき」にはどのようなものがあるのかを調査した。

　調査施設の選定にあたっては，調査の趣旨と調査内容を事前に特別養護老人ホームの施設長に説明し，実施の是非を検討してもらった。その結果，7事業所の特別養護老人ホーム施設長より調査協力の承諾が得られた。本調査の対象事業所は，1977年から2007年に設立された社会福祉法人で，入所者定員は64床から180床である。

　調査期間は2009年12月1日から2010年2月26日とし，無記名の自記式質問紙による留め置き調査とした。

　倫理的配慮として，本研究の趣旨と内容について，各施設長に対し文書と口頭で説明し同意を得た後，調査対象者に対し調査の趣旨と内容，調査への協力は任意であること，データの公表にあたっては個人が特定されないこと，研究目的以外の使用はしないことを文書で伝えた。また，記入後の提出の際に個人が特定されないよう各人の調査票に封筒を添付し，個人ごとに厳封して施設回収担当者へ提出してもらった。

　調査項目は，性別，年代，取得資格，介護に関する仕事の経験年数といった基本属性のほかに，介護労働者が利用者との間に感じたコミュニケーションストレスの有無，利用者から受けた言葉による傷つきの有無について，その頻度を「非常によくあった」「時々あった」「なかった」の3件法で回答を求めた。

また，利用者のどのような言葉に傷ついたのかその内容と，その言葉によって受けたストレスにどのように対処したのかを，自由記述によって回答を求めた。

本調査結果の分析では，介護労働者の経験年数ごとにクロス集計した。

利用者の言葉による傷つき内容の自由記述については，記述内容の文脈に着目して類似内容ごとに分類し，その結果にもとづいてカテゴリーを作成した。

利用者の言葉によって傷ついた時の対処方法に関する自由記述の内容については，記述内容の文脈に着目し，ビリングスとムースの「対処行動の分類[1]」にしたがってコード化し，そのコードごとに単純集計した。対処行動の分類については，何が問題となってストレスとなっているのかという原因を分析し，解決方法を探し出す問題直視型を「問題焦点型対処行動」とし，これは他者に話をしたり，類似経験者へ救済を求めたり，みずから情報をさらに求めたりなどする【情報探索】と，計画的な行動や事態改善の取引や妥協に応じる行動，拙速な行動を避けた行動などの【問題解決】に分類した。また，ストレス状況によって喚起される不快感情解消を目的とした対処行動を「情緒焦点型対処行動」とし，これは運動によって緊張を緩和させたり，問題を忘れようと他のことに没頭したり，しばらく考えることをやめたりなどする【情緒の調整】と，怒りなどを他者にぶちまけたり，飲酒や飲食，煙草や薬物などによって緊張の緩和を図ろうとする【気分の発散】に分類した。「評価焦点型対処行動」は，問題構造を多角的に分析し解決するもので，事態の検討による理解，客観的事態の観察，過去の経験との照合，別な対処方法の検討などを行う【問題分析】に分類した。

---

[1] ストレスを認知した際に，ストレスを解消させるためにどのような対処行動をとるかについて，さまざまな類型化がなされている。ストレスの原因を取り除こうとする【問題焦点型対処行動】は，事態についての情報を求めたり，他者と話をしたりする「情報探索」と，問題解決のために実行される「問題解決」に分類される。【情緒焦点型対処行動】は，ストレスにより感じた不快な感情を解消するための行動である。なるべく考えないようにしたり，過小評価したりする「情緒の調整」と，趣味に没頭したり気を紛らわせたりする「気分の発散」に分類される。【評価焦点型対処行動】は，問題の構造を分析したり解きほぐしたりしていく作業で，トレーニングや経験により問題解決の認知的側面の強化をめざす「問題分析」に分類される。

(2) 調査対象者の基本属性

回収された調査票は全部で316件であり，それを本調査で用いるデータとした。対象者の性別は，男性72人（22.8％），女性244人（77.2％）であった。年代は，20歳代と30歳代がそれぞれ90人（28.5％）ずつで一番多く，次いで40歳代62人（19.6％），50歳代59人（18.7％），60歳代11人（3.5％），10歳代4人（1.2％）であった。福祉分野における仕事の経験年数は，1年未満が4人（1.3％），1年以上5年未満が122人（38.6％），5年以上10年未満が113人（35.8％），10年以上が75人（23.7％），無記入が2人（0.6％）であった。

表2−1　調査対象者の基本属性

項目		人	％
性別	男性	72	22.8
	女性	244	77.2
	合計	316	100
年代	10歳代	4	1.2
	20歳代	90	28.5
	30歳代	90	28.5
	40歳代	62	19.6
	50歳代	59	18.7
	60歳代	11	3.5
	合計	316	100
経験年数	1年未満	4	1.3
	1年以上5年未満	122	38.6
	5年以上10年未満	113	35.8
	10年以上	75	23.7
	無記入	2	0.6
	合計	316	100
取得資格	介護福祉士のみ	102	32.3
	ヘルパー2級のみ	96	30.4
	介護福祉士と他資格	72	22.8
	福祉系以外の資格	22	7.0
	資格なし	22	7.0
	無記入	2	0.5
	合計	316	100

出所：著者作成。

取得資格については，介護福祉士が最も多かった。介護福祉士資格のみの取得者は102人（32.3％），ヘルパー2級資格のみの取得者は96人（30.4％）で，介護福祉士の他に資格を重複して取得している者は72人（22.8％）であった。介護福祉士の資格取得者は174人（55.1％）で，半数を超えた。福祉関連の資格を持たずに介護に従事している者は22人（7.0％）であった（表2−1）。

(3) コミュニケーションストレスの有無

利用者とかかわるなかでコミュニケーションストレスを感じたことがあるとする回答の内訳は，「非常にあった」62人（19.6％），「時々あった」216人（68.4％）で，「なかった」は38人（12.0％）であった。介護労働者の9割

表2-2 経験年数とコミュニケーションストレスの関係

人（%）

		コミュニケーションストレス有無			
		非常にあった	時々あった	なかった	合計
経験年数	1年未満	0 (0.0)	3 (75.0)	1 (25.0)	4 (100)
	1年以上5年未満	19 (15.6)	86 (70.5)	17 (13.9)	122 (100)
	5年以上10年未満	26 (23.0)	74 (65.5)	13 (11.5)	113 (100)
	10年以上	17 (22.7)	53 (70.7)	5 (6.6)	75 (100)
	無記入	0 (0.0)	0 (0.0)	2 (100)	2 (100)
	合計	62 (19.6)	216 (68.4)	38 (12.0)	316 (100)

出所：著者作成。

(87.9％) 近くが，程度の差はあれ利用者とのかかわりのなかでコミュニケーションストレスを感じていた。コミュニケーションストレスの有無について，年代とクロス集計を行い統計処理した結果，有意差は認められなかった。また，「経験年数1年未満」と「無記入」を除外した275人について，経験年数とコミュニケーションストレスの有無をクロス集計し統計処理した結果，経験年数とコミュニケーションストレスの有無には有意差は認められなかった（表2−2）。

(4) 利用者の障害状況

コミュニケーションストレスを感じた278人のうち，利用者が障害の状況にあるかどうかについては，207人（74.5％）が「障害があった」としている。その内訳は，「認知症」155人（55.8％），「認知症と精神障害」19人（6.8％），「認知症と言語障害」17人（6.1％），「身体障害」11人（4.0％），「精神障害」5人（1.8％）であった（表2-3）。

(5) 利用者からの言葉による傷つき

利用者の言葉による傷つきの頻度については，「非常にあった」15人（4.7％），「時々あった」177人（56.0％），「なかった」115人（36.4％），「無記入」9人（2.9％）であった（表2−4）。利用者の言葉による傷つきが「非常にあった」「時々あった」と回答した者が6割以上にのぼった。

さらに，利用者の言葉による傷つき体験が「なかった」と「無記入」を除い

表2-3 利用者とのコミュニケーションストレスの多寡と利用者の障害との関係

人（％）

	利用者の障害状況						
	認知症あり	認知症と精神障害あり	精神障害あり	認知症と言語障害あり	身体障害あり	障害なし	合計
非常にあった	35 (56.5)	4 (6.5)	2 (3.2)	3 (4.8)	3 (4.8)	15 (24.2)	62 (100)
時々あった	120 (55.6)	15 (6.9)	3 (1.4)	14 (6.5)	8 (3.7)	56 (25.9)	216 (100)
合計	155 (55.8)	19 (6.8)	5 (1.8)	17 (6.1)	11 (4.0)	71 (25.5)	278 (100)

出所：著者作成。

表2-4 経験年数と利用者からの言葉による傷つき

件（％）

	利用者の言葉による傷つき				
	非常にあった	時々あった	なかった	無記入	合計
1年未満	0 (0.0)	3 (75.0)	1 (25.0)	0 (0.0)	4 (100)
5年未満	6 (4.9)	59 (48.4)	50 (41.0)	7 (5.7)	122 (100)
5年以上10年未満	7 (6.2)	63 (55.8)	41 (36.3)	2 (1.7)	113 (100)
10年以上	2 (2.7)	52 (69.3)	21 (28.0)	0 (0.0)	75 (100)
無記入	0 (0.0)	0 (0.0)	2 (100)	0 (0.0)	2 (100)
合計	15 (4.7)	177 (56.0)	115 (36.4)	9 (2.9)	316 (100)

出所：著者作成。

た192人に対し，介護労働者の年代と経験年数との関係についてクロス集計した結果，ともに有意差は認められなかった。

(6) コミュニケーションストレスと利用者の言葉による傷つきの関係

コミュニケーションストレスと，利用者の言葉による傷つきとの間に関係が「なかった」と「無記入」を除いた183名に対し，クロス集計した。コミュニケーションストレスと利用者の言葉による傷つきの有無には，何らかの関係があると考えられた（表2-5）。

(7) 利用者の言葉による傷つきの自由記述

利用者の言葉による傷つきの中身については，複数記述を含め154件あった。それをまず【罵声や否定される場面】【事実誤認場面】【暴力・興奮的場面】

表2-5 コミュニケーションストレスの多寡と利用者の言葉による傷つきの関係

件（%）

	利用者の言葉による傷つき				
	非常にあった	時々あった	なかった	無記入	合計
非常にあった	10 (16.1)	45 (72.6)	7 (11.3)	0 (0.0)	62 (100)
時々あった	5 (2.3)	123 (56.9)	79 (36.3)	9 (4.2)	216 (100)
なかった	0 (0.0)	9 (23.7)	29 (76.3)	0 (0.0)	38 (100)
合計	15 (4.7)	177 (56.0)	115 (36.4)	9 (2.9)	316 (100)

出所：著者作成。

表2-6 利用者の言葉による傷つきの件数（自由記述）

件（%）

上位カテゴリー（件）	下位カテゴリー	合計
罵声や否定される場面(80)	ばか扱い	40 (36.0)
	罵る	5 (4.5)
	介護者否定	13 (11.7)
	介護者存在否定	22 (19.9)
事実誤認場面(8)	事実誤認	8 (7.2)
暴力・興奮場面(13)	暴力的	8 (7.2)
	興奮	5 (4.5)
容姿・性的場面(6)	容姿	3 (2.7)
	性的	3 (2.7)
権利意識場面(4)	権利主張	4 (3.6)

出所：著者作成。

【容姿・性的場面】【権利意識場面】【重複場面】の6つのカテゴリーに分け，【重複場面】の43件を除いた5つの上位カテゴリーを設けた。

　【罵声や否定される場面】は80件で，全体の半数を占めた。これはさらに，「ばか扱いされた」40件（36.0％），「罵られた」5件（4.5％），「介護者否定」13件（11.7％），「介護者存在否定」22件（19.9％）の4つの下位カテゴリーに分類できた。【事実誤認場面】については，下位カテゴリーはすべて「事実誤認」8件（7.2％）であった。【暴力・興奮的場面】は13件あり，「暴力的」8件（7.2％），「興奮的」5件（4.5％）の下位カテゴリーに分類できた。【容姿・性的場面】は6件で，「容姿」3件（2.7％），「性的」3件（2.7％）の下位カテゴリーに分類できた。【権利意識場面】は，「権利主張」4件（3.6％）として下位カテゴリーに分類できた。（表2-6）。

表2-7　利用者の言葉による傷つきの分類（自由記述）

上位カテゴリー	下位カテゴリー	傷ついた言葉の内容
罵声や否定される場面	ばか扱いされた場面(40)	バカヤロー　アホ女　おっちょこちょい／このバカ女／バカ野郎　この女／このバカ女　根性が悪い／このバカ女／バカ　アホ／バカ女／このバカ者！／バカ　殴ってやろうか／バカ　アホ　チンドン屋／バカヤローと突然言う／バカ女　小馬鹿女／バカ／このバカ　なに～い！／声をかけただけで、「何だバカ」「あんた何よ」と強い口調と表情で睨まれる／バカ／バカヤロー　しばくぞ／バカ／排泄介助で「何をする、バカ者」呼ばわりされた／バカ　うるさい　何すんだ／バカ　すぐに対応できないと「バカ！」と言われる／バカ　来るな／バカ　この野郎／バカヤロー／バカ　ドロボウ／お前はバカだ・お前はダメだ／介助中に痛いと怒りだし、「お前ら痛い、バカバカバカ」／バカ　気が強くなったな／お前は馬鹿か！／不穏になり、「バカ」「アホ」と言う／バカヤロー、殺すぞ／こちらに落ち度がないのに「バカ！」など言われた／バカ／バカ野郎、うるさい／バカ／うるせえなあ、このバカ野郎／バカ野郎　このくそったれ／バカ　死ね！／バカにされたような言葉
	罵られた場面(5)	ききにくい言葉で罵られた／罵られた／口汚くののしられた／入浴介助中罵倒された／こいつらは社会の底辺の職だバカ野郎、殺してやる、殴るぞ・この対応は何だ・人権侵害だ・乱暴者　など
	介護否定場面(13)	トイレ介助やおむつ交換の時に、「するな！来るな！」と嫌がられた／「お前なんかはやくやめろ」と毎日のように言われる・「施設長にお前をやめさせるように今言ってきた」とナースコールで呼び出され言われた／「お前はダメだ。ピカピカの一年生。」と言われた／若い人にはわからないと言われた／否定的な言動／タオルひとつでも置きかたが気に入らないと「何やっているんだ」と言われる／返事をしてもらえない／ヘルパーを低俗な職業と考えられ、貧乏人扱いされた／「あなたじゃ若いから無理よ。」／お前は何もしてくれない／～さんはしてくれなかったなどの他者の悪口をいう／うるさい　いたい　やめろ／お前は何もしてくれない
	介護者存在否定場面(22)	ナースコールに対応していくと「お前に用はない!!」と言われた／「近づくな!!」　「帰れ!!」・「二度と来るな!!」／あなたじゃ無理だから、あなた以外の人を呼んでください／帰れ！バカヤロー／何やってもダメだ・お前来るな！・別な人を呼べ・だから女はダメなんだ・痛い何するんだ／お前なんか見たくない／バカ　あっち行け・くるな／お前なんか嫌いだと言われた／自分が対応しようとするが、他の職員がいいと言われた／お前なんかクビだ／お前みたいな下っ端じゃダメだ！社長をだせ!!会長も呼んで来い！／向こうへ行って・触らないで／殺す気か！バカ！あんたなんか嫌い／バカ、死ね、できないくせにうるさい／嫌い　辞めろ　呼び捨て／殺す　死ね　お前に触られたくない／死んじまえ／うるさい死んじまえ・私を殺す気だろうバカ野郎／バカ　お前なんかあっちに行け・殺される・訴える／バカ野郎　人でなし　死ね　冷たい／あんたなんか嫌いよ／お前を呪い殺してやる
事実誤認場面	事実誤認場面(8)	殺される！バカ野郎！／泥棒扱い／他の職員と勘違いされ、「あなたにこうされた」と言われた／罰があたるぞ・ドロボウ・何盗ろうとしているんだ／警察に連れていくと言われた／俺の物を盗った　泥棒／クリアな人が多い為に自分ではしていないことを勝手に好きに言われること／お金を盗まれたと言われた

第2章　介護労働者にみる「傷つき」・ストレス　59

表2−7　利用者の言葉による傷つきの分類（自由記述）

上位カテゴリー	下位カテゴリー	傷ついた言葉の内容
暴力・興奮的場面	暴力的場面（9）	ジュースの瓶で叩かれそうになった／トイレ介助の時に，「バカ野郎！」と握りこぶしを振り上げ，蹴られそうになった／「バカヤロウー，お前たちは嘘つきだ」と叱咤し興奮し，暴力を振いそうになる／帰宅願望が強く大声で怒鳴られたり，手をあげようとしたときにぶつからないようによけたため，眼鏡が壊れてしまった／暴言的言葉使い／言葉とともに平手打ちされた／言葉とともに手足だけで叩く，蹴る，唾をかける／いいか，なぐってやっか／イヤミや暴言
	興奮的場面（5）	ストレスの八つ当たり・帰宅願望が強まり興奮／やかましい　うるさい／ぶっ殺すぞなどの殺人的な言葉／大きい声で怒鳴る／「こんなところに入れられて外にも出してもらえない。あなたに私が何か悪いことでもしたの？」・「家に泥棒が入ったら，あなたが弁償してくれるの？」
容姿・性的場面	容姿的場面（3）	身体的なことを言われた／容姿について／「でっかい」・「お兄さん〜」
	性的場面（3）	男性利用者より，性的関係を求められたり，女性蔑視する言葉を受けた／性的内容／バカ　お前の尻なめさせてくれよ　いいおっぱいだな　など
権利意識場面	権利主張場面（4）	給料をもらっているのだから仕事するのは当たり前・何でもしなければいけない／何するんだバカヤロウと握り拳で叩かれたり，ひっかかれたりした・「金払ってんだから当たり前だ，お前の仕事だ」／あなたヘルパーでしょ，靴を履かせなさい！／私たちがいなければお給料をもらえないのよ！
重複場面	重複傷つき場面	小バカ女　うすバカ女　バカ　何だその顔／バカ／バカ／バカ　アホ　ろくでなし／「泥棒，帰れ」／お前なんかに用はない，まだいたのか来るな／「バカだな，そんな目で見るな」／セクシャルハラスメント的な言葉／けるなぐる／「俺のおかげでお前はここにいるんだ」／「このバカ女!!」／バカ　ガキ／バカ　この野郎／バカ　バカ女／「バカ，仕事やめろ」／被害妄想の加害者扱い／何をする!!殴ってやるぞ／「お金を払っているんだからしてもらわないと損」／バカ，この女！・どてかぼちゃ・お前はダメ人間なんだとしっかりしている人から言われる／バカヤロー・何をしてもダメね・死んでしまえ／バカ　あっち行け／おむつ交換時に「こんなところ見て何て人だ」／バカ　くそ女・うるさいあっち行け！・ボケ／俺の父親を殺しただろう／ドロボウ／バカ　嫌だあっち行け／お前に何も話すことはない／バカバカ／尻でかい　触らせろ／身体的な欠点を言われる／ばか野郎・今○○と言ったな!!・痛い！／バカ野郎／てめえこの野郎／死ね嫌い・ばか野郎／あんたはダメな人間なんだよ!!／あんた私の子供殺したでしょう／突然怒り出す／蹴飛ばすぞ!!／やせている，太っているなど外見上のことを言われる／他のスタッフに対して自分の悪口や批判などを言われる

注：（　）内は記述数。記述内容は原文のまま掲載した。
出所：著者作成。

（8）利用者の言葉で傷ついたときの対処方法に関する自由記述

　利用者の言葉による傷つきでストレスを感じたと答えた者を対象に，それに

表2−8　利用者の言葉に傷ついたときの対処法

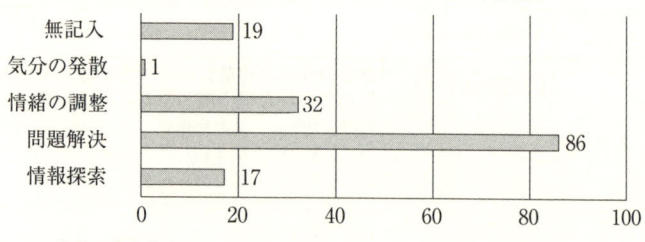

分類	件数
無記入	19
気分の発散	1
情緒の調整	32
問題解決	86
情報探索	17

出所：著者作成。

　どう対処したかを自由記述形式で答えてもらったところ，155件の回答が寄せられた。これをビリングスとムースの「対処行動の分類」に当てはめてみると，以下のような結果が出た。

　155件中19件（12.3%）の無記入を除けば，【情報探索】が17件（11.0%）あり，「どうしても無理であれば他の職員に代わってもらう」「利用者の今の気持ちを聞いた」などの対処行動をとっていた。【問題解決】は86件（55.5%）で最も多く，「状況によって謝罪し落ち着いてもらえるよう待つ」「下手に出ながら相手の気持ちをなだめながら対応した」などであった。【情緒の調整】は32件（20.6%）で，「ぐっと怒る気持ちを抑えて，ソフトに切り返した」「気になるけれど気にしない」「病気だから聞き流す」などであった。【気分の発散】は「泣いた」と回答した1件（0.6%）で，【問題分析】は0件（0%）であった（表2−8）。「問題焦点型対処行動」の【情報探索】【問題解決】と「情緒焦点型対処行動」の【情緒の調整】【気分の発散】を比較すると，介護労働者の対処法は「問題焦点型対処行動」が「情緒焦点型対処行動」の3倍以上になった（表2−8）。

　利用者の言葉への対処法についての自由記述内容を，ビリングスとムースの「対処行動の分類」に当てはめたものが表2−9である。

　介護労働者のコミュニケーションストレスと，ストレスを感じた時に行う対処法との関係をクロス集計した結果，コミュニケーションストレスが「非常にあった」「時々あった」場合に，計画的な行動や事態改善の取引や妥協に応じる行動，拙速な判断を避けた行動などの【問題解決】を選ぶ介護労働者が3割以上にのぼった。コミュニケーションストレスを感じている者は，対処法とし

第2章 介護労働者にみる「傷つき」・ストレス　61

表2-9　利用者の言葉に傷ついたときの対処方法（自由記述）

カテゴリー	サブカテゴリー	対処行動（件数）	対処方法（自由記述より）
罵声や否定される場面	ばか扱いされた場面	【情報探索】(1)	自分のなかで冷静になってからまた再度接した。一度、その場を違う職員に対応してもらった。
		【問題解決】(27)	無理しながら笑顔で対応／時間を置いて再度接した／反論せずに聞き流して、話題を変えた／サラッと受け流した・「申し訳ありませんでした」と心からあやまった／気分転換を図る会話や、さりげなく誘うように楽しい気分にさせるように心がける／こっちが悪くなくても謝る／少しほっとく　しばらくしてから対応する／最後まで話を聞き、興奮状態を落ち着かせてもらう／さらに興奮しないように「分かりました」と伝え、その場を離れる／「バカですみません。」／一時的な感情と思い、違う話で和ませた／「そうですね」と答えた／「いつもの〇〇さんに戻ってください」と普通に話したが一向に聞いてくれてもらえなかった／一息落ち着き冷静に対応した／上手く話をし、納得いただいた／話題を変える／ごめんなさいと言った／言い返さしてしまった／「はいありがとうございます」と口答えしてはいけないと思い、返答しその場を立ち去った／穏やかに対応した／時間を置いたり、利用者の話を聞いたりした／「そんなこと言わないでください。」／声かけし対応(4)／はっきり伝えた・「私たち一生懸命頑張っているので、そういう言葉づかいはやめてください」／その時の利用者の気持ちを、利用者が落ち着くまできいた／「はいバカです」・「一生懸命生きているので死ねません」
		【情緒の調整】(11)	聞き流した・聞いていない振りをしてその場から去った／笑顔で聞き流している／特になし／受け流した／「そうだね」と同調した／特に何もしない／聞き流した／言い返さずに我慢した／聞き流す／気にしないようにした／あまり気にせず普段通り接した
	罵られた場面	【情報探索】(1)	傾聴してその場を離れる・他の職員と交代する
		【問題解決】(8)	少し冷静さを失いかけて喧嘩をしてしまった／聞いて、理由を推測する・状況によって謝罪し、落ち着いてもらえるよう待つ／何度か置き直しするなどし、納得いくように対応した／いつも通りにする／謝った／ちゃんとやっていることを説明する・しばらく距離をおく／傾聴に努める／ゆっくり説明しながらおこなう
		【情緒の調整】(5)	特に何もせず黙っていた／聞き流した／何もせず……　受け流した／ハイハイと受け流した／口にだすなと思った

表2-9 利用者の言葉に傷ついたときの対処方法（自由記述）

カテゴリー	サブカテゴリー	対処行動（件数）	対処方法（自由記述より）
罵声や否定される場面	介護否定場面	【情報探索】(2)	少し時間を置いてから、改めて落ち着いたころに交換を行った・私ではなく他の職員が代わりに行くことをした／すぐ主任、相談員へ話し、利用者に言わないように協力してもらった
		【問題解決】(1)	「お話しすることも不慣れですみません。これからもたくさんのお話聞かせてください。」と言って乗り切った
		【情緒の調整】(1)	笑ってごまかした
	介護者存在否定場面	【情報探索】(4)	他の職員を呼び、その場を離れた／他職員に対応を替ってもらう／時間をおき再度対応・担当を替ってもらった／いつもと変わらずに対応する・上司・スタッフとカンファレンスした
		【問題解決】(13)	時間を置いて再度接した／「わかりました」と素直に答え、戻った／不快な理由を受容して聞いた／興奮状態なのでそっと見守った／自分がそう言われて悲しいという思いを伝える・訴えを十分に聞く／落ち着かせる・優しく声をかける・謝る／少し離れて時間をとる・落ち着いてから声かけする／謝って何がしたいか尋ねた・自分の言動で相手に不安や不快を与えてしまったのではないかと考えた／一度は「はい、分かりました。呼んできます。」と言って、その場を離れる／ゆっくり説得して介助を続けた／言葉が治まるまで見守る／気持が治まるのを待ってから対応した／落ち着くまでそっとしておく・「仕事ですので〜」と対応する・「呼び捨てされる覚えはありません。」と返答
		【情緒の調整】(3)	気にとめないようにしたが、利用者には積極的に話しかけなかった・何が悪かったかわからない／そうですか／笑っておいた
		【気分の発散】(1)	泣いた
事実誤認場面	事実誤認場面	【情報探索】(1)	身に覚えがないこと、他スタッフもわかってくれていたので、その後も普通に接したが、あまり深く入り込まないようにした
		【問題解決】(5)	そのまま介助を続けた／興奮状態だったため、ひとまず離れ再度対応した／自分はやっていないことを説明し、納得していないようであったが、次の日からもいつも通り対応した／違う話題にした・手早く介助を終え、謝った／盗ってないこと、洗濯しただけであることを1回1回説明した
		【情緒の調整】(2)	何もできない／特に何もしない

表2-9 利用者の言葉に傷ついたときの対処方法（自由記述）

カテゴリー	サブカテゴリー	対処行動（件数）	対処方法（自由記述より）
暴力・興奮的場面	暴力的場面	【情報探索】(1)	傾聴しながらなだめた・どうしても無理であれば他の職員に代わってもらう
		【問題解決】(6)	そのまま違う話題を提供し、意識をそらす／最初は「そんなことはない」等声をかけるが、落ち着かないため、黙ってうなづく、じっと目を見る、隣に座る／「車が故障して今修理しているから、○時には車が迎えに来ます。それまで、お茶を飲んでいましょう。間違いなく自宅まで送ります。」・「心配しないでね。」／受け入れ、治まるのを待った／安心してください、大丈夫ですよ／利用者の今の気持ちを聞いた
		【情緒の調整】(2)	とりあえずその場から立ち去る／聞き流した
	興奮的場面	【問題解決】(5)	利用者の気持ちが穏やかになる様に傾聴し、タイミングを見計らって、声をかけ、共感した／返事をしてその場をすぐ離れる／「はい、殺してください。」と返答／会話して対応し、静かに落ち着いて傾聴した／丁寧な口調で話をした・何度も同じ話の繰り返しになる
容姿・性的場面	容姿的場面	【問題解決】(1)	「この仕事していたら筋肉ついちゃった。」と笑って返答・「私、女だよ～。」と伝える (1)
		【情緒の調整】(2)	特に気にしないようにした／そのまま「そうですね」と受けた
	性的場面	【情報探索】(1)	ごまかした・職員を替える
		【問題解決】(2)	少し時間をずらしてから対応した・できないことはハッキリ断った／下手に出ながら相手の気持ちをなだめながら対応した・大変な時は他の職員に応援を求めた／ありがとうございます
権利意識場面	権利主張場面	【問題解決】(3)	叩かれた時はあまりの痛さに叩き返してしまった・しばらく時間をおいて対応した／利用者の言葉に従う／何も言えず、少し間をおいて、「お世話させていただいてます」と言った
		【情緒の調整】(1)	その場から離れる・表情はきつかったと思う
重複場面	重複傷つき場面	【情報探索】(6)	排泄介助時であったため、次回から2人介助にした／否定せずに話を合わせた・対応する職員を替えてもらった／暴力を振るおうとして言った言葉に対して、手をとり、目を見て「やめてください」と言った・他の職員に替ってもらった／その場を離れ他の職員に替ってもらう・時間をおいて再度話しかける／上司に相談・ケース会議で話し合い／他の職員へ状況を話した

表2−9 利用者の言葉に傷ついたときの対処方法（自由記述）

カテゴリー	サブカテゴリー	対処行動（件数）	対処方法（自由記述より）
		【問題解決】(15)	その方をさすりながら話を聞く・落ち着くまでそっとする／流したり、軽く話したりして落ち着けるようにした／反論せずに聞く・言いたいことは言ってもらう・した手に出る・「一生懸命やっているのに、そういうことを言われると悲しくなります。」・私はどうすればいいかを聞く／落ち着くのを待ってから行動に移した／ぐっと怒る気持ちを抑えて、ソフトに切り返した・「そうなんですー、バカで困ったね。」／時々、相手を傷つけないように遠まわしに言い返す／黙って聞いている・謝って仕事を続ける／話題を変える／我慢したり、冗談で切り返したりした・でも、いつも謝る方になる／落ち着くまで話を聞いて、その後は本人の好きなことに話題を変える・謝って、感情的にならずに話を聞く／「安産型なんです」・「夫のものです」・「はい、すいません」／無理せず一度距離を置く／そのようなことを言ったり、行ったりはしていないことを説明する／「ごめんね、ごめんね。」のみ／受容しながら、少し距離間を置くように、しばらく離れる
		【情緒の調整】(5)	黙って我慢／聞き流す／笑って終える／無視する／病気だから聞き流す・気になるけれど気にしない

注：（ ）内は記述数。記述内容は原文のまま掲載した。
出所：著者作成。

て【問題解決】の方法をとる傾向が強く，次いで多いのが【情緒の調整】であった。

　一方，自由記述で求めた対処法について，コミュニケーションストレスが「非常にあった」場合の無記入が18件（29.1％），「時々あった」場合の無記入が113件（52.3％）あった（表2−10）。これは自由記述だったために無記入としたのか，あるいはコミュニケーションストレスを感じた際に，自分がどのような行動をとったのか意識化していなかったのか，明らかではない。

　利用者の言葉による傷つきと，ストレスを感じた時に行う対処法との関係についてクロス集計したところ，利用者の言葉による傷つきが「非常にあった」「時々あった」場合に，対処法としては【問題解決】を選ぶ者が最も多いことがわかった。また，利用者の言葉による傷つきが「時々あった」ときは，コミュニケーションストレスと対処法の場合（表2−10）と比較すると，他者に

表2-10 コミュニケーションストレスの多寡と傷ついたときの対処法（クロス表）

件（％）

	傷ついたときの対処法					合計
	情報探索	問題解決	情緒の調整	気分の発散	無記入	
非常にあった	9 (14.5)	23 (37.1)	11(17.7)	1 (1.6)	18 (29.1)	62 (100)
時々あった	13 (6.0)	67 (31.0)	23(10.6)	0 (0.0)	113 (52.3)	216 (100)
なかった	0 (0.0)	4 (10.5)	3 (7.9)	0 (0.0)	31 (81.6)	38 (100)
合計	22 (7.0)	94 (29.7)	37(11.7)	1 (0.3)	162 (51.3)	316 (100)

出所：著者作成。

表2-11 利用者の言葉による傷つきの多寡と傷ついたときの対処法（クロス表）

件（％）

	傷ついたときの対処法					合計
	情報探索	問題解決	情緒の調整	気分の発散	無記入	
非常にあった	2 (13.3)	8 (53.4)	2 (13.3)	0 (0.0)	3 (20.0)	15 (100)
時々あった	20 (11.3)	85 (48.0)	35(19.8)	1 (0.6)	36 (20.3)	177 (100)
なかった	0 (0.0)	1 (0.9)	0 (0.0)	0 (0.0)	114 (99.9)	115 (100)
無記入	0 (0.0)	0 (0.0)	0 (0.0)	0 (0.0)	9 (100)	9 (100)
合計	22 (7.0)	94 (29.7)	37(11.7)	1 (0.3)	162 (51.3)	316 (100)

出所：著者作成。

話をしたり，類似経験者へ救済を求めたり，みずからより多くの情報を求めたりする【情報探索】や，運動によって緊張の緩和を図ったり，他のことに没頭して忘れようとしたり，しばらくの間考えることをやめたりといった【情緒の調整】が約2倍近くになっていることがわかった（**表2-11**）。

3　介護労働者の「傷つき」とストレス

(1)　コミュニケーション技術の重要性

本調査において，約9割近くの介護労働者が利用者とのコミュニケーションにおいてストレスを感じていることが明らかになった。

コミュニケーションを通じた意思疎通は通常の人間関係においても容易ではないが，介護労働者の場合，介護対象者が認知症など疾病に起因するコミュニ

ケーション障害を抱えていることが多いため，より困難さがともなう。相手方の疾患がコミュニケーションに影響を及ぼすのは，介護労働に特有の現象だと言える。

　言葉による傷つきは介護労働者の経験年数にかかわりなく起きているが，ベテランの介護労働者の場合，長年の経験から，どうすればそれを和らげられるをわかっている可能性はあると思われる。そう考えると，ベテランの介護労働者が身につけた対処行動（コーピング）技術は，経験年数の浅い介護労働者に伝授されるべきだろう。

　介護労働者が受けるコミュニケーションストレスや，利用者の言葉による傷つきをいくらかでも解消するためには，介護技術の向上も重要になってくる。これまでの介護労働者養成のカリキュラムにおいては，利用者とのコミュニケーションは関係形成の土台として重要視されてはいるが，そのための技術習得は現場実習に託されてきた。ところが，2009年4月から実施された介護福祉士養成の新カリキュラムでは，コミュニケーションに関する科目が新設された。このことは，コミュニケーションが利用者と介護労働者の関係形成の礎として位置づけられたことを意味しており，高く評価できる。コミュニケーション技術が介護労働者のストレス予防に効果を発揮することを期待したい。

(2) 「傷つき→ストレス→無力感→バーンアウト」の連関を断ち切るには

　本調査がねらいとした介護労働者の「傷つき」実態は，対象者の主観的な感じ方や判断にもとづくところが大きい。調査結果では，介護労働者の6割以上が業務上何らかのかたちで利用者の言葉による傷つきを体験しており，なかでも「時々あった」が最も多かった（表2-4）。介護労働者が利用者の言葉によって傷つき，それがストレスとなり，結果的にバーンアウトにつながっていくとすれば，その連関をどこかで断ち切る必要がある。

　対策としては，労働者のストレス耐性を強化すること，効果的なコーピング技術を習得することである。久保［2007］は，ヒューマンサービス職のストレスについてのバーンアウト先行研究結果から，「年齢が高く，勤務年数の長い人ほどバーンアウトしにくい」と述べている。これを介護労働に当てはめると，年齢が高く，勤務年数の長い介護労働者ほどバーンアウトしにくいことになる。

本調査では，介護労働者が傷つきに対するコーピングを行っていることはわかったものの，それが介護労働の経験のなかから習得したものなのか，それとも別の何かがきっかけで習得したものなのかについては明らかにしていない。これは今後の課題としたい。

　武井［2001，2006］によると，対人援助職は「共感疲労」といわれる「二次的外傷性ストレス障害」にかかりやすいとされる。武井は看護師の仕事を取り上げ，一次的受傷者は傷ついている患者で，そのような患者に接することによって傷つく看護師を二次的受傷者と名づけている。しかし，看護師は患者から向けられる攻撃や暴力・暴言などに曝されると，「一次的外傷性ストレス障害」に陥る危険性があると指摘している。これを介護労働者に置き換えると，介護労働者は利用者から向けられる攻撃的・暴力的な言葉によって「一次的外傷性ストレス障害」に陥る可能性があり，自分への無力感や罪悪感が原因でバーンアウトしやすくなると考えられる。

　本調査において，介護労働者は利用者からの言葉に傷つきながらも，「時間を置いて」「反論せずに」「一息落ち着き冷静に」「聞き返さずに」など，感情の統制を図ってから臨んだり，とりあえず「すみません」と謝ったり，さりげなく聞き流したり，あるいははっきり自分の気持ちを伝えたりと，さまざまな対応をしている。総じて，傷ついた自己の心をコントロールしながら，何とかそこに自己をつなぎ留めている状況がうかがえる。

(3) 介護労働者と感情コントロール

　看護労働では，ホックシールドのいう「表層演技」としての感情ワークが必要不可欠な仕事の一部だとされる。そこで看護労働者は，本当の自分が感じている感情をすべて消し去り，表向きの表情をつくる作業を行っているのである。本項では，このことを介護労働者の「傷つき」状況と照らし合わせて考えてみたい。

　本調査において，介護労働者は利用者の言葉に傷つき，ストレスを感じても，自己の感情をコントロールしながら対応している状況が明らかになった。そしてビリングスとムースの対処行動に沿って分類した結果，介護労働者の対処行動は大きく分けて「問題焦点型対処行動」と「情緒焦点型対処行動」の二つに

分かれた。ラザルスとフォルクマンが分類した「ストレス対処行動の基本的枠組み」に評価集点型を追加して，5つのカテゴリーとしたものである。

「問題焦点型対処行動」は文字どおり問題を直視する対処法で，問題解決に向けて最良と思われることを実行に移し，ストレスに対処しようとするものである。調査からも明らかになったとおり，5つの対処行動のうち，介護労働者の場合は【問題解決】による対処方法が最も多い。このことから，介護労働者は利用者から言葉による傷つきを受けても，関係を少しでも改善しようとさまざまなリアクションを起こしていることが伺える。つまり，みずからの傷ついた心の手当ては後回しにして，いま起きていることに向き合い続ける努力をしているのである。人間は心が傷つくと，悲しくなったり怒りに駆られたりするものだが，介護労働者はそうした感情を他者に察せられることのないように，その場にふさわしいと思われる感情に切り替えている。介護労働者にとってこの一連の作業は，ホックシールドや武井が述べる感情ワークそのものと言える。

もう一つの「情緒焦点型対処行動」は，ストレスにともなって喚起された不快な感情の解消をめざした行動とされる。フォルクマンによると，この行動を選択するのは，ストレス状況に改善の見込みがないと判断された場合だといわれる。【情緒の調整】とは，不快な感情についてなるべく考えないようにしたり，仕方がないと達観したりすることである。本調査では，介護労働者が最も多くとる対処行動が【情緒の調整】だったが，ストレスと直接に関係のない活動に没頭することで傷ついた自己の感情を調整しようとする【気分の発散】は少なかった。怒りや沈んだ気持ちを他人にぶちまける行為もこれに含まれるが，介護労働者にこれが少ないのは，職場内で問題を検討する【情報探索】があるためだと思われる。

(4) 優先される利用者との関係形成

介護労働者のストレス対処行動で最も多かった【問題解決】は，事態改善の取引や妥協に応じる行動だと言える。自己の思いや意思とは関係なく，利用者の精神状況の安定を期して「下手（したて）に出た」，「謝って仕事を続けた」などが挙げられていたが，介護労働者たちは互いに歩み寄って一致点を見出し妥協に応じるよりも，むしろ自分たちの側が折れることで関係性を維持しよう

と努めているように思われる。また,【情緒の調整】は2番目に多い対処行動だったが,これを選択した者と【問題解決】を選択した者との差は2.6倍以上であった。みずからの情緒を安定させることよりも,利用者と向き合うことを優先させている介護労働者の姿がここから浮かび上がってくる。

ところで,本調査では「評価焦点型対処行動」に分類される【問題分析】がまったくなかったのはなぜなのか。一つには,【問題分析】が問題構造を多角的に分析し解決する技能であることから,利用者とのかかわりのなかで瞬時に求められる対処方法としてはふさわしくなかったため,いま一つは,【問題分析】には過去の経験との照合や別の対処方法の提案など,他の職員をも巻き込んだ検討が必要になってくるが,多忙ななかでそうした時間を確保することが難しいためだと考えられる。

(5) 介護労働者の属性と感情ワークの伝承

本調査では,感情労働でいうところの感情ワークを介護労働者がどのように行っているかを明らかにしてきた。介護労働における感情ワークについては,先行研究でも充分明らかにされたとは言えない。また,介護労働者の養成課程でも,介護労働を感情労働と位置づけたうえで,感情ワークに関する技術習得がなされているわけではない。現状では,利用者との間で「傷つき」やストレスを感じた時にどのようなコーピングをとるかは,介護労働者自身が経験のなかで身につけた方法に頼るしかないのである。

今回の調査対象者には20歳代,30歳代の若年層が多く,40歳代以降の経験を積んだベテラン労働者の数をはるかに上回っている。介護労働における感情ワークが,書物以上に現場の実践から学ぶことが多いとすれば,ベテラン介護労働者による方法論の伝承は,今後ますます難しくなっていくと思われる。

本調査では,介護労働が感情労働と言えるための条件をさぐり,その検証を試みた。そのなかから,「傷つき」やストレスに対して介護労働者一人ひとりが何らかの対処行動をとっていることが明らかになった。

介護労働にはコミュニケーションストレスが内在しており,その対処方法として感情ワークとコーピングが必要であることがわかった。介護労働者が利用

者との関係でコミュニケーションストレスを感じたり，利用者の言葉に傷ついたりしたときに，どのような行動をとっているのかを明らかにすることが，介護労働者の感情ワークとコーピングに役立つものと考えている。

久保［2004］は，バーンアウトやストレスを従事者の個人要因に帰結させることは望ましくないと述べている。介護労働が感情労働であるならば，対処法を労働者一人ひとりに委ねるのではなく，介護労働全体の問題として取り組むべきだろう。

第2節　言葉による傷つきやストレスに どう対処するか

1　労働の継続を可能にする力とは

第1節では，利用者から向けられた言葉によって介護労働者が傷つき，ストレスを感じるケースが少なからずあることが，調査を通じて明らかになった。

これまで介護労働者が利用者から「身体的」「言語的」「性的」な暴力行為を受けた場合，これにどう対処するかは労働者個人の資質や経験に委ねられてきた。なかには，「相手は高齢で，しかも認知症なのだから，何を言っても仕方がない」「我慢するしかない」と諦めている者もいる。また一方では，利用者からのさまざまな暴力的行為について，組織に何らかの対応を求めているにもかかわらず聞き入れてもらえなかったり，要望はあっても組織内に支援体制が整備されていないために言い出せずに終わっていることもある。

介護労働者にとって大切なことは，利用者やその家族と十分なコミュニケーションを図りながら介護関係を築いていくことである。しかしながら，これまで身につけた介護技術を駆使して精一杯業務を行っていても，コミュニケーションの受け手である利用者やその家族の側から意図しない言葉が返ってくることがしばしばある。この点について篠﨑［2008］は，利用者が抱く介護労働

者像——情熱と無償性——が介護労働者に無言の圧力を与えていると指摘している。

これまでの研究を見ても，介護労働者が言葉による傷つきやストレスをどのように乗り越えているのかを分析したものはきわめて少ない。「傷つき」やストレスに直面しても，なお仕事を継続していける原動力は何か。まず介護労働者の行動特性を明らかにすることが，「傷つき」やストレスへの対処法を考える前提作業になると思われる。

そこで次の調査では，特別養護老人ホームに勤務する介護労働者が，利用者やその家族から受ける言葉による傷つき体験をどのように乗り越えていったかをさぐり，そのなかで労働の継続を可能にしている行動特性を明らかにしてみたい。

2　介護労働者の行動特性調査

調査施設の選定にあたっては，事前にA特別養護老人ホーム施設長へ調査の趣旨と内容を説明し，同意を得た。その後，調査に協力できる職員の選出を施設長に依頼し，希望者を募ったところ，介護労働者16名の協力を得ることができた。そこで施設長を通じて，調査対象者に調査の趣旨と内容を伝えていただいた。また，インタビューにあたっての倫理的配慮として誓約書を作成し，面接時の会話の記録および録音，報告書・論文などの公表時には施設名や個人名などの情報が特定されないよう配慮することを約束した。さらに，面接中の質問に対しては回答を拒むことが可能であり，調査への参加についても途中で辞退できることを口頭で説明した。そして面接前にこれらの内容について同意を得たうえで，署名入りの同意書を受領した。

調査は2010年3月8日～10日の3日間，個別インタビューを行った。インタビューの中心的なテーマは，利用者やその家族とのコミュニケーション過程で生じた言葉による傷つき体験とした。傷つき体験がなかったという対象者については，利用者やその家族とかかわるなかで受けたコミュニケーションストレスの有無を聞いた。そこではどのようなストレスを感じたのか，傷ついた心などのように克服し，介護業務を継続してきたのかを探るために，3つの質問

をした。1つめは「具体的に行ってみたこと」、2つめは「それを行った背景」、3つめは「介護労働を継続できている"成功のポイント"」に的を絞って質問をした。ここでは対象者の自由な「語り」を基本とし、面接者が対象者の回答に対し必要に応じて質問や確認を行った。面接時間は各調査対象者につき30分程度で、面接内容はICレコーダーを使用して録音した。

調査の結果の分析は、逐語記録されたデータを作成・分析した。そのなかから、ストレスや「傷つき」をどのように克服し、介護業務を継続してきたのかを明らかにした。インタビューで得られた回答について、2つ以上の意味を含まないよう記録単位を作成し、そのなかから理解できない記述を除外し、類似する内容ごとに振り分けてグループ化した。そして、それぞれにグループ名をつけて下位カテゴリーとし、さらにそれを類似する内容にグループ化し、それぞれにグループ名をつけて上位カテゴリーとした。

3 感情労働のサバイバーたち

(1) 調査対象者の属性

本調査のインタビュー回答者16人の基本属性は**表2-12**のとおりである。対象者は男性5人（31.3％）、女性11人（68.7％）で、平均年齢は36.4歳であった。対象者の業務上の職位は、フロアリーダーとユニットリーダーが4人（25.0％）、常勤スタッフ

表2-12 調査対象者の基本属性（単純集計）

項　目		人	％
性別	男性	5	31.3
	女性	11	68.7
年代	20歳代	4	25.0
	30歳代	7	43.8
	40歳代	3	18.8
	50歳代	1	6.2
	60歳代	1	6.2
福祉系取得資格（重複）	介護福祉士	7	27.0
	ホームヘルパー2級	10	38.5
	社会福祉士	2	7.7
	住環境コーディネーター	1	3.8
	福祉用具相談員	1	3.8
	社会福祉主事	1	3.8
	介護支援専門員	2	7.7
	無	2	7.7
福祉従事年数	3年未満	4	25.0
	3年以上5年未満	3	18.8
	5年以上10年未満	8	50.0
	10年以上	1	6.2
最終学歴	高校卒業	5	31.3
	専門学校卒業	1	6.1
	短大卒業	5	31.3
	大学卒業	5	31.3
現在の立場	フロアリーダー	2	12.5
	ユニットリーダー	2	12.5
	常勤職員	7	43.8
	パート職員	5	31.2

出所：著者作成。

が7人（43.8％），パートスタッフが5人（31.2％）であった。最終学歴は，大学卒業者5人（31.3％），短大卒業者5人（31.3％），専門学校卒業者1人（6.1％），高校卒業者5人（31.3％）であった。現在に至るまでに福祉分野の労働に従事した経験年数は，3年未満が4人（25.0％），3年以上5年未満が3人（18.8％），5年以上10年未満が8人（50.0％），10年以上が1人（6.2％）であった。前職歴のある者は12人（75.0％）で，福祉職は6人（38.0％），看護助手1人（6.0％），それ以外の業種4人（25.0％），福祉職とそれ以外の業種を経験した者が1人（6.0％），主婦だった者が4人（25.0％）であった。福祉職の資格取得者は14人（87.5％），福祉職の2つ以上の資格を取得している者が4人（25.0％），無資格者2人（12.5％），住環境コーディネーターや福祉用具相談員などの資格を取得している者もいた。

(2) 利用者やその家族からの言葉による傷つき

利用者やその家族からの言葉によって傷ついた体験のある者は13人（81.3％）であった。他の3人（18.7％）は，受傷までには至らないがコミュニケーションストレスの体験者であった。調査対象者が言葉による傷つきやストレスを受けながらも，何とかそれを乗り越えて今日まで業務に従事してきた様子が伝わってきた。

(3) 介護労働を継続させる力

インタビューで得られた内容を分析し，上位カテゴリーごとに結果をまとめてみた。下位カテゴリーは【　】で示し，記録単位は「　」で示した。

1) 具体的にやってみたこと

介護労働者は，利用者やその家族から受けた言葉で傷ついた時に，仕事を継続するモチベーションを得るためにどのようなことを行ったのかについて，42記録単位を抽出した。そのなかから意味不明の記述を除外し，33の記録単位を設定して分析対象とした結果，7つのカテゴリーに集約できた（表2-13）。

① 介護技術向上のための取り組みを行う

表2-13 「傷つき」を乗り越えるために具体的にやってみたこと

上位カテゴリー (記録単位数)	下位カテゴリー (記録単位数)	記録内容 (記録単位)
介護技術向上のための取り組みを行う (13)	利用者理解のための観察や関係づくり (6)	よい関係を最終的に利用者の方とつくれた (D)。その方の個人の記録を見て、職員からその利用者について聞いたりしながら、その人を理解しようとする (F)。その利用者の言動はそういうところからきていることをとらえていく (F)。変化していく様子も見させていただきながら接している (F)。暴言を吐かない日があることを発見した (L)。自分での学びが特に大きいかなあ (M)。
	職員間で共有する (5)	どうしても自分で無理な時はなれた方に来てもらって、「どうしたらいいですかね。」と二人でやったりとか、聞いて、「ああいうときはいつもどうしているんですか」と聞いたりする (B)。職員が共通して見るノートがある、よっぽど自分が気づいてこうした方がいいんじゃないかと思ったことは書くようにしている (C)。男性職員がいればその方にお願いしたり、女性職員がメインの職場なので男性入浴日などは男性1人しかいないので、その方が休みだと女性職員で対応しないといけない。なるべく男性職員で入浴介助行うような流れはあるけれど (K)。そこでそういう話をされたということを職員間で共有してた (P)。だからそれもあって一人で抱え込まないようにっているのがあって、その時の相談員がそれはなんかあったらってね、普段のかかわりで常にそういう事があるのであればもちろんどんどんこうなっていくと思うんですけど (P)。
	今後気をつける (2)	ちょっと「あっ」と思った時には、今度から気をつけようと思う (C)。今度からお送りする前はきれいにちゃんとして、今後気をつけようと自分で思っているだけ (C)。
深く考えないよう割り切って仕事する (8)	深く考えずに割り切る・忘れる (8)	次の仕事に行くと前のことは極力深くは考えないで次の仕事に入っていく。これは日常的な事ではない (A)。深く考えないようにした (A) (K)。知的の場合は言うことはガツンと言って、していかないことがあって、正直こちらが教えないといけないことがあるのは知的の方で。高齢者は知っているうえで、ちょっと自分より先輩の方だけどこれはちょっと止めさせていただくみたいな部分で、そこまで具体例が出て仕事だからと割り切ってもなんだけど (G)。正面玄関を出た時、入ったら変わります。仕事モードです (I)。すごい割り切っています。外へ出たら考えない (I)。やっぱりあまり深く考えずにという事でその時その時で言われていることなので、なので人だからそういう事もあるだろうと割り切って対応するようにしています (M)。認知症の方なんでやっぱり言葉のキャッチボールができないのが前提にあるじゃないですか。なのでそれを理解しなければならないというか、やっぱり伝わってないからしょうがないっていうか (N)。結構1日たったら忘れる方です。もうそのこと自体しょうがないかなみたいな感じで (O)。

表2-13 「傷つき」を乗り越えるために具体的にやってみたこと

上位カテゴリー (記録単位数)	下位カテゴリー (記録単位数)	記録内容 (記録単位)
相手(利用者やその家族)の状況を受け止める(4)	病気の状態であることを受け止める(2)	しょうがないというか、やっぱりあの脳が普通じゃないというか、病的なものになってしまっているので、もうそれはそれで認めていってあげないと(N)。この方はこうなんだっていうのを。だからあの時はわーって言っても、それは結局病的なものだからって認めてあげないとっていつも接しているんですけど(N)。
	相手を受け入れ話を聞く(2)	それはもう普通にああそうだなと受け止める(F)。利用者さんの話をその時に聞く(J)。
相手(利用者やその家族)への対応を変えてみる(2)	距離を置く・落ち着くまで待つ(2)	出来るだけそうでないといけないんですけど、そう言う時もある。一緒に話し合って「ま、ちょっと距離を置いた方がいいかな」ということもある(J)。相手がイライラをぶつけてきたとき、落ち着くまで待つという方法を取っている。その方がいいかなと、その時思った(J)。
他者に自分の状況を話す(2)	自分の状況を聞いてもらう(2)	友達とかに辞めようかなとか、ちょっと漏らしたりしたんですけど、周りからしんどいんだったら無理しなくてもいいんじゃないのという話をしてもらって、そう思ってくれているのはすごい嬉しかったんですけど、頑張れって言われるよりかすごい嬉しかったですね(H)。頑張っているのを認めてくれているって思ってくれていたんで、そういうのを周りの友達とか人とかに相談して、話聞いてもらうだけでだいぶ楽になった(H)。
自分を律して行く(2)	他職員の模範として・感情コントロール(2)	あんまり感情的にね。社会福祉士でもあるように統制された情緒というか、そこらへんを感情のコントロールをしていくようにはしているんですけど(M)。役職にも付いているんで見られているというのがあるんで、模範とならなければいけないというのが一番大きくて。そこら辺は気をつけて、利用者と接するときはコミュニケーションとっています(M)。
自分が楽しいことを行う(2)	趣味や自分の楽しいことをする(2)	趣味みたいなのがありますので、そっちの方に(O)。自然に「今日も一日一緒に笑おう」って思っている。一緒に笑うことが職員にとっても、利用者にとってもいい(I)。

注:( )内は記述数。記述内容は原文のまま掲載した。
出所:著者作成。

　1つめは，【利用者理解のための観察や関係づくり】を行っているという回答である。日々変化していく利用者の様子を観察しながら接していると，「暴言を吐かない日があることを発見した」り，暴言を吐くにはそれなりの理由があることを「理解しようとするようになった」との回答があった。
　2つめは，情報を【職員間で共有する】という回答である。利用者個人の記

録を見たり，他職員から利用者のことを聞いたりしながら，その人を理解しようとすることで，最終的に利用者との良好な関係が築けたという。

　3つめは，【今後気をつける】という回答である。「これからは気をつけよう」と自分に言い聞かせることで，「傷つき」を緩和させることができたという。これは事前の対策として有効ということだろう。

　②　深く考えないよう割り切って仕事をする
　「『しょうがない』と考える」，「仕事だからと割り切る」という回答である。利用者は認知症で，言葉のキャッチボールができないことが初めからわかっているため，【深く考えずに割り切る・忘れる】ように自分の気持ちを仕向けているものと思われる。

　③　相手（利用者やその家族）の状況を受け止める
　1つめは，【病気の状態であることを受け止める】という回答である。利用者の思考は「病的」になっている。そのことを認めてあげなければいけない，と考えるようにしている。
　2つめは，【相手を受け入れ話を聞く】という回答である。できるだけ話を聞くように心がけ，利用者やその家族の言動の背景には何があるのかを理解しようとしている。

　④　相手（利用者やその家族）への対応を変えてみる
　利用者やその家族がイライラをぶつけてきたときには，相手が「落ち着くまで待つ」という回答である。相手と一瞬でも「距離を置く」ことで，相手も自分も冷静になれ，そこから新たな関係性が生まれる可能性もある。

　⑤　他者に自分の状況を話す
　友人や親しい人たちに「辞めようかどうか漏らす」という回答である。これに対し，ただ「頑張れ」と言われるよりも，「しんどいんだったら無理しなくてもいいんじゃないの」と言われるほうが嬉しく感じることがわかった。仕事仲間は自分が頑張っているのを認めてくれているから，【自分の状況を聞いて

もらう】だけで気持ちがだいぶ楽になったという。

⑥　自分を律する
【他職員の模範として感情コントロール】するという回答である。とくに役職に就いている介護労働者の場合，同僚や部下の職員に自分の仕事ぶりを見られていることから，「模範とならなければいけない」という思いが強いことがわかった。ケースワークの原則である「統制された情緒」の実践と言える。

⑦　自分が楽しいことを行う
【趣味や自分が楽しいことをする】という回答である。これには，自分が受けた傷を忘れたくて「趣味」に没頭する自己完結型もあれば，職員と利用者が一緒に笑うことで嫌な思いを吹き飛ばす共感型もある。後者については，笑う場面を多くつくろうと努力している職員の姿が印象的である。

2) なぜそう考えたのか
　介護労働者は，利用者やその家族から受けた言葉で傷ついても，辞めずに仕事を続けていく方法を自分にあった形で選んでいることがわかった。では，それはいかなる理由で選択され実行されたのか。
　インタビュー結果から68記録単位を抽出し，そこから意味不明な記述を除外した。そのうえで60の記録単位を分析対象とした結果，13のカテゴリーに集約したものが**表2-14**である。

①　介護の質を高めたい
　介護労働者は利用者について，認知症があっても【敏感・見抜く】ものだとわかっているし，利用者のほうも，苦手意識を持つ介護労働者だとわかるから「声をかけない」。だからこそ，【状況から逃げない】ようにしなければいけないと介護労働者は考えている。「冗談で受け流し」たり，「違う話」をしたり，別なことをしてもらうなど，【上手く転換する】技術も必要だとしている。
　さらに，「いろんな立場」からの話を聞いて【専門的視点】を得ようとしている者もいる。【他職員からの学び】を大切にし，「他の人を見て学んだ」とい

表2-14 「傷つき」を乗り越えるためにとった行動の背景

上位カテゴリー	下位カテゴリー (記録単位数)	記録内容 (記録単位)
介護提供の質向上が必要(12)	利用者は敏感・見抜く(3)	どうしても苦手な方をつくってしまうと、こっちが思っている以上に向こうは敏感なんで(D)。利用者は結構認知症あってもすぐ見抜くんです(D)。逃げる職員ていうのは絶対終われないし、絶対利用者もわかっているんで声をかけない(D)。
	状況から逃げない(3)	まず1位指名されるっていう部分では、逃げないこと(D)。逃げたら一生関われないと思う。まず逃げない(D)。その方は、夜勤で僕らは逃げたら終わりだと思う。人と人なんで(D)。
	上手く転換する(2)	冗談で受け流して、他の話、違う話をして、別なことをしてもらって。逃げるっていうのじゃないですけど上手く転換して、リーダーへの相談はできている(K)。同じ職場の人に相談したんですけど、やっぱり「いやだな」という話で終わってしまって、違う方から「なんでなんだろう」という話にならないので、あえて聞かないということだと思う(N)。
	専門的視点(2)	関わっていくのは、人間同士のよい意味でぶつかり合いなんで当然なのかな、ということを段階を経て学んでこれた(P)。なんでも知りたがりで多くの方と出会っているし、多くの専門家とも出会っている。いろんな立場の方の話もきいた。それがここにきてマイナスではなくプラスに働いている(F)。
	他職員からの学び(2)	このスタイルは他の人をみて学んだこと。逃げない職員は上手く関係が築けて人気がある(D)。これは自分の感覚でしかないけれど、できないことがない。ケア的にすべての業務をやってくれる(D)。
相手(利用者やその家族)からの評価(6)	利用者に拒否された・嫌われた(3)	最初結構やっぱり傷ついた。傷ついた時にはしっかり言ってくれる方は、トイレにいきましょうかというと拒否。「お前なんかと行くか」みたいな感じだった(D)。他の方には、僕は背が高いので「おっきい、おっきい」って嫌われていた(D)。半年くらいかかった、その方をトイレ誘導できるまでに。結果的にできてよかった(D)。
	信頼を得たいという思い(3)	介護士として信頼を得たい、その人に気に入ってほしい。自分も頑張っていかないといけない(D)。「あんたと行くわ」と言われたときに、すごい嬉しかった。良い経験だと、嫌なことがあっても打ち消してしまう。これは自分のなかで意識してもわからない(D)。自分の思っていることを言ってすっきりされる方もいらっしゃいますし、「今の落ち着かない」という方もいらっしゃるので(J)。

表2-14 「傷つき」を乗り越えるためにとった行動の背景

上位カテゴリー	下位カテゴリー （記録単位数）	記録内容 （記録単位）
気持ちを入れ替え、転換を図る必要性 (5)	職員以外の人からの理解 (3)	同じ職場の人だったら、ここがしんどいよねって話を聞いてくれるんですけど、どうしたらいいんだろうっていうのは、第三者からのアドバイスの方が私的にはすごい納得いくことが多いですね (N)。同僚もそうなんですが、一番最初に話をきいてもらうのは同僚なんですけど、やっぱりそこで、みんな相談する人からは同じ言葉しか返ってこないので、だったらもうちょっと違うとこからって思ってしまうんで、外側の人に話しています (N)。ここだったら、「辞めないで」って言われるし、「いて欲しい」って言われて、自分はもう目一杯だしっていう気持ちでシーソーゲームみたいになってしまうときに、親に相談したら、そうやっていってくれたというのがあったんで、そっちの方向に。親は一番わかってくれると思っていて、いろんな面から話を聞いてくれて、違う観点から言ってくれると思っている (N)。
	帰宅する時間・切り替える (2)	ここはもう帰る時間ですから何しようかな、と考えるから (O)。やっぱり私は家に帰ったら家庭があるから、帰ったら切り替えてご飯の支度をしなきゃいけない(O)。
意図的にメッセージ化することが必要 (5)	聞いていて嫌・言われて嫌 (3)	言っている方自身も健常者というか普通に生活しているので、寝たきりの方に対してそういう言葉を発したりするのは不安があるみたいなんです。そういうなかで発しているようなので、柔らかく言って見てるという感じなんです。改善できたらいいかなと思いますね (L)。やっぱり言われたら嫌だし、自分自身言ってもいいものではない (L)。言われた方はこういう施設ですから何も言えない人もいますので、周りが聞いていてやっぱり嫌だなと思ったりするので、それに対してそういうことはあんまりよくないですよ、と言ったりする (L)。
	意図的に表現する (2)	今でもやっぱりいろんなことが気になったりして、職員や他の利用者に対して暴言があったりする。でも、それを止めるように相手に対して言えるようになった (L)。ただ、意識的にこう出す・見せるってところも時には必要であって、こちらも気を悪くしてるところはありますね (P)。

表2-14 「傷つき」を乗り越えるためにとった行動の背景

上位カテゴリー	下位カテゴリー (記録単位数)	記録内容 (記録単位)
プロとしての自覚 (5)	お金をもらっているから (5)	ショートステイだから、送迎に行くわけなんですよ。すると家族さんが「こういう仕事大変ね」みたいなことを言われるんですけど、僕からすればお金ももらってないのにこういう家で介護できる方々のほうがすごいなと思う (G)。僕はお金をもらっているからこの仕事できると思っていますし、正直、家で親の介護せいといわれたら、ここと同じようにできるかというとそういう自信はあまりない (G)。今は介護している方が多いなかで、やっぱり在宅介護というのは、家でいつもお世話をしていてもお金が入ってくるわけでもなく、その人への愛情だけでやっているわけで。僕らはもちろん、生活のために仕事しているというのがあります (G)。お金をもらっているから、つまらんことでは怒っていられないみたいなのはある (G)。これで僕らはお金をいただいていますし、ボランティアでもないんで、プロとして利用者にサービスしていくうえで、そこははずしてはならないこと (M)。
相手を理解する寛容性 (4)	利用者にかかわる・つながっている (2)	何かしらの理由つけて、利用者にかかわっている (D)。よく業務的にやっていると表現する人はいるけど、見方を替えると、それはずっとつながっているわけで (D)。
	配慮する必要がある (1)	深く考えたことがないんですけど、やっぱり施設に入っているというのは外では生活できない方なんで、そこは配慮してあげないとという気持ちです (N)。
	ゆっくり受容できるようにする (1)	苦しいこととか辛いこととかがあったからそういうふうに出てしまっていると考えると、少しはその方を理解できるってあるかなと思うんですけど、その時言われたときはカーッとなってしまうことはあります。でも、やっぱりそこは後で考えて、ゆっくり受容できるようにしていってます (F)。
相手（利用者やその家族）とのコミュニケーション (4)	利用者と話をする (3)	何が大事ってわけではなく、われわれの仕事っていうのはおむつ交換、昔でいう三大介護と言われているが、今は三大介護よりもコミュニケーションが大事だと言われている。ちょっと前はそうではなかった。それが同等レベルでとらえる職員、もちろん、すべてのことに対してコミュニケーションが上なんですけど、コミュニケーションに付随して考えることのできる職員、かつ選ばない職員 (D)。私が働き始めて3ヵ月目くらいの時に、デジカメで写真を撮ったんです。ボール遊びをしているところやバイキングとかをしているところを。その時に現像して皆が笑っていたんで、これやっててすごいよかったなー、って思って (I)。日々接してきて、いろんな話をしていくなかでそう思えてきた。そんなに時間はかからなかった。1ヵ月くらい (L)。

表2−14 「傷つき」を乗り越えるためにとった行動の背景

上位カテゴリー	下位カテゴリー （記録単位数）	記録内容 （記録単位）
自分の体験にもとづく3)	利用者の生活歴を知る (1)	利用者の生活歴見たときに、生活保護の方や麻痺の方の性格をデータとして聞いたことがあるんですけど、ちょっと人格がゆがんでしまうというか、そういった行動を起こしてしまいがちになっているということなんで、一面的に見ないようにしている (M)。
	自分の性格と生活環境 (2)	自分は昔から「バカバカ」と言われて育ってきたので、そんなに気にしない (E)。気は長いほうだと思ってますし、根がのんびりしているんです (G)。
	仕事が楽しい (1)	僕ふつうに仕事楽しいというだけなんで、楽しく生きていると言ったら変なんですけど、普通に家にいて、仕事にきても早く帰りたいなとは思ったこともないし、どっちがいいかと言ったらもちろん奥さんがいる家の方がいいんですけど、仕事の日に憂鬱になるとかそういうのはないので、秘訣とかそういうのは考えていない (G)。
自分の思考を変える (2)	プラス思考 (1)	そうなってしまったことに対して自分を嘆かれたりしているんで、いつもいつもそういう方ではないし、10分したらまたいつもの「ありがとうありがとう」という方に変わっているんでね。たまたまその時は機嫌が悪かったのかなと、何か嫌なことでも思い出されたのかなと。ちょっとプラス思考で (N)。
	可哀想 (1)	やっぱり伝わっていないのが私もはっきりわかるので、たとえば自分の子どもだったら私も怒りますけど、理解できていない状態なんで、この方はこういう方なんだって、逆に可哀想に思うんでね (N)。
組織における支持的理解 (2)	リーダーが考える (1)	リーダーたちが解決方法を考えてくれている (K)。
	職場の人の理解 (1)	何か愚痴をこぼせるのはいい。家に帰っても、仕事のしんどさっていうのはやっぱり同じ職場の人じゃないと分からないっていうのはそのとおりなんですよ (N)。
ストレスとならないようにする (2)	見ないようにする (1)	仕事しているなかで、ストレスになる部分は決まってきたりわかってきたりする。そこを見るとしんどくなるので、見ないようにしている方が多い (A)。
	気にしないようにする (1)	気にしなければ、それで済んでしまうという感じ (K)。
他のことに影響を与える (2)	次の仕事への影響・他者への影響 (2)	あまり深く考えると、次の仕事にさし障っていく (A)。自分がそこで立ち止まってイライラすることで、他の人や他の利用者に影響するんじゃないかと思う (A)。
他職員とのライバル心を燃やす (1)	負けたくない (1)	おかしいけど、職員に負けたくないというのが自分のなかにある (D)。

注：( ) 内は記述数。記述内容は原文のまま掲載した。
出所：著者作成。

うように，ロールモデルとなる人物の存在も，少なからず影響を与えていることがわかった。

② 相手（利用者やその家族）から評価されたい
　トイレ誘導時に「お前なんかと行くか」などと言われたり，背が高いことに対して「おっきい，おっきい」と言われて「嫌われ」るなど，【利用者に拒否された・嫌われた】経験を持つ者がいた。これについては，「思っていることを言ってすっきりされる方もいる」と考えて自分を納得させる者もいた。
　そんななかでも，利用者やその家族から【信頼を得たいという思い】で頑張っていることがわかった。そして，相手に自分のことを受け入れてもらった時は「嬉しかった」と感じ，先ほどまでの「傷つき」を「打ち消してしまう」こともあった。

③ 気持ちを入れ替え，転換を図りたい
　「傷つき」やストレスを感じたときに，違った観点から助言を与えてくれる【職員以外の人からの理解】が，仕事を継続させる意欲を高めることが多いことがわかった。それらは専門家ではなく，主に家族の支えによるものであった。だから利用者やその家族から受けた言葉で傷ついたときも，自分には「家庭」があり，「帰ったら気持ちを切り替えてご飯の支度」をしようという気になるという。つまり，【帰宅する時間・切り替える】ということが，職場での「傷つき」やストレスを一時的であっても忘れさせる効果を持つようである。

④ 意図的にメッセージ化したい
　利用者や家族が他の利用者を傷つけるような言葉を発することについて，【聞いていて嫌・言われて嫌】だと思う介護労働者がいる。そして，自分自身が「言われたら嫌」だと感じるところまでいくと，「それはよくないですよ」と【意識的に表現する】ことが必要だと考えている。実際に他の職員や利用者に暴言が向けられたときは，それをやめるよう「言えるようになった」という。

⑤ プロとしての自覚を持ちたい

「生活のために仕事をしている」という思いがあり，お金をもらっているのだから，嫌な気分を味わっても「怒っていられない」と考えている。何の報酬もない家族介護の大変さを思うと，日ごろの不満や悩みが施設労働者への言葉となって表れるのも理解できると言う。在宅での家族介護と自分の仕事を比較し，報酬がある以上，「プロとして」きちんとサービスを提供するべきであり，【お金をもらっているから】こそ，嫌な思いも甘んじて受ける覚悟が必要であると考えている。

⑥ 相手を理解する寛容性を持ちたい

さまざまな事情から自宅で生活できない人が施設を利用するのであり，そうした経緯を理解する必要があると考えている。だからこそ嫌な思いはあっても，「ゆっくり受容できるようにする」ことが大切だと言う。

⑦ 相手（利用者やその家族）とのコミュニケーションを図りたい

介護労働者は，排泄介助，入浴介助，食事介助の「3大介護」と「コミュニケーション」が同時にできることが重要であり，すべての介護行為はコミュニケーションに付随して行われる必要があると考えている。
【利用者の生活歴を知る】ことは大切だが，そのことで利用者やその家族への偏見が生まれないように注意する。コミュニケーションの効用は相手を多角的にとらえ，全人的ケアができる点にあるとしている。

⑧ 自分の体験を大切にしたい

介護労働者は，【仕事が楽しい】と思えることが大切であり，利用者やその家族の言葉に傷ついたとしても，仕事が楽しければ乗り越えることができるとしている。また，仕事が楽しくなるには，【自分の性格と生活環境】なども影響していると考えている。これらは，介護労働者一人ひとりの価値観が強く影響するものと思われる。

⑨ 自分の思考を変えてみる

利用者やその家族からの言葉に傷ついても，考え方次第で気持ちも変わってくることを示す例である。

1つは，「たまたまその時は機嫌が悪かった」のではないか，「何か嫌なことでも思い出した」のではないか，と考えるようにしている。【プラス思考】を大切にしているようである。

もう1つは，病気が原因でよくわかっていないのだから，むしろ【可哀想】な人なのだと考え，「理解できていない状態」に共感を示している。

⑩　組織からの支持・理解を得る

利用者やその家族の言葉に傷ついたとき，自分だけで悩んでいるのではなく，職場内のリーダーに相談するという。解決方法を【リーダーが考える】かたちをとっているため，リーダーへの信頼感・期待感は高い。

また，「愚痴をこぼせる」相手として同じ職場の人間を挙げており，【職場の人の理解】が大きな励みになることがわかった。

⑪　ストレスを回避する

介護の仕事を長く続けていると，自分がどんなことにストレスを感じるかがわかってくるという。そこで，できるだけこれを回避するために【見ないようにする】ことが有効だとしている。

また，傷つくようなことを言われても，「気にしなければ済む」と考えることで自己コントロールを図っていた。

⑫　自分のストレスが周囲に及ぼす影響を考える

利用者やその家族の言葉によって感じるストレスが，周囲に与える影響を心配する職員がいる。【次の仕事への影響・他者への影響】を考えると，それは回避しなければならないとしていた。

⑬　他職員とのライバル心を燃やす

言葉による傷つきでストレスを感じても，同僚や部下など他の職員に【負けたくない】気持ちがある。これが仕事を続けさせるモチベーションになってい

表2-15 介護労働を継続できている「成功のポイント」

上位カテゴリー (記録単位数)	下位カテゴリー (記録単位数)	記録内容 (記録単位)
受け流し型 (5)	深く受け取らない・考えない (4)	あるとは思うけど、あまり深く受け取らないで流す、流す (A)。深く考えないようにした (A)。「バカ」と言われるけど、あんまり何も思わない (E)。それが好いか悪いかわかはわからないが、深く考えないようにしている (K)。
	冗談で終わらせる (1)	その場では冗談で、「なんでですか」で終わらせてしまう (K)。
性差介護型 (4)	女性介護職員へは言ったり感じたりする (3)	とくに男性と女性職員はまた違うし、男性だと、利用者さんにしろ家族にしろ結構おとなしい (G)。何も言わないというのはあるけど、女性職員には結構言うというケースもあるんですわ、正直。あると思いますね (G)。男性の利用者の場合、やっぱり男なんで、女性の職員見たらなんか感じるって言ったら変ですけど、触ったりなんだり、まったくゼロ、可能性もゼロというのはない (G)。
	男性職員へはおとなしい (1)	男性職員は正直、そういう心配はない。やっぱりその辺も大きいかなと思う (G)。
原因探求型 (4)	相手の行動の原因や理由を探る (3)	何かが悪かったんだ、やり方が違ってたんだと思う (B)。認知症がない方などに言われる原因もこちらにあるので、ずばずばと言ってくれる方が結構多いので (E)。利用者さんのほうも言われる方は結構カーッとなって言っているから、落ち着いて (O)。何もないのにそういうことは言わない。何かしら理由があるもので、病気もあり認知症もあり、その時の精神状態があって、その時はわぁー、となってしまう (P)。
	落ち着くようにする (1)	利用者さんのほうも、言われる方は結構カーッとなっていっているから、こっちが落ち着かないと (O)。
アプローチ型 (3)	利用者と話をしたりかかわりを持つ (2)	かかわっていくなかで乗り越えた (D)。落ち込んだら、利用者と話をする (I)。
	負けたくないという気持ち (1)	負けたくないという気持ちと、なんとなく一緒にいたい、好きな利用者さんがいるからみたいな、この人を最後まで見たいという気持ちがあるのが大きいかなと思う (H)。
反省型 (3)	申し訳なかったという気持ち (3)	「ごめんなさいね」というのが自分のなかで強い。そんなこと言わせて「ごめんなさい」みたいな (B)。こちらがいたらなかったと思う (C)。家族は口には出さないけど、気づいたときには「あ、しまったな」と思うことはある。家族が言葉に出して、「していないね」と言えば謝るけれど (C)。

注:( ) 内は記述数。記述内容は原文のまま掲載した。
出所:著者作成。

るものと思われる。

3) 仕事を継続させる「成功のポイント」

利用者やその家族から受けた言葉に傷いたとき，辞めずに仕事を続けられた「成功のポイント」について，37記録単位を抽出した。そのなかから意味不明な記述を除外して19の記録単位を分析対象とした結果，5つのカテゴリーに集約したものが表2－15である。

① 受け流し型
【深く受け取らない・考えない】ようにしたり，【冗談で終わらせる】などの対応がこれにあたる。ストレスをいつまでも内に溜めたままにしないことが重要だと思われる。

② 性差介護型
利用者やその家族は，傷つくような言葉を投げる場合でも，相手の職員が女性か男性かを見極めているという指摘があった。とくにそうした言葉は女性職員には向けられるが，男性職員にはないといわれる。したがって，できる限り同性介護でやれるように工夫するとともに，場面に応じて性差を意図的に活用する方法も考えていく必要がある。

③ 原因探求型
利用者やその家族による暴言には必ず理由があると考え，【相手の行動の原因や理由を探る】ようにしていた。
また，認知症などの影響で利用者の精神状態も一様ではないため，介護労働者自身が気持ちを落ち着けて冷静に対応することも大切だと思われる。

④ アプローチ型
言葉による傷つきに対し【負けたくないという気持ち】が強まり，逃げずに正面から向き合おうとする姿勢がみられた。
また，好きな利用者がいることや，最期まで世話したいと思う利用者がいる

ことも，仕事を継続させる力になっていると思われる。落ち込んだ気持ちが，利用者と話すことで回復する場合もあることがわかった。

⑤ 反省型
利用者やその家族からの言葉で傷ついても，逆に「そんなことあなたに言わせてごめんなさい」と申し訳ない気持ちになったり，こちらの至らなさが相手を乱暴な言葉にしてしまったのだと反省することがあるという。自分が謙虚になることから，前向きの行動が生まれることがわかった。

4 感情労働を可能にする力

　介護労働は，専門的な対人援助サービス業であり，信頼にもとづく人間関係の構築が求められる職業でもある。そして，それを築きあげる手段として，コミュニケーションが求められる。介護労働におけるコミュニケーションはface to face で行なわれることが必要で，そこでは言葉と言葉のやりとりが行われる。まさに介護労働はコミュニケーションを中心軸としながら，介護技術や相談援助技術が展開されるのである。介護実践におけるコミュニケーションは，相手があってこそ成立するものであり，その過程で相手の発する言葉や態度に反応を示すことを互いに繰り返す。そのやりとりの過程で，相手の状況によっては反応の繰り返しが遮断されてしまうこともある。それは介護労働者の予測を越えた相手のコミュニケーション反応となり，その結果にショックを受けたり，コミュニケーションの難しさからストレスを感じたりすることがある。
　それでも介護労働者はサービスを中断することなく，状況を乗り越える何らかの手立てを講じ，今日まで仕事に従事してきたことは，介護労働者の行動特性として評価されるべきである。介護労働者には，利用者やその家族から発せられた言葉などによって傷つきながらも，離職することなく業務を継続する強さがあると言える。
　そこで本項ではこれまでの調査から，以下の3点について考察してみたい。

(1) 言葉による傷つきを克服する行動パターン

　介護労働者が，利用者やその家族の発する言葉によって自分の心が傷つきながらも仕事を継続しているポイントとなる行動パターンは，大きく次の2つに分けられる。
　1つは，外向的行動パターンである【原因探求型】【アプローチ型】【性差介護型】である。これは「傷つき」に対して，個人としても組織としても実践的に取り組む姿勢が見て取れ，誰の目にもわかる顕在化した行動である。
　いま1つは，内向的行動パターンである【受け流し型】【反省型】である。これは「傷つき」に対する静的な取り組み姿勢と言え，介護労働者の内面で実践されるために，第三者にはわかりにくい行動である。
　1つめの顕在化した行動については，次のようにとらえることができる。介護労働者は傷ついた状況下で，最初に①【自分を律して行く】行為を実践している。その結果，介護労働者の心に相手を受容する余裕が生まれ，②【相手（利用者やその家族）の状況を受け止める】ことが可能となる。相手の状況を受け止めることにより，状況を改善するための情報収集や相手の理解のために時間を費やし，③【介護技術向上の取り組みを行った】と言える。そして介護技術を向上させるための学びにより，さまざまな利用者やその家族に最もふさわしい方法を見つけ出し，④【相手（利用者やその家族）への対応を変えてみる】試みを実践していくのである。

(2) 感情を統御する能力

　介護労働者が，利用者やその家族が発した言葉に傷つきながらも仕事を継続している背景には，対人援助を職業とする者が養成課程で学ぶバイステックのケースワークの7原則の1つである「統制された情緒的関与」があることが明らかになった。援助の原則を机上の空論に終わらせず，いかに意識的に実践に取り入れていくかが，介護労働を継続するための行動特性の条件となる。
　さらに，今回のインタビューのなかから，感情をコントロールために介護労働者が行っている有効な方法として，「感情切り替えの瞬間」があることもわかった。介護労働者一人ひとりで違いはあるものの，「施設の玄関を出る瞬間」

や「自分の持ち場に出るドアを開けた瞬間」といったかたちで言語化されている。これらは無意識に行われているが，傷ついた気持ちを切り替え，感情をコントロールし，新たな業務に向き合うスイッチのような役割を果たしている。このような感情コントロールは，介護労働者が仕事を継続していくための能力の一つだと考えられる。したがって，介護労働のフィールドにおいては，労働者自身が感情コントロールの方法を身につけることが必要だが，それが個々人の努力に委ねられているのが現状だと言える。

(3) 介護労働者の支援体制

矢冨ら［1991］は，老人介護スタッフのストレッサー要因の一つに，対人関係を挙げている。ここでいう対人関係は，利用者との関係だけでなく上司・部下などの職員間の関係も含んでいる。これまで職場の人間関係は否定的なストレス要因としてとらえられてきたが，原野ら［2009］の研究では，介護福祉の業務に携わる職員が退職を踏みとどまり，業務を続けているのは「職場のよい人間関係」や「理想とする介護（上司）との出会い」などによるものだとしている。つまり，そこでは人間関係は肯定的にとらえているのである。

本調査においても，介護労働者が言葉による傷つきを感じたときに「他職員に話を聞いてもらった」り，「職員間で情報を共有した」りしていることがわかった。これは原野ら［2009］の研究を追認するものである。

介護労働者は，傷ついたときに相談できる人や環境を必要としている。仕事を継続できた背景に職場の上司や同僚，家族による心理的サポートがあり，それは【支持的理解の効果がある】との結果が出ている。職場内に介護労働者の話に耳を傾ける体制がきちんと確立できれば，利用者への対応の仕方を第三者から学ぶことで介護の質の向上も図れるのではないだろうか。

介護職場の環境整備として求められることは，上司から部下への声かけや，同僚間での「傷つき」経験の自己開示であることがわかった。それらは，組織内における上司・同僚との良好な人間関係づくりにもつながる。職場での風通しのよい人間関係づくりは，介護労働を継続する意欲となり，厳しい労働環境にも屈しないサバイバーを育成することにもなる。

介護労働者の離職に歯止めをかけるためには，賃金や労働時間の改善だけで

なく，サービス利用者との関係，働く者の精神的健康にも目を向けていく必要がある。

今回の調査を通じて，介護労働者が言葉による傷つきをどう受け止め，いかに克服しているかを生の声で聞くことができた。しかし一方で，インタビュー形式には制約もあり，十分に明らかにできずに終わった点もある。たとえば介護労働者のコミュニケーション能力の活用場面，介護労働者の人格特性や行動特性に関する分析などが挙げられる。これらは今後の検討課題としたい。

参考文献

伊佐夏美［2009］「教師ストラテージとしての感情労働」『教育社会学研究』84号，125-144頁。
右田一紀［2004］『介護福祉労働論』萌文社。
介護労働安定センター［2009］「平成20年度介護労働実態調査」介護労働安定センター。
鎌田ケイ子［1991］「介護の働き」一番ヶ瀬康子他編『介護概論』ミネルヴァ書房。
木下康仁［1989］『老人ケアの社会学 第1版』医学書院、79-80頁。
久保真人［2004］『バーンアウトの心理学 燃え尽き症候群とは』サイエンス社。
久保真人［2007］「バーンアウト［燃え尽き症候群］──ヒューマンサービス職のストレス」『日本労働研究雑誌』No.558，54-64頁。
古賀正義［2001］「『心情主義』と『心理学主義』のアーティキュレーション」『日本教育社会学会第53回大会』。
越谷美貴恵［2008］「施設入所者の暴力的行為が介護者の精神的健康に及ぼす影響」介護福祉学15［1］，62-73頁。
厚生労働省「福祉・介護人材確保対策等について」2009年6月。
篠崎良勝［2008］『介護労働学入門 ケア・ハラスメントの実態をとおして』一橋出版株式会社。
清水隆則，田辺毅彦，西尾裕吾著［2002］『ソーシャルワーカーにおけるバーンアウト その実態と対応策〈初版〉』中央法規出版，154-163頁。東京
武井麻子［2001］『感情と看護──人とのかかわりを職業とすることの意味──』医学書院。
武井麻子［2006］『ひと相手の仕事はなぜ疲れるのか──感情労働の時代』大和書房。
田中かず子［2005］「ケアワークの専門性──見えない労働「感情労働」を中心に──」『女性労働研究』47号，58-71頁。

田中かず子［2008］「感情労働としてのケアワーク」『ケア　その思想と実践　ケアすること』岩波書店，97-119頁。
二木　泉［2010］「認知症介護は困難か──介護職員の行う感情労働に焦点をあてて──」『社会科学ジャーナル』69．
西浦　功［2005］「ホームヘルパーのアイデンティティ-構築の困難制──感情労働としての在宅介護──」『人間福祉研究』8，43-54頁。
西田真規子［2006］「感情労働とその評価」『大原社会問題研究所雑誌』567，1-13頁。
　　Hochschild.A.R The Managed Heart：Commercialization Of Huma
原野かおり，桐野匡史，藤井保人ほか［2009］「介護福祉職が仕事を継続する肯定的要因」『介護福祉学』第16巻2号，163-176頁。
平木典子［2007］『自分の気持ちをきちんと伝える技術』PHP研究所。
フェリックス・P．バイステック［2006］『ケースワークの原則　援助関係を形成する技法』誠信書房。
Feeling，［University of California Press，［1983］／石川准・室伏亜希訳［2000］『管理される心──感情が商品になるとき』世界思想社。
福富昌城［2009］「ケアする人のケアを考える──ケアする人にとっての癒しとは──」『花園大学社会福祉学部研究紀要』17．
矢冨直美，中谷陽明，巻田ふき［1991］「老人介護スタッフのストレッサー評価尺度の開発」『社会老年学』31，49-59頁。
柳　治男［2005］『〈学級〉の歴史学──自明視された空間を疑う』講談社。
油布佐和子［2007］『転換期の教師』放送大学教育振興会。
吉田輝美［2008］「介護労働者の労働環境支援についての一考察　施設ケアハラスメントの現状を踏まえて」仙台白百合女子大学紀要13，91-106頁。
吉井伯榮［2000］「コミュニケーションについての一考察」『武蔵野学院大学研究紀要』5号，15-23頁。
吉井克己［2008］「コミュニケーションにおけるコンテクストについての一考察」『武蔵野学院大学日本総合研究所研究紀要』6号，91-100頁。
吉田輝美［2008］「介護労働者の労働環境支援についての一考察　施設ケアハラスメントの現状を踏まえて」仙台白百合女子大学紀要13，91-106頁。
L.M.ブライマー，M.L.ビンゲイ［2005］『ケアする人だって不死身ではない』北大路書房。

第3章

コミュニケーション能力と
介護サービス従事者のストレス軽減

第1節　コミュニケーション能力評価尺度調査から明らかになったこと

　介護労働においては人間関係形成が重要であり，援助関係の基盤をつくるうえでコミュニケーションが欠かせない。また，序章でも述べたように，コミュニケーションの適切さと援助関係の良好さの間には深い関係がある。さらに，第1章で述べたように，「相手の中に適切な精神状態」をつくり出すためには，言語によるコミュニケーションを用いなければならない。
　本章では，介護労働者が自己のコミュニケーション能力をどのように評価しているのかを知るために，第2章で調査対象とした介護労働者に対して，コミュニケーション能力評価尺度を用いた調査を実施した。

1　介護労働におけるコミュニケーションとは

　介護福祉士の養成課程では，2009年度よりカリキュラムが改定され，コミュニケーションに関する時間数が大幅に増えた。
　「人間関係は，人と人の間のコミュニケーションによって成り立つ」（岡堂［1997］），「適切なコミュニケーションが良好な人間関係を結ぶ」（水野［1998］），「介護という目的を共有するためには人間関係形成が必要であり，その関係をつくるためにコミュニケーションを介在させる」（井上［2005］）など，介護労働におけるコミュニケーションの重要性を指摘する論者は多い。
　大友［2003］は，高齢者施設で顕在化した苦情内容を分析するなかで，寄せられる苦情の背景にはコミュニケーションの欠如があることを明らかにしている。コミュニケーションは援助関係の基盤であり，介護サービスの質を左右するものでもある。コミュニケーションを通じて介護現場における人間関係が形成され，その人間関係によって介護関係が維持される。そこにはコミュニケーション→人間関係の形成→介護関係の維持という一連の流れがあり，それが循

環をなすことで介護労働が成立すると言える。

　介護保険制度によってサービスの提供が契約にもとづいて行われるようになったことで，コミュニケーション不足が原因の苦情も目立つようになった。山脇［2008］が指摘するように，苦情にはサービス提供者と利用者の間のコミュニケーションの減少が関係している。したがって，介護労働者に求められるのは，コミュニケーションを円滑に行う能力だと言える。吉田［2005］が指摘するように，「コミュニケーション＝会話と捉える」ことが多いが，介護労働においては，コミュニケーションはひとつの技術であると理解しなければならない。また，大和田ら［2008］は，「利用者の精神的・信頼的・情緒的支援に活用され」るのがコミュニケーション技術であると述べている。

　ここで改めて，介護労働におけるコミュニケーション技術について整理しておきたい。広辞苑によると，「技術」とは「物事をたくみに行うわざ。科学を実地に応用して自然の事物を改変・加工し，人間生活に役立てるわざ」とある。これを介護労働にあてはめると，介護労働者に必要なコミュニケーション技術とは，コミュニケーションを介護関係に用いて，利用者の生活の支障を明らかにし，利用者の支援や支援関係に役立てる技だということになる。介護労働の専門資格が確立されていることから，介護労働者はその専門性にふさわしい技術を身につけた者であり，そうした能力のある者とみなすことができる。

　本調査では，介護労働をなし得る技のひとつとして，介護労働者のコミュニケーション能力に着目し，介護労働者が自己のコミュニケーション能力をどのようにとらえているのかを明らかにしたい。

2　介護労働者のコミュニケーション能力と測定方法

(1)　コミュニケーション能力尺度評価の選定

　コミュニケーション能力に関する先行研究には，看護学生を対象に「Verbal Communication Skills Inventory[1]」尺度を用いたコミュニケーション能力調査（洵江ら［2002］）や，「看護師のコミュニケーション能力に関する尺度[2]」の開発と看護臨床現場への適用（上野ら［2005］）などがある。とくに後者は，

看護学生のコミュニケーション能力を伸ばすための重要なツールになっているが，上野らはこの尺度をもとに，2009年には「看護学生の段階別コミュニケーション能力尺度評価」（以下，尺度評価）を新たに開発した。そこで本調査では，これを介護労働者のコミュニケーション能力を測る尺度として用いることにする。

調査対象者は，第2章と同じ特別養護老人ホームに勤務する介護労働者316名である。調査項目は，第2章の基本属性（性別，年代，取得資格，介護に関する仕事の経験年数）に加えて，上野らが開発した「看護学生の段階別コミュニケーション能力尺度評価」を用いた（**表3-1**）。

(2) 調査方法

コミュニケーション能力の評価尺度を上原ら［2009］の先行研究にしたがって，第1因子【積極的傾聴】，第2因子【アサーション】，第3因子【音響学的配慮】，第4因子【係わり】，第5因子【人間尊重】，第6因子【観察】，第7因子【感情コントロール】，第8因子【フォーカシング】，第9因子【言語化】という9つの尺度に分類した。そして「あてはまる」を5点，「やや当てはまる」を4点，「どちらでもない」を3点，「あまりあてはまらない」を2点，「あてはまらない」を1点として得点化し，5件法で回答してもらった。点数が低いほどコミュニケーション能力は低いことになり，これを9尺度それぞれについて見た。

さらに，42項目で平均得点を下回った項目については，性別，年代，経験年数，取得資格についてクロス集計した。

---

1) 海江［2002］は，看護師のコミュニケーション能力について，一般的コミュニケーション能力のみならず，看護師としての専門的コミュニケーション能力が必要であると考えた。なかでも専門的能力としては，患者の気持ちをよく理解するうえで必要な言語的応答能力を測定するために，33項目からなる文章例を用いた質問紙を開発した。
2) 上野栄一［2005］は，看護師が入院患者を支援する際に必要とされるコミュニケーション技術として，患者の状態にアセスメントしながら，患者一人ひとりの状態にあったコミュニケーション技術が必要とされる点に着目した。そして，看護師おける患者とのコミュニケーション能力を測定する尺度が開発されていないことから，19項目からなる「看護師における患者とのコミュニケーションスキル測定尺度」を開発した。

表3-1 「看護学生の段階別コミュニケーション能力尺度評価」表

番号	質問項目	当てはまる	やや当てはまる	どちらでもない	あまり当てはまらない	当てはまらない
1	相手の意見を認める。	5	4	3	2	1
2	雰囲気を大事にする。	5	4	3	2	1
3	表情を読み取る。	5	4	3	2	1
4	辛抱できる。	5	4	3	2	1
5	人間性を重視する。	5	4	3	2	1
6	相手の話に巻き込まれない。	5	4	3	2	1
7	支援できる	5	4	3	2	1
8	同調する。	5	4	3	2	1
9	相手の意見を受け止める。	5	4	3	2	1
10	体験を大切にする。	5	4	3	2	1
11	感情を共有する。	5	4	3	2	1
12	安心感を与える事ができる。	5	4	3	2	1
13	意思表示できる。	5	4	3	2	1
14	相手に自分の意志を伝える。	5	4	3	2	1
15	話題を提供する。	5	4	3	2	1
16	萎縮しない。	5	4	3	2	1
17	話題が豊富である。	5	4	3	2	1
18	スキンシップをとる。	5	4	3	2	1
19	声の大きさに留意する。	5	4	3	2	1
20	声のトーンに留意する。	5	4	3	2	1
21	話すスピードに留意する。	5	4	3	2	1
22	姿勢に留意する。	5	4	3	2	1
23	話すリズムに留意する。	5	4	3	2	1
24	負担をかけない。	5	4	3	2	1
25	返答しやすい問いかけをする。	5	4	3	2	1
26	さりげない言葉かけができる。	5	4	3	2	1
27	多角的にとらえる。	5	4	3	2	1
28	客観的に評価する。	5	4	3	2	1
29	目上の人に対する話し方を心得ている。	5	4	3	2	1
30	マナーを知っている。	5	4	3	2	1
31	高齢者への対応ができる。	5	4	3	2	1
32	敬意を払う。	5	4	3	2	1
33	洞察力を持つ。	5	4	3	2	1
34	観察力がある。	5	4	3	2	1
35	教養を持つ。	5	4	3	2	1
36	不安を表出しない。	5	4	3	2	1
37	不快感を与えない。	5	4	3	2	1
38	気分のむらをなくす。	5	4	3	2	1
39	会話に集中する。	5	4	3	2	1
40	話題を選ぶ。	5	4	3	2	1
41	相手の気持ちを言語化する。	5	4	3	2	1
42	五感を使って話す。	5	4	3	2	1

出所:上野栄一・他[2009]『看護学生の段階別コミュニケーション能力評価尺度・教育プログラムの開発研究報告書』福井大学。

3 平均値との比較、年齢・経験年数との関係

(1) 各因子の平均得点と9因子の平均得点

　介護労働者が自分自身のコミュニケーション能力をどのように認知しているかを知るために，尺度評価表9因子の平均値を比較した。その結果，9因子間の平均は3.97点であった。

　第1因子【積極的傾聴】の平均得点は4.19点，第2因子【アサーション】の平均得点は3.89点，第3因子【音響学的配慮】の平均得点は4.20点，第4因子【係わり】の平均得点は3.92点，第5因子【人間尊重】の平均得点は4.00点，第6因子【観察】の平均得点は3.77点，第7因子【感情コントロール】の平均得点は3.96点，第8因子【フォーカシング】の平均得点は3.93点，第9因子【言語化】の平均得点は3.83点であった。この結果，第1因子【積極的傾聴】，第3因子【音響学的配慮】，第5因子【人間尊重】以外の因子については，9因子の平均得点を下回ることになった（表3-2）。

(2) 42項目の平均値と9因子の平均得点

　介護労働者が自分自身のコミュニケーション能力をどのように認知しているかを知るために，尺度評価表42項目の平均値を比較した。その結果，9因子の平均3.97点を下回った項目は14項目あった。これを各因子について見ると，以下のようになった。

　第1因子【積極的傾聴】では「相手の話に巻き込まれない」(3.50点)，第2因子【アサーション】では「委縮しない」(3.83点)と「話題が豊富である」(3.38点)，第4因子【係わり】では「多角的にとらえる」(3.66点)と「客観的に評価する」(3.72点)，第5因子【人間尊重】では「目上の人に対する話し方を心得ている」(3.88点)と「マナーを知っている」(3.87点)，第6因子【観察】ではすべての項目で平均得点を下回り，「洞察力を持つ」(3.89点)，「観察力がある」(3.89点)，「教養を持つ」(3.54点)であった。第7因子【感情コントロール】では「気分のむらをなくす」(3.87点)，第8因子【フォーカシング】では

表3-2 介護労働者のコミュニケーション能力評価尺度による因子平均得点

第1因子 積極的傾聴	第2因子 アサーション	第3因子 音響学的配慮	第4因子 係わり	第5因子 人間尊重	第6因子 観察	第7因子 感情コントロール	第8因子 フォーカシング	第9因子 言語化	全体平均
4.19	3.89	4.20	3.92	4.00	3.77	3.96	3.93	3.83	3.97

出所：著者作成。

表3-3 介護労働者のコミュニケーション能力評価尺度による項目平均得点

		項目	平均値	グループ平均
第1因子 積極的傾聴	1	相手の意見を認める	4.36	4.19
	2	雰囲気を大事にする	4.47	
	3	表情を読み取る	4.60	
	4	辛抱できる	4.02	
	5	人間性を重視する	4.21	
	6	相手の話に巻き込まれない	3.50	
	7	支援できる	3.99	
	8	同調する	4.19	
	9	相手の意見を受け止める	4.39	
	10	体験を大切にする	4.24	
	11	感情を共有する	4.19	
	12	安心感を与える事ができる	4.18	
第2因子 アサーション	13	意思表示できる	4.03	3.89
	14	相手に自分の意思を伝える	3.97	
	15	話題を提供する	4.06	
	16	萎縮しない	3.83	
	17	話題が豊富である	3.38	
	18	スキンシップを取る	4.08	
第3因子 音響学的配慮	19	声の大きさに留意する	4.30	4.20
	20	声のトーンに留意する	4.23	
	21	話すスピードに留意する	4.28	
	22	姿勢に留意する	4.15	
	23	話すリズムに留意する	4.05	
第4因子 係わり	24	負担をかけない	4.04	3.92
	25	返答しやすい問いかけをする	4.11	
	26	さりげない言葉がけができる	4.06	
	27	多角的にとらえる	3.66	
	28	客観的に評価する	3.72	
第5因子 人間尊重	29	目上の人に対する話し方を心得ている	3.88	4.00
	30	マナーを知っている	3.87	
	31	高齢者への対応ができる	4.06	
	32	敬意を払う	4.18	
第6因子 観察	33	洞察力を持つ	3.89	3.77
	34	観察力がある	3.89	
	35	教養を持つ	3.54	
第7因子 感情コントロール	36	不安を表出しない	3.97	3.96
	37	不快感を与えない	4.06	
	38	気分のむらをなくす	3.87	
第8因子 フォーカシング	39	会話に集中する	3.83	3.93
	40	話題を選ぶ	4.03	
第9因子 言語化	41	相手の気持ちを言語化する	3.84	3.83
	42	五感を使って話す	3.81	

出所：著者作成。

「会話に集中する」(3.84点),第9因子【言語化】では「相手の気持ちを言語化する」(3.84点),「五感を使って話す」(3.81点)であった。

すべての項目で平均得点を上回ったのは第3因子【音響学的配慮】であり,「声の大きさに留意する」(4.30点),「声のトーンに留意する」(4.23点),「話すスピードに留意する」(4.28点),「姿勢に留意する」(4.28点),「話すリズムに留意する」(4.05点)であった。

42項目中,平均得点の高かった上位3つは,「表情を読み取る」(4.60点),「雰囲気を大事にする」(4.47点),「相手の意見を受け止める」(4.39点)であった。これらはすべて第1因子【積極的傾聴】の項目である(表3-3)。

(3) 年代と平均得点を下回る項目との関係

コミュニケーション能力評価項目のなかで平均得点を下回った14項目と年代の平均値についてクロス集計した。その後,統計処理を行ったところ,年代によるコミュニケーション能力評価に差が認められなかった項目は,「相手の話に巻き込まれない」「萎縮しない」「多角的にとらえる」「マナーを知っている」「洞察力を持つ」「教養を持つ」「会話に集中する」「相手の気持ちを言語化する」の8項目であった。反対に有意差が認められた項目は6項目で,「話題が豊富である」「客観的に評価する」「目上の人に対する話し方を心得ている」「観察力がある」「気分のむらをなくす」「五感を使って話す」であった(表3-4)。

(4) 経験年数と取得資格の平均得点を下回る項目との関係

コミュニケーション能力評価項目のなかで平均得点を下回った14項目と経験年数の平均値についてクロス集計し,統計処理した結果,全項目で有意差は認められなかった。

同様に14項目を介護労働者の取得資格とクロス集計し,統計処理した結果も,すべての項目で有意差は認められなかった。つまり,平均得点を下回った14項目と,介護労働者が取得している資格には関係が薄いと考えられる。

表3-4　年代とコミュニケーション能力評価項目　　　　　人（％）

話題が豊富である

年代		当てはまらない	あまり当てはまらない	どちらでもない	やや当てはまる	当てはまる	合計
年代	10歳代	2 (50.0)	0 (0.0)	0 (0.0)	2 (50.0)	0 (0.0)	4 (100)
	20歳代	3 (3.3)	12 (13.3)	38 (42.2)	25 (27.8)	12 (13.4)	90 (100)
	30歳代	3 (3.3)	14 (15.6)	40 (44.4)	20 (22.2)	13 (14.4)	90 (100)
	40歳代	2 (3.2)	9 (14.5)	23 (37.1)	18 (29.0)	10 (14.4)	62 (100)
	50歳代	0 (0.0)	6 (10.2)	22 (37.3)	25 (42.4)	6 (16.1)	59 (100)
	60歳代	0 (0.0)	1 (9.1)	4 (36.4)	3 (27.3)	3 (27.3)	11 (100)
	合計	10 (2.8)	42 (13.3)	127 (40.2)	93 (29.4)	44 (13.9)	316 (100)

客観的に評価する

年代		当てはまらない	あまり当てはまらない	どちらでもない	やや当てはまる	当てはまる	合計
年代	10歳代	1 (25.0)	1 (25.0)	1 (25.0)	0 (0.0)	1 (25.0)	4 (100)
	20歳代	2 (2.2)	3 (3.3)	34 (37.8)	31 (34.4)	20 (22.2)	90 (100)
	30歳代	0 (0.0)	3 (3.3)	28 (31.1)	40 (44.4)	19 (21.1)	90 (100)
	40歳代	0 (0.0)	3 (4.8)	25 (40.3)	25 (40.3)	9 (14.5)	62 (100)
	50歳代	0 (0.0)	4 (6.8)	17 (28.8)	29 (49.2)	9 (15.3)	59 (100)
	60歳代	0 (0.0)	1 (9.1)	5 (45.5)	4 (36.4)	1 (9.1)	11 (100)
	合計	3 (0.9)	15 (4.7)	110 (34.8)	129 (40.8)	59 (18.8)	316 (100)

目上の人に対する話し方を心得ている

年代		当てはまらない	あまり当てはまらない	どちらでもない	やや当てはまる	当てはまる	合計
年代	10歳代	1 (25.0)	0 (0.0)	0 (0.0)	2 (50.0)	1 (25.0)	4 (100)
	20歳代	1 (25.0)	8 (8.9)	26 (28.9)	37 (41.1)	18 (20.0)	90 (100)
	30歳代	1 (25.0)	3 (3.3)	26 (28.9)	34 (37.8)	26 (28.9)	90 (100)
	40歳代	0 (0.0)	5 (8.1)	10 (16.1)	33 (53.2)	14 (22.6)	62 (100)
	50歳代	0 (0.0)	1 (1.7)	12 (20.3)	28 (47.5)	18 (30.5)	59 (100)
	60歳代	0 (0.0)	0 (0.0)	1 (9.1)	6 (54.5)	4 (36.4)	11 (100)
	合計	3 (0.9)	17 (5.4)	75 (23.7)	140 (44.3)	81 (25.7)	316 (100)

観察力がある

年代		当てはまらない	あまり当てはまらない	どちらでもない	やや当てはまる	当てはまる	合計
年代	10歳代	0 (0.0)	2 (50.0)	1 (25.0)	0 (0.0)	1 (25.0)	4 (100)
	20歳代	0 (0.0)	3 (3.3)	28 (31.1)	33 (36.7)	26 (28.9)	90 (100)
	30歳代	0 (0.0)	2 (2.2)	22 (24.4)	41 (45.6)	25 (27.8)	90 (100)
	40歳代	0 (0.0)	4 (6.5)	15 (24.2)	32 (51.6)	11 (17.7)	62 (100)
	50歳代	0 (0.0)	2 (3.4)	12 (20.3)	35 (59.3)	10 (16.9)	59 (100)
	60歳代	0 (0.0)	0 (0.0)	5 (45.5)	4 (36.4)	2 (18.2)	11 (100)
	合計	0 (0.0)	13 (4.1)	83 (26.3)	145 (45.9)	75 (23.7)	316 (100)

気分のむらをなくす

年代		当てはまらない	あまり当てはまらない	どちらでもない	やや当てはまる	当てはまる	合計
年代	10歳代	0 (0.0)	0 (0.0)	2 (50.0)	1 (25.0)	1 (25.0)	4 (100)
	20歳代	0 (0.0)	6 (6.7)	35 (38.9)	31 (34.4)	18 (20.0)	90 (100)
	30歳代	0 (0.0)	6 (6.7)	24 (26.7)	31 (34.4)	29 (32.2)	90 (100)
	40歳代	0 (0.0)	1 (1.6)	20 (32.2)	24 (38.7)	17 (27.4)	62 (100)
	50歳代	2 (3.4)	1 (1.7)	9 (15.3)	29 (49.2)	18 (30.5)	59 (100)
	60歳代	0 (0.0)	0 (0.0)	1 (9.1)	9 (81.8)	1 (9.1)	11 (100)
	合計	2 (0.6)	14 (4.4)	91 (28.8)	125 (39.6)	84 (26.6)	316 (100)

五感を使って話す

年代		当てはまらない	あまり当てはまらない	どちらでもない	やや当てはまる	当てはまる	合計
年代	10歳代	1 (25.0)	0 (0.0)	0 (0.0)	2 (50.0)	1 (25.0)	4 (100)
	20歳代	1 (1.1)	4 (4.4)	30 (33.3)	30 (33.3)	25 (27.8)	90 (100)
	30歳代	2 (2.2)	2 (2.2)	26 (28.9)	36 (40.0)	24 (26.7)	90 (100)
	40歳代	0 (0.0)	1 (1.6)	24 (38.7)	27 (43.5)	10 (16.1)	62 (100)
	50歳代	0 (0.0)	4 (6.8)	17 (28.8)	27 (45.8)	11 (18.6)	59 (100)
	60歳代	0 (0.0)	1 (9.1)	1 (9.1)	6 (54.5)	3 (27.3)	11 (100)
	合計	4 (1.3)	12 (3.8)	98 (31.0)	128 (40.5)	74 (23.4)	316 (100)

出所：著者作成。

4 介護労働者に必要なコミュニケーション能力とは

(1) 自己評価が高い能力と低い能力

　コミュニケーション能力のなかで，介護労働者が最も高い自己評価を与えた能力は，第3因子【音響学的配慮】であった。これは本調査の対象者が特別養護老人ホームで働いていることが大きく関係している。つまり，サービスの対象者が高齢者であるため，聴力の機能低下に配慮したコミュニケーションを日常的に行っているのである。

　また，尺度評価表の42項目中，介護労働者が最も高い自己評価を与えた能力は，【積極的傾聴】のなかの「表情を読み取る」であった。介護労働においては，言語的な応答反応の能力ばかりでなく，非言語的なコミュニケーション技術も要求される。利用者の言語機能に障害などがあれば，表情だけから利用者の意思を汲み取らなければならない。自己の能力評価が高かったことから考えて，介護労働者はこの点を十分認識できていることが明らかとなった。

　一方，介護労働者が最も低い自己評価を与えた能力は，第6因子【観察】であった。本来，介護労働においては，利用者が言語で表明する顕在化されたニーズと，言語では表明されない潜在的なニーズの両方をアセスメントする能力が求められる。とくに，言語では表明されない潜在的なニーズに対しては，利用者を観察するなかでその思いを汲み取らなければならない。そうすることによって利用者の生活課題を知り，必要な援助行為が展開できるのである。第6因子の項目である「洞察力を持つ」「観察力がある」「教養を持つ」についても，介護労働者が単なる介護サービスの提供にとどまらず，より高い修練された専門職であることを意味している。そう考えると，【積極的傾聴】のなかの「表情を読み取る」に高い能力を示したことと，【観察】の平均得点が最低だったこととは矛盾するように思える。

　次に，尺度評価表の42項目中，介護労働者が最も低い自己評価を与えた能力は，【アサーション】のなかの「話題が豊富である」であった。この項目への能力評価が低い理由としては，2つのことが考えられる。1つは，利用者へ

の情報提供を自分たちの仕事の一部として考えていないということ，いま1つは，情報提供を介護業務の一部と認識してはいるが，利用者に日々新しい情報を与えようと意識的に情報収集を行っていないということである。いずれにしても，高齢者の引きこもりを防いだり，社会参加を促したりするためには，さまざまな話題づくりを通じて外への関心をかき立てることが必要だと思われる。

また，「話題が豊富である」に次いで低い自己評価だった能力は，「相手の話に巻き込まれない」であった。そして，これは男性よりも女性の介護労働者に多かった。介護労働者が行うコミュニケーションはただの"おしゃべり"ではなく，利用者のニーズを知るという目的意識のもとに行われる必要がある。それは，たわいのない話題に相槌を打ちながらも，目的とする方向へ利用者を導くために，会話を少しずつ軌道修正していく能力だと言える。

このように見てくると，介護労働者自身が自己評価するコミュニケーション能力は，平均得点の低い各項目が連鎖的に作用し，因子評価を低くしているように思われる。早い段階でこの連鎖を断ち切る必要があるが，そのためには介護労働者全体のコミュニケーション能力の向上と，一人ひとりの課題にあわせたきめ細かな訓練とが並行して進められなければならないだろう。

(2) 介護労働者にみるコミュニケーション能力の特徴

今回の調査結果から，介護労働者のコミュニケーション能力について，いくつかの特徴が挙げられる。

1つは，第7因子【感情コントロール】が9因子の平均得点を下回ったことである。この結果は，本書のテーマである感情労働とのかかわりで見過ごせない。

吉田［2011］は，介護労働者が利用者やその家族とのコミュニケーションのなかで，自分の予測を越えた相手からの反応によってショックを受けるケースがあることを明らかにした。介護労働者も人間であるから，ときには落ち込んだり，怒りを感じたりすることもあるだろう。しかし，介護に従事している時間はそうした感情をコントロールし，何事もなかったかのように振る舞うことで，利用者に不安感や不快感を与えないようにする必要がある。

町田［2009］は，大学生を対象とした調査から，コミュニケーション能力の

高さはストレスへの対処に影響を与えると述べている。介護労働者がコミュニケーション能力を高めることは，利用者やその家族から受けるコミュニケーションストレスへの対処能力をも高めることになる。そして，ストレスへの対処能力が高まれば，利用者やその家族との間に良好な関係も築くことができる。

2つめは，第1因子【積極的傾聴】や第5因子【人間尊重】のような，どちらかと言えば受け身的なコミュニケーション能力への自己評価が高かったのに比べ，第2因子【アサーション】や第9因子【言語化】といった，介護労働者からの働きかけが求められるコミュニケーション能力については，自己評価が低かったことである。

3つめは，第5因子【人間尊重】のなかの項目「マナーを知っている」や，第6因子【観察】のなかの「教養を持つ」の自己評価が低かったことである。介護労働が介護サービスとして位置づけられる以上，介護労働者のマナー不足は問題にされなければならないだろう。利用者やその家族から寄せられる苦情に対しては丁寧な対応が求められるし，そこではとくに，言葉を媒体としたコミュニケーション関係が重要となる。単に権利意識の押しつけやわがままとして片づけるのではなく，介護労働者のコミュニケーション能力のほうに問題はないか，考えてみる必要がある。

第2節　ストレス軽減のための認知療法の活用

1　セルフセラピーとしてのストレス対処法

わが国では1980年代に，土居ら［1988］によって医療や教育従事者などのヒューマンサービス従事者のバーンアウト研究結果がまとめられた。また，2000年に施行された介護保険制度によって，介護サービスに従事する労働者もヒューマンサービスの従事者とみなされ，ストレスの多い職業の一つと認められるようになった。

バーンアウトやストレスに至る要因としては，従事者の個人特性とともに職場環境が挙げられる。久保［2004］は，ストレスの発生過程を従事者の個人特性に求めるのは望ましくないとし，最初になされるべきは，職務改善や職場環境の改善であるとしている。ただ，職務や職場環境改善の過程においては，従事者間の軋轢が生じたり，組織マネジメントの能力などが求められるため，簡単には実現しないことも事実である。

　第2章と本章の第1節では，調査対象を特別養護老人ホームの介護労働者に絞って調査を実施したが，第2節では介護保険法にもとづいて報酬を得る専門職従事者にまで調査対象を広げ，これを「介護サービス従事者」と総称する。

　介護労働者が利用者やその家族とのかかわりのなかでストレスを感じるかどうかは，一人ひとりの認知の仕方によるといっても過言ではない。心理学の領域では近年，認知療法・認知行動療法が注目を集めている。この精神療法は，2010年の診療報酬改定で健康保険の対象になるなど科学的根拠が立証され，ストレス関連障害などにも適用されている。大野［2010］は認知療法について，「認知のあり方に働きかけて，思考のバランスをとり問題解決を図ることによって，情緒状態を変化させることを目的とした短期の構造化された精神療法」と定義している。また，沢宮［2010］は認知行動療法を「人間の認知，行動，情動，生理にかかわる問題の解決をはかる治療方法」だと述べている。

　これらは主として，さまざまな症状を抱えたクライエントに対して，専門家がカウンセリングを行う場合について述べている。しかし本来，ストレスへの対処とは，ストレスが蓄積しないよう事前に対策を講じることである。そのためには，労働者自身が日頃からストレス対処法を身につけておくことが重要であり，ストレスを感じたときはいつでもどこでも直ちにそれを実践できることが望ましい。その場合に必要なのはカウンセラーではなく，セルフセラピーである。

2　ストレス軽減のための3つの技法

　本調査では，近年その効果を認められている認知療法に着目し，そこで活用されている技術が介護サービス従事者のストレス軽減にどこまで有効かをさ

ぐってみたい。

　本節では，Ａ県社会福祉協議会主催の介護サービス事業所向け職場内研修講師派遣事業，Ｂ県社会福祉協議会主催の県内介護サービス事業所職員研修，Ｃ県社会福祉協議会主催の介護サービス事業所内職員研修の参加者に対して行った質問紙調査について述べる。倫理的配慮として，主催者に質問紙調査の主旨を説明して同意を得，当日の研修参加者に対して，調査への参加は自由であり，提出されなかった場合は調査への協力が得られなかったものとみなすこと，無記名により個人が特定されないこと，本調査目的以外のことへのデータ使用は行わないこと，を口頭で説明した。調査は2010年2月から9月まで実施した。

　本調査では，心理療法として効果的であるとされる3つの技法を，介護サービス従事者のストレス軽減法として実験的に採用した。

　ある出来事をどのように認知するかは，人それぞれで違いがある。同じ出来事であっても，ある人は非常なストレスと感じたり，またある人はまったくストレスと感じることなく過ごしたりする。この違いは，出来事をどのように認知するかの違いであり，認知の仕方に対するある種の偏りだと考えられる。そして，この認知の偏りによってもたらされるストレスは，自己の認識によって起こるストレスである。本調査ではこのストレスを解放する方法を〈信念体系の変更〉と名づけ，1つめのストレス軽減法に挙げた。

　2つめは，ブリーフセラピーの中核的概念である〈リフレーミング〉の実践である。思考の枠組みの変更を助ける技法のリフレーミングは，事実は変えられないが，事実からもたらされる意味づけを変えることは可能であるという考えにもとづいている。これを介護労働にあてはめると，介護サービス従事者が利用者やその家族とかかわるなかでストレスを感じたとき，ストレスをもたらすような場面があったことは事実として認めなければならないが，従事者が感じるストレスの度合いは変えることができる。そこで，その場面が従事者に与えるプラスのメッセージは何かをさぐることを通じて，一人ひとりのストレスの感じ方の違いを見てみた。

　3つめは，賞賛や褒賞を行う〈コンクリフト〉である。賞賛や褒賞は，親が子どもを，上司が部下をといったように，立場の上の者が下の者へ行うケース

が多く，力の方向性がはっきりしている。また，取り組みの結果を評価する意味も含んでおり，評価の対象は取り組みの過程よりもむしろ結果にある。しかし，本調査では取り組みの過程に対する評価も重視した。たとえば良い結果が出せなくても，そこへ至るまでの過程で費やされた努力を大切にする。したがって，結果の如何にかかわらず過程を評価する意味から，ここでは〈ねぎらい〉という言葉を使った。実際に自分で自分にねぎらいの言葉をかけてもらうことで，一人ひとりのストレスの感じ方の違いを見てみた。

本調査で扱うストレス場面は，利用者やその家族とのかかわりのなかで生じたものに限定し，あくまで従事者の主観を尊重した。ストレスを感じる場面に遭遇したときに，そのストレスをどのような方法で軽減したか，そのことによってどの程度ストレスの感じ方が変化したかを，①「非常に減った」，②「かなり減った」，③「やや減った」，④「やや増えた」，⑤「かなり増えた」，⑥「非常に増えた」の6件法により評価してもらった。

その後，〈信念体系の変更〉〈リフレーミング〉〈ねぎらい〉の3つの技法を使ってストレス場面に対処してもらい，それを自己対処法と比較してどの程度ストレスの感じ方は変化したのかを，①「非常に減った」，②「かなり減った」，③「やや減った」，④「やや増えた」，⑤「かなり増えた」，⑥「非常に増えた」の6件法により評価してもらった。

実験後のデータ分析は，ストレス場面への自己対処法についての自由記述をもとにカテゴリー化した。また，自己対処法によるストレス軽減効果を，主観にもとづいて6件法で評価したものを単純集計した。そして分類された内容と，性別や年代等との関係をみるためにクロス集計した。

3 認知行動療法を通じて明らかになったこと

(1) 調査対象者の基本属性

調査対象者は298名で，性別は男性51人（17.1％），女性247人（82.9％）であった。年代は，10歳代3人（1.0％），20歳代51人（17.1％），30歳代74人（24.8％），40歳代78人（26.2％），50歳代75人（25.2％），60歳代17人（5.7％）

表3-5 調査対象者の基本属性

項目		人	%
性別	男性	51	17.1
	女性	247	82.9
	合計	298	100
年代	10歳代	3	1
	20歳代	51	17.1
	30歳代	74	24.8
	40歳代	78	26.2
	50歳代	75	25.2
	60歳代	17	5.7
	合計	298	100
職種	介護職	193	64.8
	相談員	44	14.8
	看護師	11	3.7
	事務職	18	6
	ケアマネジャー	29	9.7
	その他	3	1
	合計	298	100
福祉従事年数	1年未満	6	2
	1年以上3年未満	64	21.5
	3年以上5年未満	40	13.4
	5年以上10年未満	81	27.2
	10年以上	107	35.9
	合計	298	100

出所：著者作成。

であった。

職種は，介護職193人（64.8％），相談員44人（14.8％），看護師11人（3.7％），事務職18人（6.0％），ケアマネジャー29人（9.7％），その他（作業療法士等）3人（1.0％）であった。

福祉サービスに従事した年数は，1年未満6人（2.0％），1年以上3年未満64人（21.5％），3年以上5年未満40人（13.4％），5年以上10年未満81人（27.2％），10年以上107人（35.9％）であった（表3-5）。

(2) 自己対処法の効果

自己対処法についての記述を類似するものでまとめ，カテゴリー化した。その結果，「他者に話をした」111人（37.2％），「趣味活動をした」66人（22.1％），「切り替えをした」58人（19.5％），「考えないようにした」16人（5.4％），「利用者から離れた」10人（3.4％），「他者に協力を求めた」4人（1.3％），「その他」3人（1.0％），「記入なし」30人（10.1％）であった（表3-6）。

自己対処法について，年代との関係を見るためにクロス集計した。さらに，性別との関係を見るためにクロス集計した。男性は，利用者とのかかわりにおいてストレスを感じると，「趣味活動」によってそのストレスを軽減しようとする傾向が強く，女性は「他者に話を」することによってストレスを軽減しようとする傾向が強いことがわかった（表3-7）。

ストレスを感じた場面での自己対処法の効果について，主観的感覚をもとに

表3-6 ストレスへの自己対処法

利用者とのストレス場面の解消方法	人	%	利用者とのストレス場面の解消方法	人	%
他者に話をした	111	37.2	切り替えをした	58	19.5
趣味活動をした	66	22.1	考えないようにした	16	5.4
他者に協力を求めた	4	1.3	その他	3	1
利用者から離れた	10	3.4	記入なし	30	10.1

出所:著者作成。

表3-7 利用者から受けるストレスの解消方法

項目		他者に話をした	趣味活動をした	他者に協力を求めた	利用者から離れた	切り替えをした	考えない	その他	記入なし	合計
性別	男性	8(15.7)	25(49.0)	1(2.0)	1(2.0)	9(17.6)	3(5.9)	1(2.0)	3(5.8)	51(100)
	女性	103(41.7)	41(16.6)	3(1.2)	9(3.6)	49(19.9)	13(5.3)	2(0.8)	27(10.9)	247(100)
	合計	111(37.3)	66(22.1)	4(1.3)	10(3.4)	58(19.5)	16(5.4)	3(1.0)	30(10.0)	298(100)
年代	10歳代	1(33.3)	1(33.3)	0(0.0)	0(0.0)	1(33.3)	0(0.0)	0(0.0)	0(0.0)	3(100)
	20歳代	14(27.5)	17(33.3)	0(0.0)	3(5.9)	12(23.5)	2(3.9)	0(0.0)	3(5.9)	51(100)
	30歳代	27(36.5)	19(25.7)	2(2.7)	3(4.1)	13(17.6)	5(6.7)	0(0.0)	5(6.7)	74(100)
	40歳代	31(39.7)	13(16.7)	2(2.6)	2(2.6)	15(19.2)	4(5.1)	2(2.6)	9(11.5)	78(100)
	50歳代	32(42.7)	14(18.7)	0(0.0)	2(2.7)	13(17.3)	4(5.3)	1(1.3)	9(12.0)	75(100)
	60歳代	6(35.3)	2(11.8)	0(0.0)	0(0.0)	4(23.5)	1(5.9)	0(0.0)	4(23.5)	17(100)
	合計	111(37.2)	66(22.1)	4(1.3)	10(3.4)	58(19.5)	16(5.4)	3(1.0)	30(10.0)	298(100)

出所:著者作成。

評価したものを性別と年代ごとに集計した。「非常に増えた」はなく,増える傾向にあったのは11人(3.7%)で,280人(94.0%)が軽減する傾向にあった(表3-8)。

(3) 対処法の実践結果

この主観的感覚を基準として,〈信念体系の変更〉〈リフレーミング〉〈ねぎらい〉の対処法を実践し,その結果を自己対処法と比較した。

1) 〈信念体系の変更〉

自己の信念体系を変更する実践を行い,ストレス度合いを自己対処法と比較した結果,合計273名(95.3%)が減る傾向を示した。自己対処法と比較して

表3-8 ストレスの自己解決法の効果（性別・年代別）　　　　　人（％）

<table>
<tr><th colspan="2">項目</th><th colspan="7">自己解決法による結果</th><th></th></tr>
<tr><td colspan="2"></td><td>非常に減った</td><td>かなり減った</td><td>やや減った</td><td>やや増えた</td><td>かなり増えた</td><td>非常に増えた</td><td>無記入</td><td>合計</td></tr>
<tr><td rowspan="3">性別</td><td>男性</td><td>3(5.9)</td><td>14(27.5)</td><td>29(56.9)</td><td>2(3.9)</td><td>0(0.0)</td><td>0(0.0)</td><td>3(5.8)</td><td>51(100)</td></tr>
<tr><td>女性</td><td>18(7.3)</td><td>66(26.7)</td><td>150(60.8)</td><td>8(3.2)</td><td>1(0.4)</td><td>0(0.0)</td><td>4(1.6)</td><td>247(100)</td></tr>
<tr><td>合計</td><td>21(7.1)</td><td>80(26.8)</td><td>179(60.1)</td><td>10(3.4)</td><td>1(0.3)</td><td>0(0.0)</td><td>7(2.3)</td><td>298(100)</td></tr>
<tr><td rowspan="7">年代</td><td>10歳代</td><td>1(30.3)</td><td>1(33.3)</td><td>1(33.3)</td><td>0(0.0)</td><td>0(0.0)</td><td>0(0.0)</td><td>0(0.0)</td><td>3(100)</td></tr>
<tr><td>20歳代</td><td>3(5.9)</td><td>17(33.3)</td><td>29(56.8)</td><td>1(2.0)</td><td>0(0.0)</td><td>0(0.0)</td><td>1(2.0)</td><td>51(100)</td></tr>
<tr><td>30歳代</td><td>6(8.1)</td><td>21(28.3)</td><td>41(55.4)</td><td>4(5.4)</td><td>1(1.4)</td><td>0(0.0)</td><td>1(1.4)</td><td>74(100)</td></tr>
<tr><td>40歳代</td><td>6(7.7)</td><td>23(29.5)</td><td>43(55.1)</td><td>4(5.1)</td><td>0(0.0)</td><td>0(0.0)</td><td>2(2.6)</td><td>78(100)</td></tr>
<tr><td>50歳代</td><td>3(4.0)</td><td>17(22.7)</td><td>52(69.3)</td><td>1(1.3)</td><td>0(0.0)</td><td>0(0.0)</td><td>2(2.7)</td><td>75(100)</td></tr>
<tr><td>60歳代</td><td>2(11.8)</td><td>1(5.9)</td><td>13(76.4)</td><td>0(0.0)</td><td>0(0.0)</td><td>0(0.0)</td><td>1(5.9)</td><td>17(100)</td></tr>
<tr><td>合計</td><td>21(7.0)</td><td>80(26.8)</td><td>179(60.1)</td><td>10(3.4)</td><td>1(0.3)</td><td>0(0.0)</td><td>7(2.4)</td><td>298(100)</td></tr>
</table>

出所：著者作成。

表3-9　自己対処法と〈信念体系の変更〉を比較したときのストレス軽減度　　人（％）

<table>
<tr><th rowspan="2">自己対処法</th><th colspan="8">信念体系の変更</th></tr>
<tr><td>非常に減った</td><td>かなり減った</td><td>やや減った</td><td>やや増えた</td><td>かなり増えた</td><td>非常に増えた</td><td>無記入</td><td>合計</td></tr>
<tr><td>非常に減った</td><td>2(9.5)</td><td>5(23.8)</td><td>9(42.9)</td><td>2(9.5)</td><td>1(4.8)</td><td>0(0.0)</td><td>2(9.5)</td><td>21(100)</td></tr>
<tr><td>かなり減った</td><td>7(8.8)</td><td>29(36.3)</td><td>41(51.3)</td><td>2(2.4)</td><td>0(0.0)</td><td>0(0.0)</td><td>1(1.2)</td><td>80(100)</td></tr>
<tr><td>やや減った</td><td>3(1.7)</td><td>49(27.4)</td><td>114(63.7)</td><td>7(3.9)</td><td>0(0.0)</td><td>0(0.0)</td><td>6(3.3)</td><td>179(100)</td></tr>
<tr><td>やや増えた</td><td>2(20.0)</td><td>3(30.0)</td><td>5(50.0)</td><td>0(0.0)</td><td>0(0.0)</td><td>0(0.0)</td><td>0(0.0)</td><td>10(100)</td></tr>
<tr><td>かなり増えた</td><td>0(0.0)</td><td>0(0.0)</td><td>0(0.0)</td><td>1(100)</td><td>0(0.0)</td><td>0(0.0)</td><td>0(0.0)</td><td>1(100)</td></tr>
<tr><td>無記入</td><td>0(0.0)</td><td>1(14.3)</td><td>3(42.8)</td><td>0(0.0)</td><td>0(0.0)</td><td>1(14.3)</td><td>2(28.6)</td><td>7(100)</td></tr>
<tr><td>合計</td><td>14(4.7)</td><td>87(29.2)</td><td>172(57.7)</td><td>12(4.1)</td><td>1(0.3)</td><td>1(0.3)</td><td>11(3.7)</td><td>298(100)</td></tr>
</table>

出所：著者作成。

増える傾向を示したのは，合計14名（4.6％）であった（**表3-9**）。

2)　〈リフレーミング〉

　ストレス場面をリフレーミングし，ストレス度合いを自己対処法と比較した結果，合計264名（93.0％）が減ったとする傾向を見せた。自己対処法と比較して増える傾向を示したのは，合計21名（7.0％）であった（**表3-10**）。

表3-10 自己対処法と〈リフレーミング〉を比較したときのストレス軽減度　人（％）

リフレーミング

自己対処法	非常に減った	かなり減った	やや減った	やや増えた	かなり増えた	非常に増えた	無記入	合計
非常に減った	4(19.0)	2(9.5)	10(47.6)	3(14.3)	0(0.0)	0(0.0)	2(9.6)	21(100)
かなり減った	6(7.5)	25(31.3)	44(55.0)	4(5.0)	1(1.2)	0(0.0)	0(0.0)	80(100)
やや減った	9(5.0)	54(30.2)	97(54.2)	10(5.6)	1(0.6)	1(0.6)	7(3.8)	179(100)
やや増えた	3(30.0)	3(30.0)	3(30.0)	1(10.0)	0(0.0)	0(0.0)	0(0.0)	10(100)
かなり増えた	0(0.0)	0(0.0)	0(0.0)	0(0.0)	0(0.0)	0(0.0)	1(100)	1(100)
無記入	0(0.0)	0(0.0)	4(57.1)	0(0.0)	0(0.0)	0(0.0)	3(42.1)	7(100)
合計	22(7.4)	84(28.2)	158(53.1)	18(6.0)	2(0.6)	1(0.3)	13(4.4)	298(100)

出所：著者作成。

表3-11 自己対処法と〈ねぎらい〉を比較したときのストレス軽減度　人（％）

ねぎらい

自己対処法	非常に減った	かなり減った	やや減った	やや増えた	かなり増えた	非常に増えた	無記入	合計
非常に減った	3(14.3)	12(57.1)	6(28.6)	0(0.0)	0(0.0)	0(0.0)	0(0.0)	21(100)
かなり減った	22(27.5)	49(61.3)	9(11.3)	0(0.0)	0(0.0)	0(0.0)	0(0.0)	80(100)
やや減った	47(26.3)	85(47.5)	39(21.8)	3(1.7)	0(0.0)	0(0.0)	5(2.8)	179(100)
やや増えた	5(50.0)	4(40.0)	1(10.0)	0(0.0)	0(0.0)	0(0.0)	0(0.0)	10(100)
かなり増えた	0(0.0)	1(100)	0(0.0)	0(0.0)	0(0.0)	0(0.0)	0(0.0)	1(100)
無記入	1(14.3)	3(42.8)	1(14.3)	0(0.0)	0(0.0)	0(0.0)	2(28.6)	7(100)
合計	78(26.2)	154(51.7)	56(18.8)	3(1.0)	0(0.0)	0(0.0)	7(2.3)	298(100)

出所：著者作成。

3) 〈ねぎらい〉

ストレス場面の自己をねぎらい、ストレス度合いを自己対処法と比較した結果、合計288名（99.0％）が「非常に減った」「かなり減った」「やや減った」と答えている。自己対処法と比較して「やや増えた」は、合計3名（1.0％）であった（表3-11）。

4) 自己対処法と比べてストレスが増えた者の自由記述

3つの対処法を実施したところ、その効果が自己対処法よりも「やや増えた」「かなり増えた」「非常に増えた」と回答した者については、3つの対処法の効果が得られにくかった者と判断した（表3-12）。効果が得られにくい理由をさ

表3-12 自己対処法と3つの対処法を比較したときのストレス軽減度

項目	信念体系の変更 人	信念体系の変更 %	リフレーミング 人	リフレーミング %	ねぎらい 人	ねぎらい %
非常に減った	14	4.7	22	7.4	78	26.2
かなり減った	87	29.2	84	28.2	154	51.7
やや減った	172	57.7	158	53	56	18.8
やや増えた	12	4	18	6	3	1
かなり増えた	1	0.3	2	0.7	0	0
非常に増えた	1	0.3	1	0.3	0	0
無記入	11	3.7	13	4.4	7	2.3
合計	298	100	298	100	298	100

出所：著者作成。

表3-13 自己対処法に比べてストレスが増えた者の記述分類

	新たな感情生起	認識と実際の違い
信念体系の変更 14中6記述	言葉として発したが、スッキリしなかった。イライラした時の感情がよみがえった。相手に変わって欲しい気持ちが強くなった。	「〜あるべきだ」と笑顔で聞いてもらってもあまりストレスは変わらず、減らなかった 頭ではわかっているが、気持ちがついていかない 言い方によって感じ方が変わるなと思った 心の中に少ししこりが残った感じ
	対処法の適合感	精神的な負荷
リフレーミング 21中20記述	難しい（3） わからない（3） なかなか変化が感じられなかった（2） うまくいかない／簡単にできない 合わない	心にゆとりがないのか、何だか余計に疲れてしまったような気がする。／頭をつかって疲れた。 もやもやができた（2） 肯定的にみることがストレスになった 心にやわらかさが無くなった 不安になった 悩んだ いろんな角度からのとらえ方があると思った
	困惑感	未体験な感覚
ねぎらい 3中3記述	どのように話したらよいかわからない	恥ずかしくていや こそばゆい感じがした

注：（ ）内は記述数。記述内容は原文のまま掲載した。
出所：著者作成。

ぐるために，該当者のみの記述回答を集計した（表3-13）。

〈信念体系の変更〉については，14名が自己対処法よりもストレスが増えたように感じるとした。なぜそのように感じるかについての自由記述を，内容の似たものをまとめて2つに分類した。「言葉として発したが，スッキリしなかった」「イライラした時の感情がよみがえった」「相手に変わって欲しい気持

ちが強くなった」を【新たな感情生起】とした。「『～あるべきだ』と笑顔で聞いてもらってもあまりストレスは変わらず減らなかった」「頭ではわかっているが気持ちがついていかない」「言い方によって感じ方が変わるなと思った」「心の中に少ししこりが残った感じ」を【認識と実際の違い】とした。

〈リフレーミング〉については，21名が自己対処法よりもストレスが増えたように感じるとした。なぜそのように感じるかについての自由記述を，内容の似たものをまとめて2つに分類した。「難しい（3件）」「わからない（3件）」「なかなか変化が感じられなかった（2件）」「うまくいかない」「簡単にできない」「合わない」を【対処法の適合感】とした。「心にゆとりがないのか，何だか余計に疲れてしまったような気がする」「頭をつかって疲れた」「もやもやができた（2件）」「肯定的にみることがストレスになった」「心にやわらかさが無くなった」「不安になった」「悩んだ」「いろんな角度からの捉え方があると思った」を【精神的な負荷】とした。

〈ねぎらい〉については，3名が自己対処法よりもストレスが増えたように感じるとした。なぜそのように感じるのか，自由記述の内容が似たものをまとめて2つに分類した。「どのように話したらよいかわからず」というものを【困惑感】，「恥ずかしくていや」「こそばゆい感じがした」というものを【未体験な感覚】とした。

5） 自己対処法との比較による減った群の自由記述

3つの対処法を実施し，その効果が自己対処法よりも「非常に減った」「かなり減った」「やや減った」の回答を集計した。

〈信念体系の変更〉については，合計156件の記述があった（表3－14）。その内訳は，「非常に減った」16件，「かなり減った」90件，「やや減った」50件であった。さらに，それぞれを類似する内容ごとにまとめ，カテゴリーに分類した。「非常に減った」16件は，【心の和み】11件，【身体的緩和】1件，【ポジティブ思考】3件，【照れ】1件となった。「かなり減った」90件は，【心の和み】48件，【身体的緩和】4件，【共感的理解】28件，【ポジティブ思考】10件となった。「やや減った」50件は，【心の和み】20件，【身体的緩和】6件，【共感的理解】5件，【ポジティブ思考】18件，【照れ】1件となった。

表3-14 〈信念体系の変更〉による効果（自由記述）

「信念体系の変更」効果記述内容　　　合計 156

効果	カテゴリー	「信念体系の変更」効果記述内容
「非常に減った」(16)	心の和み(11)	解放され楽になった／気持ちが楽になった(5)／照れてしまった／非常に楽になった／かなりリラックスしてきた／イライラ顔がスマイル・スマイルになり笑えます／支配されている感じがなくなり、言葉のかせでつながれている感じがなくなった
	身体的緩和(1)	肩の荷が下りたような感じ
	ポジティブ思考(3)	人に聞いてもらえて気持ちがすっきりとした／霧が晴れたようにそうだと納得できた／自分の実践に自信がついた
	照れ(1)	照れてしまった
「かなり減った」(90)	心の和み(48)	すっきりする(2)／解放感／気持ちが楽になった(20)／かなり楽になった／少し楽になった気がする／力が抜け頭が軽くなったような気がした／人に話すこと信念を取りはるあことでかなり気持ちが軽くなりました／信条を5個位あげれたがAさんに聞いてもらいフゥーと力が抜けた／気持ちが軽くなった(8)／心が軽くなる感じがし思わず笑顔がでた／気分的に心が軽くなったように感じた／今までの対処法よりもとても軽減された／重く感じなくなった／ストレスが減った／笑顔になれる／余裕が持て優しく捉えられるようになり割り切れる心がもてる／自分に優しくなれた／やわらいだ感じになった／柔らかい思いになった／凝り固まったものが和らいだ／言葉を変えただけで心がおだやかになった
	身体的緩和(4)	体が温かくなった／少し肩の力が抜けたような気がする／肩に力を入れずやっていけそうな気がした／肩の力が抜けた
	共感的理解(28)	利用者への考えが変わった／物事を広く見れるようになった／視野が広がったような気がする／許容範囲が広くなった感じがする／器が大きくなったような気がした／できないことにとらわれない感じがする／相手を思う気持ちが大きくなった／相手のことを考えられる余裕ができた／やさしく見守りができそうである／くよくよと考え続けていたのが止まった／立ち止まって考えられる感じがした／相手に期待をしなくなった／相手の行動が少し許せるようになった／どうでもよくなった／小さなことに感じた／会話などの言葉づかいを気をつけたいと思った／自分の考え方が変わった／上から目線が改善された／責められている感じがしない／物事を受け入れやすくなった／風通しが良くなった／相手の気持ちも理解できるような感じがした(2)／理解しようと思えるようになった／相手の気持ちも大きな心で受け止められるような感じがした／自分がどの立場になったかわかった／考え方の癖を知ることで納得できた／自分の考えていることをあらためて再確認できた
	ポジティブ思考(10)	冷静に判断／余裕ができる(6)／相手を広い目でみることができると思った／上からの感情的な圧力をかけない言葉に感じられる／ゆとりが出ることに気づいた

表3-14　信念体系の変更による効果（自由記述）

効果	カテゴリー	「信念体系の変更」効果記述内容　　　　合計156
「やや減った」(50)	心の和み(20)	気持ちが軽くなった（7）/ 気持ちが少し楽になったような気がする（3）/ そういう人もいると思えるとストレスが半減する / 人に言わないよりは少し軽くなったように感じる / ふわっと軽くなった感じがした / ストレスが軽減した / 聞いてもらえる環境が安心する / 安心感が持てた / ほっとした / 少し面白く感じた / 楽しい（2）
	身体的緩和(6)	肩の力が少し抜けたようになった（2）/ 肩の力が抜けた / 背中のこわばりがとれた / ガチガチからの解放感 / ふっと体の力が抜け軽くなった
	共感的理解(5)	責める気持ちが半減した / 絶対的なことではないと考えられた / 自分が変わらないといけないと感じる / 受け止められる / 相手を受け入れやすくなった
	ポジティブ思考（18）	プラス思考になった / 先が開けるように思えた / 納得できるものになった（2）/ そうかもしれない / そんなに重く考えることもないのかなと思った / 考えたってしょうがないと思える様になった / 客観的にとらえることができた感じがした / 許せる気持ちになった（2）/ 自分自身に気づいた / 客観的に見れるようになった / 大したことではないように感じた / 寛大な心が持てる気がする / 割り切れた / 心がすっとなった / なんとなくすっとなった感じがする / 希望が持てる
	照れ（1）	言葉に出すことが恥ずかしくて逆に肩が凝った

注：（ ）内は記述数。記述内容は原文のまま掲載した。
出所：著者作成。

表3-15　〈リフレーミング〉の変更による効果（自由記述）

効果	カテゴリー	「リフレーミング」効果記述内容　　　　合計230
「非常に減った」(29)	心の和み(17)	気負うことがなくなった / 軽くなった / 相手のことが見えてすっと軽くなった / ストレスが感じられなくなった（2）/ 嬉しい気持ちになった / わくわくしてきた / 幸せな気分になった / 楽しい気分になった / 安心感 / しみいるものがあった / 気持ちが楽になった（3）/ 考え方を緩めることによって楽になった / 表情も和らぎいらつきが減った / 気分がすっきりした
	身体的緩和(1)	肩より力が抜ける感じがした
	共感的理解(1)	相手を思いやっている自分がいた
	ポジティブ思考（10）	前向きになれたような気がする / 物事をプラス思考にすることでストレスを忘れる / 何事にも学びはあると考えられるようになった / また頑張ろうと思った / 問題に対する考え方の方向性が出てきた / 目線を変えてみることができた / 考え方が変わった（2）/ 見方を変えてみようと持った / 見方や考え方が広くなった

表3-15 〈リフレーミング〉の変更による効果（自由記述）

効果	カテゴリー	「リフレーミング」効果記述内容　　　合計230
「かなり減った」(75)	心の和み (34)	気持ちが明るくなった (2) ／笑顔が出た／受け入れやすいような気がする／心が穏やかになった／素直に嬉しかった／優しい気持ちになった／嬉しい／嬉しくなった (2) ／心が軽くなった (3) ／心が少し軽くなった／考え方次第で気持ちが軽くなる／プレッシャーが軽減された／力が抜けた／力がすっと抜けた感じ／安心感／ほっとした／気持ちにゆとりができて体が楽になった／考え方を考えることで心にゆとりができた／気持ちが余裕が持てる気がした／心に余裕ができた (2) ／心が広く持てるようになった／気持ちが楽になった (6) ／とても気が楽になった／少し楽になった／気持ちがすっきりした
	身体的緩和 (1)	頭がすっきりした
	共感的理解 (14)	利用者の気持ちが少しわかった／相手の立場に立てたような気がした／相手の気持ちが少し見えるような感じがする／自分に足りないものを自覚することができた／どうしたいのか知ることができた／固定観念があった／見方が違うことがわかった／当てはまっているような気がした／相手に対する考え方が変わった／色々な考え方ができる／相手の立場に立ち気持ちを考えられた／考え方をかえる事で相手の気持ちがわかるような気がする／相手が求めていることや相手の大変な状況も想像できるようになった／嫌だなという気持ちがなくなった
	ポジティブ思考 (27)	気持ちが前向きになった／気持ちや考え方がプラスになる (2) ／目標や改善点が見つかった／その中で学べるものは学ぼうという気持ちになった／相手の良い面が見える様になった／好意的に考えられるようになった／捉え方によってさまざまな考え方があると感じた／受け止め方が大切だと思った／相手の思考を理解しようとする気持ちが生まれた／考える器が少し大きくなったような気がした／見方を変えると相手に対する気持ちも変わってくる／見方を変えることができた (2) ／見方を変えることによって新たな発見があった／違った見方をすることで気分が変わる／自分の考え方ひとつで物事の見方が変わった／見方が広くなった／自分を客観的にみれた (3) ／縛られた考えが無くなった／考え方を変えることができストレスが軽減した／考え方が変わった (3) ／気持ちを切り替えていくようになった
「やや減った」(126)	心の和み (36)	気持ちがほっとした (2) ／気持ちがすっとした／すっと胸のつかえが少しずつ抜けてきた／気持ちに余裕ができたように感じる／受け入れる余裕ができた／優しく感じられた／優しい気持ちになれた／和やかになれる／気持ちが穏やかになった／気持ちが柔らかくなった／気持ちが楽になった (11) ／少し気が楽になった (9) ／枠ぐみをはずして見方を変えると少し気が楽になれるような感じがする／逆の発想で自分に置き換えることで楽になる／自分の感情を変えることでこんなにも自分が楽になるんだなと驚いた／プラス面を見つけると気持ちが楽になった／楽になり別の考えが浮かんだ
	身体的緩和 (16)	ふわっと温かい楽な感じ／肩がほわっと暖かくなった／肩の力が抜けるような感じ／肩にかかる重さが軽くなる／少し優しい気持ちになる／体に変化を感じた

表3-15 〈リフレーミング〉の変更による効果（自由記述）

効果	カテゴリー	「リフレーミング」効果記述内容　　　　　　合計230
	共感的理解 (10)	理解できた／もっと相手を理解するように教えられた／相手の立場に立つことができた／気づきができた（5）／自分で気付かなかった相手の気持ちに思いが行った／利用者さんの気持ちがわかるような気がした
	自己認識 (29)	受け入れることができる／自分を認めてもらえた／自分が意識して頑張ったことを認めてもらえるのはうれしい／何かわかってくれている／ストレスに直面した自分を救った／色々な見方があることに気づいた／だいぶ変わる／自分で何とか処理できそうだなと感じられた／自分を理解してくれる人がいる／広い心で聞けそうな気がする／いいところを探すことができる／色々な面があると気づいた／また違うことを知ることができる／自分の考えを押し付けていたことに気づいた（4）／自分の思うようにならないことがストレスだと気づいた／そのことにこだわらなくてもいいような気がした／発した言葉だけをそのまま促えて自分勝手に怒っていたと思う／共感をしてほしいのかと思った／素直な心で感じ取ると自分の中に受け入れやすい／すんなり自分は受け入れることができた／イメージが有効だと気づいた／自分の不足に気づいた／自己反省した／知らないことを知ることができる／自分のためになる／自分の役割や存在価値がわかった
	ポジティブ思考 (35)	相手の見方が変わった／見方を変えた／違った見方ができる／見方が広がった／一歩遠のいて第三者的な目で見ることができる／客観的に物事が見れる／考え方が変わった（5）／考え方の幅が広がった／いろんな考えがあるとわかった／前向きに考えるための方法（3）／良い方向に考える（2）／勉強になったと考えられるようになった／好意的に考えられるようになった／肯定的に考え方が変わった／発想を変えることができた／見方考え方が広くなっていくような感じがした／見方を変えると気持ちが変わる／深く考えられるようになった／他のことが考えられるようになった／問題は難しい事なのではないと考え直すことができた／別の視点から見ることができる様になった／少し見つめ直して考えることができた／問題（ストレス）を逆に自分の課題として考えることができた!!／自分を変えようと思った／新しい悩みが見えて解決課題が見えた／見方を変えれば利用者の心がみえる／相手の気持ちになって考えることができた／やりようのない思いやストレスをかかえていると思える

注：（ ）内は記述数。記述内容は原文のまま掲載した。
出所：著者作成。

〈リフレーミング〉については，合計230件の記述があった（**表3-15**）。その内訳は，「非常に減った」29件，「かなり減った」75件，「やや減った」126件であった。そのカテゴリーごとの分類は，「非常に減った」36件は，【心の和み】17件，【身体的緩和】1件，【共感的理解】1件，【ポジティブ思考】10件となった。「かなり減った」75件は，【心の和み】34件，【身体的緩和】1件，【共感的理解】14件，【ポジティブ思考】27件となった。「やや減った」126件

第3章　コミュニケーション能力と介護サービス従事者のストレス軽減　119

表3-16　〈ねぎらい〉の変更による効果（自由記述）

効果	カテゴリー	「ねぎらい」効果記述内容　　　合計301
「非常に減った」(113)	心の和み (84)	心が温かくなった（5）／心身がホッとするようだ／心に響いて温かくなった／心が温かくなり頑張ろうという気持ちになった／体が温かくなった／すごくリラックスでき温かい気持ちになった／暖かい気持ちになった／気持ちが軽くなった（2）／心が軽くなった（2）／すぐ気持ちが軽くなった／心の重みが軽くなった／スーっと癒しに変わった／心がすっと楽になった／心が穏やかになった／とても穏やかになりなり感情が満ち溢れたようになった／心が穏やかに嬉しい気持ちになった／すごく嬉しい（9）／とても嬉しく優しい気持ちになった／すごく嬉しい癒された気分になった／安心した（3）／ものすごく安心できた／気持ちが楽になった（6）／大変気持ちが楽になった／嬉しかった（2）／とても心豊かになった／幸せ／とても感激した／とても心に響いた／ストレスが減ったように思う／もやもやした感じが減った／ストレスが無くなるような気がした／ストレスや疲れがなくなるような感じがした／張りつめていた気持ちがほぐれた／心が休まり今までのストレスがいっぺんに吹き飛んだ／ストレスが減ったように思う／もやもやした感じが減った／ストレスが無くなるような気がした／ストレスや疲れがなくなるような感じがした／張りつめていた気持ちがほぐれた／心が休まり今までのストレスがいっぺんに吹き飛んだ／ストレスが減ったように思う／もやもやした感じが減った／ストレスが無くなるような気がした／ストレスや疲れがなくなるような感じがした／張りつめていた気持ちがほぐれた／心が休まり今までのストレスがいっぺんに吹き飛んだ／笑顔が増えた／思わず笑顔になった／自然に笑顔になった（2）／自然に表情が穏やかになった／涙が出てきた（3）とても嬉しくて涙が出そうになった／涙が出そうになった（6）／すごくうれしく又涙がこぼれそうになりました／救われる思いになった
	身体的緩和 (1)	体が温かくなった
	共感的理解 (12)	自分の気持ちを理解してくれる仲間がいるという気持ちになった／わかってくれる人がいると思うと安心する／自分の気持ちを理解してくれた様な気がして安心感が少し出てきた／共感してもらえた気がする／共感すると嬉しいと思える様になった／誰かがわかってくれることが心の支えになると気づいた／相手に対する優しい気持ちになれた（2）／認められることが気持ちがよいとわかった／認めてもらえた気がした／自分を認めてもらった理解してもらった気持ちになり心が癒された／自分自身を認められる気持ち
	ポジティブ思考 (15)	自分自身に自信が持てた／パワーがついたような気がする／考え方を変えることができた／前向きになれた（3）／明日からがんばろうと前向きになった／気分が落ちついて前向きになった／明日からまた頑張ろうと思えた／頑張っていこうと思った（2）／明日からがんばれそう／また頑張ろうという意欲がわいてきた／視野が広がった／心強くなった
	照れ (1)	照れた

表3−16 〈ねぎらい〉の変更による効果(自由記述)

合計 301

効果	カテゴリー	「ねぎらい」効果記述内容
「かなり減った」(146)	心の和み(75)	安心できた(2)/安心感を得た/安心できた気がする/すごく穏やかになった/ゆったりした気分になった/心がとても穏やかになった/気持ちが落ち着く感じがした/ほっとする/癒された感じになった(5)/癒されたような感じになった/こんなに嬉しいものなんだと感じた/素直に嬉しかった/嬉しかった(15)/すごく嬉しかった(6)/他人から自分をねぎられたことがないのでうれしい/自然に笑いがこぼれた/自然に笑顔が出た/嬉しくて顔がほころびました/笑顔になりました/笑顔になれた(2)/笑えた/心が洗われた感じがする/気持ちが落ち着く/とても心地よかった/心が軽くなった(2)/精神的に軽くなった/心や体がふわっと軽くなった/優しい気持ちになれたような気がする/すっきりした気持ちになった(2)/胸がすっとした/気持ちいい/気分がよくなった/体がリラックスできた/優しい気持ちになれる(6)/安らかな気分になった/気持ちが和らぐと感じた/ゆっくりした気持ちに包まれた/ストレスの回避になる/心地いい気分になった/気持ちのもやもやとした部分が少なくなった/もやもやが無くなる感じがした/涙が出そうになった(2)
	身体的緩和(22)	心が温かい気持ちになれた(3)/心が温かくなった/暖かいものが込み上げてきた/体があたたかくなったような気がした/体が熱くなった(2)/体中が熱くなるような気がした/顔が暖かく感じる/胸が熱くなった/体が軽くなった/頑張ってきて良かったという気持ちになった/肩からスーッと重い物が取れたような気になった/肩の荷が下りた気がした/肩の力が抜けた/体が楽になった/心が軽くなった/気持ちがすっとして肩が楽になった/大きく息ができる/呼吸が長くなった/動悸、脈拍が落ち着いた
	共感的理解(11)	自分は一人でないと感じた(2)/まるごと受け入れてもらったという感覚になった/他人に分かってもらえた感じがする/わかってもらえたような気持ち/認められたと感じた/認めてもらえたようでほっとした/今までの頑張りが認められた気がした/自分を認めてもらえたような気がする/自分を認めてもらった感じがして嬉しかった/自分の努力を認められた嬉しさ
	ポジティブ思考(30)	自己分析できた/自分を変えられた/前向きになれた(4)/明日も頑張ろうという気持ちになった(3)/これからも頑張ろうという気になった/これからも頑張っていける勇気がもらえたような気がしました/仕事をまた頑張ろうという気持ちになった/もっと頑張る意欲がわいてきた/もっともっと頑張れるような力がわいてきた/新たな気持ちで仕事頑張ろう/元気が出た/ちょっと気分がよくなる"また頑張ろう!!と思える/また頑張ろうという気持ちになった(3)/頑張ってきて良かったという気持ちになった/肯定的にとらえられるようになった/過去を振り返り仕事に満足/日々の努力が報われるような気がした/頑張っていることが嬉しい/とても嬉しくなった/今までの努力が良かったと思えた/無駄なことはないと感じた/自分のしてきたことが良かったと思えた/自信がついた/気持ちに余裕が生まれた
	照れ(8)	恥ずかしい感じ(2)/恥ずかしくなってほわーとあったかい気持ちになりました/かなりこそばゆい/ちょっと照れくさかった/照れくさかった/くすぐったい感じ/とても嬉しくなり恥ずかしくなった

表3-16 〈ねぎらい〉の変更による効果（自由記述）

効果	カテゴリー	「ねぎらい」効果記述内容　　　　　合計301
「やや減った」(42)	心の和み(10)	少し穏やかな気持ちになれた／優しい素直な気持ちになれた／気持ちが少し和らぐ／心地よい気持ちになった／心の中にしみ込んだ／ゆったりした／リラックスした感じ／気分的に楽になることができた（2）／笑顔が出てきた
	身体的緩和(5)	肩の力が抜けるような感じ／力が抜けて楽になった／呼吸が楽になった／照れて体があたたかくなった／温かくなった
	共感的理解(7)	「理解してくれる人がいるんだ」という安心感を得られた／気持ちがほっとして安心感が出た／安心した気持ちになった／自分を理解してもらえる気がした／わかってもらえた（2）／認めてもらえたようで嬉しくなった
	ポジティブ思考(15)	考え方が変わった（7）／相手に話をすることの大切さ・気づきができた／表現力にかける自分に気づいた／自分を変えようと思った／フレッシュな感じがした／今までの苦労がふっとぶ感じがする／良くできたと思う／自己肯定感が強まった感じで楽になった
	照れ(5)	照れくさくなった／照れくさいところもある／少し恥ずかしかった／ちょっと恥ずかしかった／少し恥ずかしい気持ちもあるが嬉しい

注：( ) 内は記述数。記述内容は原文のまま掲載した。
出所：著者作成。

は，【心の和み】36件，【身体的緩和】6件，【共感的理解】10件，【自己認識】29件，【ポジティブ思考】35件となった。

〈ねぎらい〉については，合計301件の記述があった（表3-16）。その内訳は，「非常に減った」113件，「かなり減った」146件，「やや減った」42件であった。そのカテゴリーごとの分類は，「非常に減った」113件は，【心の和み】84件，【身体的緩和】1件，【共感的理解】12件，【ポジティブ思考】15件，【照れ】1件であった。「かなり減った」146件は，【心の和み】75件，【身体的緩和】22件，【共感的理解】11件，【ポジティブ思考】30件，【照れ】8件であった。「やや減った」42件は，【心の和み】10件，【身体的緩和】5件，【共感的理解】7件，【ポジティブ思考】15件，【照れ】5件であった。

4 自分を大切にする方法

(1) 3つの対処法の効果

　本調査を通じて，介護サービス従事者へのストレス軽減法として提案した3つの対処法は，総じて効果的であるという結論を導き出すことができた。しかし一方で，それぞれの対処法が自己対処法よりも効果がなかったところもあり，その背景には何があるのかを明らかにする必要がある。

　〈信念体系の変更〉については，福祉経験が10年以上15年未満の群で，年代が30歳代の群が，自己対処法に比べてストレスが増える傾向にあった。介護サービス現場では，30歳代で現場経験が長くなると，職場のリーダー的存在になっていく場合が多い。リーダーとして業務を切り盛りし，職場内のチームアプローチをつくり上げていくためには，ある程度の「こうあるべきだ」という信念が求められるものと思われる。ところが〈信念体系の変更〉は，このような自己の信念を崩すように感じられ，抵抗感を生むことになる。そしてこの抵抗感が，「信念を曲げるべきではない」という，さらに強固な信念を生起させたと考えられる。こうしてみずからをストレス状態に追い込んだもともとの信念に加え，新たに芽生えた信念によって信念体系がより強固になり，自己対処法と比較してストレスが増大する結果になったのだと推察される。

　〈リフレーミング〉については，3つの対処法でも増えたとする群が最も多かった。〈リフレーミング〉は，物事をあえて肯定的にとらえ直す作業が求められることから，日常生活場面においても，日頃から柔軟な発想ができる者であればストレスは感じにくく，ストレスに対する耐性も高いと考えられる。逆に発想に柔軟性がない場合には，否定的にとらえていた自己の思考を強制的に変えることに抵抗を感じたり，発想の転換がうまく図れなかったりするのではないかと思われる。普段の思考癖を自覚したうえでこれをリフレーミングすることの難しさがここにはある。

　〈ねぎらい〉については，「増えた」とする群が約1％あるが，とりわけ30歳代までの若年層で高い傾向を示した。自己対処法に比べてストレスが増した

理由は,「照れくさくなった」ことや,ねぎらいの言葉が浮かばないなどであった。〈信念体系の変更〉や〈リフレーミング〉のような強い抵抗感というよりも,ねぎらわれることへの不慣れさからくるものと思われる。ねぎらわれる体験が少ないと,恥ずかしさやこそばゆさばかりが先行し,素直に受け止められないということだろう。また,日頃から誰かにねぎらいの言葉をかけていないと,どのようにかけていいかがわからず,ねぎらいの言葉さがしが新たなストレスを生む結果になると考えられる。

(2) 効果から読み取れる特徴

〈信念体系の変更〉〈リフレーミング〉〈ねぎらい〉の3つの対処法は,総じて自己対処法よりもストレスの軽減効果があるという結果が出た。そこで,どのような効果があったかについての記述内容を分析してみたところ,いくつかの特徴がみられた。

〈信念体系の変更〉については,対処法の効果の大小に関係なく,カテゴリーとしては【心の和み】が最も多かった。

〈リフレーミング〉については,〈信念体系の変更〉や〈ねぎらい〉ではみられない【自己認識】のカテゴリーが出現した。効果のすべてのカテゴリーで最も多いのが「心の和み」で,次が「ポジティブ思考」となった。

〈ねぎらい〉については,ストレスが「非常に減った」「かなり減った」の群では【心の和み】のカテゴリーが最も多く,「やや減った」の群では【ポジティブ思考】が最も多かった。

3つの対処法の効果として,ストレスが「非常に減った」とした群ではすべて【心の和み】が最も多かった。これらのことから,〈信念体系の変更〉と〈ねぎらい〉には,ストレスや業務上の緊張感を解きほぐしたり,重い心を軽くしたり,気持ちを和ませたりする効果のあることがわかった。これに対して〈リフレーミング〉には,物事について前向きの考えを起こさせたり,新たな発想やひらめきを与えたりする効果があった。こうしたことから,〈信念体系の変更〉と〈ねぎらい〉は感情に作用し,〈リフレーミング〉は思考に作用するものと思われる。

感情労働を定義づけたホックシールドによると,客室乗務員の感情管理の技

術は「乗客の怒りや暴言の背景を分析することを習得するものではなく、そのような乗客に焦点を当てずに、あくまでもその状況に対応する自己の感情を鈍らせるという感情管理の方法を習得することによって乗客に適切に対応する技術を身につける」ものだとされている。

本調査で取り入れた自己対処法は、客室乗務員の感情管理の技術によく似ている。つまり、利用者やその家族の怒りや暴言の背景を分析するのではなく、介護サービス従事者の自己感情に着目する点である。このことで、従事者自身が自尊心を取り戻し、ストレス場面の背景を冷静に分析できるようになるのである。さらに3つの対処法では、心を和ませるなど感情を開放させることで考え方の枠組みを広げ、利用者やその家族の立場に立った対応が可能になっている。ストレス対処法のレパートリーが増えることは、感情コントロールの手段が増えることを意味する。しかし、ストレスに対する個人の対処能力を高め、それを介護の質の向上に結びつけるためには、やはり職場における支援体制の整備が欠かせない。個人の努力と組織の努力は車の両輪である。本調査で試みた対処法を人材育成の場でぜひ活用させてほしい。

(3) 残された課題

本調査にはいくつの課題が残った。

1つは、ストレス軽減効果の持続性についてである。それは一時的なものなのか、あるいは長期間継続可能なものなのか。今後明らかにしていくことで、より効果的な方法を生み出せるかもしれない。

2つめは、3つの対処法の実施順序についてである。たとえば、最初に行った対処法が、次に行った対処法に何らかの影響を及ぼしている可能性は否定できない。どんな効果があったかは、実施する対処法の順序によって違ってくることも考慮に入れなければならないだろう。

3つめは、介護サービス従事者の人格などの個人的要因と対処法の効果との関連についてである。どのような個人的要因を持っているかによって、どの対処法がふさわしいかが決まる場合もあるかもしれない。

介護サービス従事者のストレス軽減体験は貴重である。それを本人のところだけに留めず、利用者や職場の同僚・部下などにも広めていければと考える。

参考文献

アーリー・R.ホックシールド［1983］石川准・室伏亜希訳［2000］『管理される心　感情が商品になる時』世界思想社。

井上千津子［2005］「介護を支える技術」『改訂新・セミナー介護福祉 11　介護概論』ミネルヴァ書房。

上野栄一［2005］「看護師における患者とのコミュニケーションスキル測定尺度の開発」『日本看護科学学会誌』25号，47-55頁。

上野栄一他［2009］『看護学生の段階別コミュニケーション能力評価尺度・教育プログラムの開発研究報告書』福井大学。

大友芳恵［2003］「介護者に求められるコミュニケーション能力――A 園の第三者委員会活動実績から――」『北海道医療大学看護福祉学部紀要』10号，67-74頁。

大野　裕［2010］「認知療法」『現代のエスプリ　REBT カウンセリング』ぎょうせい，172-182頁。

大和田猛，加賀谷真紀［2008］「ホームヘルパーにおける生活援助としてのコミュニケーションスキル――青森県内におけるホームヘルパーのアンケート調査結果をとおして――」『青森保健大学雑誌』第9巻1号，21-28頁。

岡堂哲雄［1997］「人と人の結びつき――関係性と文脈」『看護と介護の人間関係　現代のエスプリ別冊』至文堂，13-21頁。

久保真人［2004］『バーンアウトの心理学　燃え尽き症候群とは』サイエンス社。

沢宮容子［2010］「認知行動療法」『現代のエスプリ　REBT カウンセリング』ぎょうせい，183-191頁。

土居健郎監修［1988］『燃え尽き症候群――医師・看護婦・教師のメンタルヘルス――』金剛出版。

町田佳世子［2009］「コミュニケーション能力、ストレス対処、意欲の関連」『札幌市立大学研究論文集』第3巻第1号，35-44頁。

水野良也［1998］「介護における心理的援助」岡村民夫・久垣マサ子・奥田いさよ編『改訂版介護概論　理論と実践のためにミニマム・エッセンシャルズ』川島書店。

山脇由貴子［2008］『モンスターペアレントの正体　クレーマー化する親たち』中央法規，130頁。

淘江七海子，堀美紀子，松村千鶴［2002］「看護学生のコミュニケーション能力に関する研究――入学時と6ヶ月後を比較して」『香川県立医療短期大学紀要』4号，15-22頁。

吉田修大［2005］「介護福祉士に求められるコミュニケーション能力に関する基礎的研究」『北方圏生活福祉研究所年報』11号，91-98頁。

吉田輝美［2011］「介護労働者が受ける利用者やその家族からの言葉による傷つきへの対

処方法の研究——特別養護老人ホームの介護労働者が受ける言葉による傷つき克服のインタビュー調査結果より——」『人間関係学研究』第17巻2号, 29-42頁。

第4章 ケアマネジャーと主任ケアマネジャーにみるストレスとその対処法

第1節　ケアマネジャーと主任ケアマネジャーの現状

1　介護保険制度の成立と介護サービスのマネジメント化

　日本では1970年に入って「高齢化社会」が到来し，24年後の1994年には「高齢社会」を迎えた。また，都市化が進むにつれて家族形態も急激に変化し，核家族の増大により両親との同居率はどんどん低下していった。従来，家族介護の主たる担い手であった長男の妻が親と別世帯になったことで，老親のケアを誰が行うのかという問題が発生した。家族のみの在宅介護が限界に達し，介護の担い手を外部から確保する必要に迫られ，「介護の社会化」が叫ばれるようになった。

　春日［2001］は，「家族関係は都市化すればするほど，夫の親族とは儀礼的な関係にとどめ，情動的な日常のつきあいでは，妻方親族との関係が強まる」と述べている。女性の人権が保障され，家制度から自由になる一方で，家族の介護は，家族員である女性が担うべきとする暗黙のルールが成立しなくなっているのが日本の現状である。そうしたなかで，家族の介護を社会全体で支えようということでつくられたのが介護保険制度である（1997年12月制定，2000年4月施行）。

　介護保険法は，第2条第4項で「被保険者が要介護状態となった場合においても，可能な限り，その居宅において，その有する能力に応じ自立した日常生活を営むことができるように配慮されなければならない。」と規定しているように，介護を必要とする状態にあっても，在宅での生活が継続できることをめざしている。そして，国はこの目的を達成するために，在宅サービス充実に向けた基盤整備を行ってきた。介護保険制度を利用しながら自宅で生活するためには，介護サービスをマネジメントする専門職が必要となる。介護保険法第46条第1項では，利用者が介護サービスを利用する際に，適切で総合的かつ

効率的なサービスが提供できるようにマネジメントする機能を定めている。その要となる事業所が指定居宅介護支援事業所（以下，居宅介護支援事業所）であり，それを担う専門的職員がケアマネジャー（介護支援専門員）である。ケアマネジャーの役割は，利用者の介護サービスをマネジメントすることにあり，介護サービス計画（ケアプラン）の立案や実施，モニタリングなどのほかに，介護サービス提供事業所のコーディネイト，給付管理などの業務が含まれている。

ケアマネジャーになるためには，「厚生労働省で定める実務の経験を有する者であって，都道府県知事が厚生労働省で定めるところにより行う試験（以下「介護支援専門員実務研修受講試験」という。）に合格し，かつ，都道府県知事が厚生労働省令で定めるところにより行う研修（以下「介護支援専門員実務者研修」という。）の課程を修了した者」とされる。

厚生労働省の第13回までの介護支援専門員実務研修受講試験の実施状況を見ると，2005年度実施の第8回以降は合格率が20％台となり，2011年度以降は20％台をも切った（2011年度は15.3％と過去最低）。試験を受講するための実務経験では，第1回から第13回までの職種別合格者数を見ると，第1位が介護福祉士（36.1％），第2位が看護師・准看護師（29.1％），第3位が相談援助業務従事者・介護等業務従事者（10.7％）となっている。また，第13回だけを見ると，第1位が介護福祉士（68.3％），第2位が社会福祉士と相談援助業務従事者・介護等業務従事者（10.6％），第3位が看護師・准看護師（8.6％）であり，近年の介護支援専門員実務研修受講試験合格者の基礎資格は，医療系から福祉系有資格者へとシフトしている。

2　地域包括支援センターの創設と主任ケアマネジャーの配置

2005年の介護保険法改正時に，ケアマネジャーが行っているマネジメントのあり方を見直すべきだとの議論が出た。具体的には，居宅介護支援事業所におけるケアマネジャーの質的向上を図ること，そのためにケアマネジャーをスーパーバイズする体制を整えること，新たに主任ケアマネジャーを創設し，2006年4月から地域包括支援センターへ配置することが提案された。また，

表4−1 居宅介護支援事業所の特定加算事業所の比較

特定事業所加算（Ⅰ）の要件項目	特定事業所加算（Ⅱ）の要件項目
主任介護支援専門員を配置	主任介護支援専門員を配置
常時専従介護支援専門員3人以上配置	常時専従介護支援専門員2人以上配置
伝達会議棟を定期的に開催	伝達会議棟を定期的に開催
24時間対応可能な体制	24時間対応可能な体制
算定月に要介護3以上の利用者が5割以上	ー
定期的に研修を実施	ー
地域包括支援センターからの紹介受付	ー
地域包括支援センター実施の事例検討会等への参加	ー
減算要件に該当していない	減算要件に該当していない
介護支援専門員の平均担当件数40件未満	介護支援専門員の平均担当件数40件未満

出所：著者作成。

主任ケアマネジャーの資格要件は，ケアマネジャーとしての5年以上の実務経験，ならびに研修の受講とされた。

改正された介護保険法では，「地域包括ケア」を実現するために地域包括支援センターを創設し，社会福祉士，保健師，主任ケアマネジャーなどの専門職を配置した。ここで主任ケアマネジャーには，包括的・継続的なケアマネジメントの担い手としての役割が与えられ，ケアマネジャーへの指導・助言や関係機関との調整を行うことになった。

地域包括支援センターは，地域住民の保健医療の向上，福祉の増進などを包括的に行う機関であり，第一号被保険者の数が概ね3000人以上6000人未満の地域を対象に，各中学校区に1つ設けるものとされた。設置主体は市町村の直営ないしは委託によるものとし，市町村が直接設置する直営型と，市町村の委託を受けて運営する委託型の2種類がある。

その後，2009年4月の介護報酬改定によって新たな加算制度がつくられ，主任ケアマネジャーを含めた常勤3人のケアマネジャーがいて，他要件を満たす居宅介護支援事業所であれば，介護報酬の加算制度を活用できることになった（表4−1）。これにともない主任ケアマネジャーは，地域包括支援センターのほかに居宅介護支援事業所にも配置されることになった。地域包括支援セン

表 4-2　居宅介護支援事業所における特定事業所加算の変遷

2006 年創設時	2009 年度以降
特定事業所加算 500 単位／月	特定事業所加算（Ⅰ）500 単位／月
	特定事業所加算（Ⅱ）300 単位／月

出所：著者作成。

ターは介護予防ケアプランを担当し，要介護者のケアプランは担当しない。一方，特定居宅介護支援事業所は，要介護者のケアプラン作成を主たる業務とし，介護予防ケアプランは，地域包括支援センターから委託された場合に担当することになっている。

したがって，同名称の主任ケアマネジャーであっても，所属する事業所によって利用者支援の対象が異なり，地域包括支援センターの主任ケアマネジャーの場合には，地域のケアマネジャーの相談に応じたり，関係機関の紹介などを行ったりして，切れ目なく支援ができるようにすることを業務にしている。特定居宅介護支援事業所の主任ケアマネジャーの場合には，地域包括支援センターから委託を受けた地域の困難事例への対応を図ることと，担当利用者のケアプラン作成と支援を行い，また，事業所内のケアマネジャーに対するスーパービジョンを行うことを主たる業務としている。

3　主任ケアマネジャー研修の変遷

主任ケアマネジャーは，ケアマネジャーのスーパーバイザー的存在として地域包括支援センターに配置され，包括的・継続的なケアマネジメントの支援業務を行う。2005 年の介護保険法改正では，「中重度者や支援困難ケースへの積極的な対応を行うほか，専門性の高い人材を確保し，質の高いケアマネジメントを実施している事業所」に対して，特定事業所加算が行われることになった。そのために，主任ケアマネジャーである管理者の配置などが要件として挙げられたが，ハードルが高く，事業所の認可が受けにくいという意見が出て，2009 年の介護報酬改定にあわせて変更された。その結果，主任ケアマネジャーを配置していること，常勤かつ専従のケアマネジャーがいることなどを要件に，特定事業所加算の報酬に差を設ける仕組みができた（表 4-2）。

居宅介護支援事業所で主任ケアマネジャーになったからといって，ケアマネジャー業務から外れるわけではない。引き続きケアマネジャーとして利用者を担当し，ケアプランを作成したり，モニタリングを行ったりすることになる。

主任ケアマネジャー研修については，介護保険法施行規則140条の54にその目的が記されている。研修は2006年度より全国都道府県単位で実施され，64時間以上の研修時間が義務づけられている。業務に関する知識および技術習得が目的とされ，受講資格はケアマネジャーとしての実務年数にある。

当初は，地域包括支援センターの主任ケアマネジャーとして配属される者を対象としていたが，地域包括支援センター構想が検討される過程で，その設置については市町村の直営だけでなく委託も可能となったことで，2006年度から体制の整った市町村から順次整備され，全国的な傾向としては委託型の地域包括支援センターが増えていった。これによって行政機関以外のケアマネジャーが，保険者から委託を受けるために主任ケアマネジャー研修に参加することになった。また，2009年度の介護報酬改定にともない特定事業所加算システムが改定され，居宅介護支援事業所内における主任ケアマネジャーのニーズが高まったことも，主任ケアマネジャー研修の参加者数を引き上げる要因になったと思われる。しかし，主任ケアマネジャーの研修内容については，2006年度に初めて開催されたときと変わっていない。つまり，主任ケアマネジャーの業務内容に違いがあるにもかかわらず，研修内容は依然として地域包括支援センターの主任ケアマネジャー養成のために国が示した基準のままで実施されているのである。

4　ケアマネジャーと主任ケアマネジャーのストレス研究

ケアマネジャーが配置されて10年以上，主任ケアマネジャーが配置されて5年以上が経過している。ともに対人援助職であることから，業務の遂行過程で人間関係などが原因でストレスを感じる場面は多い。久保［2004］が述べるように，いかなる職種においても人間関係がストレスの原因の一つであることに間違いはなく，対人援助職のストレス研究は多方面で研究が蓄積されている。また，ケアマネジャーのバーンアウトの問題も取り上げられており，高良

[2004]，[2007] は，ケアマネジャーのバーンアウト症状について，「いらいらして憤りを感じ，仕事へのやる気を喪失してしまい，利用者に誠心誠意対応できなくなってしまっている」と指摘している。また，多くのケアマネジャーが業務に対しストレスを感じているとし，「エンドレスの仕事」「サービスを利用しない人へのただ働き」「利用者の無理な要求や暴言」などが具体例として挙げられている。

主任ケアマネジャーの制度化からまだ歴史が浅いこともあり，主任ケアマネジャーだけのストレスやバーンアウトに関する研究は現在のところ見当たらないが，地域包括支援センターについての問題点（菅村ほか [2010]）や，そこでの職員の職業性ストレス（望月 [2011]）に関する研究は散見できる。

第2節　ケアマネジャー業務にみる「傷つき」・ストレス——ケアマネジャーと主任ケアマネジャーの調査から

1　ケアマネジャーと感情労働

本章では，高齢者施設の介護労働者と比較するために，在宅サービスのケアマネジャーに焦点を当てた調査について紹介する。

主任ケアマネジャーはどこに所属するかで，その業務内容も異なっている。まず，所属分類でみると，ケアマネジャーの場合，特定事業所加算のある居宅介護支援事業所か，特定事業所加算のない居宅介護支援事業所かによって違いが出てくる。また，主任ケアマネジャーの場合，特定介護加算のある居宅介護支援事業所か，地域包括支援センターの主任ケアマネジャーかによって違ってくる。さらに，同じ地域包括支援センターでも，運営形態が直営型なのか委託型なのかによって，主任ケアマネジャーの立場は異なる。しかし，ケアマネジャーにしろ主任ケアマネジャーにしろ，利用者やその家族とのコミュニケー

ション抜きには成り立たない業務である。

　特別養護老人ホームの介護労働者が感情労働者であるとすれば，相談援助業務を行うケアマネジャーと主任ケアマネジャーも，介護労働者同様にコミュニケーションストレスを感じる場面があると思われる。そうなると，ケアマネジャーや主任ケアマネジャーもまた，利用者やその家族との関係のなかで適切な精神状態をつくり出すことが求められることから，感情労働者と呼んで差支えないだろう。

　本調査では，ケアマネジャーの感情労働の実態を把握するために，利用者やその家族からどのような言葉を発せられ，どのようなストレスを感じ，それにどう対処したのかを明らかにした。

2　ケアマネジャーと主任ケアマネジャーの「傷つき」・ストレス度調査

(1)　調査対象

　調査対象事業所は，居宅介護支援事業所ならびに地域包括支援センターとした。居宅介護支援事業所については，特定事業所の指定を受けている事業所と受けていない事業所があり，地域包括支援センターには直営型と委託型の2種類がある。

　調査対象者は5分類とし，①特定事業所の指定を受けていない居宅介護支援事業所に勤務するケアマネジャー（以下，〈特定加算なしCM〉），②特定事業所の指定を受けている居宅介護支援事業所に勤務するケアマネジャー（以下，〈特定加算ありCM〉），③特定事業所の指定を受けている居宅介護支援事業所に勤務する主任ケアマネジャー（以下，〈特定加算あり主任CM〉），④委託型地域包括支援センターに勤務する主任ケアマネジャー（以下，〈包括委託型主任CM〉），⑤直営型地域包括支援センターに勤務する主任ケアマネジャー（以下，〈包括直営型主任CM〉）である。

　2009年11月20日現在のWAMNETによる全国事業所数を調べたところ，特定加算のない居宅介護支援事業所数は2万7743件で，そのなかから全国の

都道府県ごとに，無作為に事業所を抽出し，400事業所のケアマネジャーへ質問用紙を郵送した。特定事業所加算のある居宅介護支援事業所数は6241件で，そのなかから層化抽出法により200事業所を選定し，1事業所3名のケアマネジャー合計600名と，同一事業所内の主任ケアマネジャー1名へ質問用紙を郵送した。

地域包括支援センターは4349事業所があった。そこから各県ごとに委託型の地域包括支援センターの有無を確認したところ，滋賀県は委託型がまったくなく，香川県は委託型が2事業所のみであった。したがって，委託型の地域包括支援センターについては，滋賀県を除き層化抽出法により250事業所の主任ケアマネジャーを選定した。直営型地域包括支援センターについては，層化抽出法により150事業所の主任ケアマネジャーを選定し，質問用紙を郵送した。

調査期間は，2010年2月2日から2010年2月26日までである。

(2) 調査内容

調査の実施にあたっては，調査対象となった事業所の管理者と調査対象者に対し，調査の目的と個人情報の守秘・匿名性を文書で説明し，倫理的配慮を期した。回答があった対象者については，調査に関する同意を得られたものとし，分析対象者とした。

質問項目は，性別，年代，ケアマネジャーを受験する際の基礎資格，ケアマネジャーの経験年数，福祉系業務の経験年数といった基本属性のほかに，「傷つき」やストレスについて尋ねた。

現在の業務はコミュニケーションストレスを受けやすいと感じるかという質問に対して，「非常にそう思う」「そう思う」「そう思わない」の3件法で選択してもらった。また，最近1年間，利用者とのコミュニケーションでストレスを感じたかという質問に対して，「非常にそう思う」「そう思う」「そう思わない」の3件法で選択してもらった。「非常にそう思う」「そう思う」とした回答者については，その利用者には障害や病気があったかどうかを尋ね，「障害・病気はなかった」「認知症があった」「失語症があった」「精神障害があった」「その他」から1つを選択してもらった。

現在の業務において，利用者からの言葉によって自分が傷ついたと感じるこ

とがあったかどうかという質問に対して,「非常によくあった」「時々あった」「なかった」の3件法で選択してもらった。「非常にそう思う」「そう思う」とした回答者については,傷ついた言葉の内容を書いてもらった。また,そのときの気持ちはどのようなものだったかを,①相手にむかついた,②相手を憎んだ,③相手に憤った,④相手への不満,⑤自己嫌悪,⑥後悔,⑦強い情けなさ,⑧弱い情けなさ,⑨無力感,⑩寂しさ,⑪孤独,⑫あきらめ,⑬つらい,⑭苦しい,⑮苦痛,⑯苦悩,⑰しんどい,⑱その他,の18項目から複数の選択が可能ということで回答を得た。さらに,その時の対処法について,①聞き流した,②その場を離れた,③話を聞いた,④理解してもらう説明をした,⑤謝った,⑥話題を変えた,⑦黙っていた,⑧はっきりと違うと伝えた,⑨違う職員に代わってもらった,⑩上司へ報告した,⑪がまんした,⑫冗談を返した,⑬その他,の13項目から複数の選択が可能ということで回答を得た。これら「傷つき」に関する質問は,利用者の家族との関係についても同じ要領で回答を得た。

調査データは,基本情報と調査項目については単純集計し,自由記述についてはそれぞれの内容ごとにコード化し,類似のコードを集合してカテゴリー化した。

3 ケアマネジャと一主任ケアマネジャーにみる「傷つき」の実態

(1) 調査対象者の基本属性

1) 調査対象者数と回収率

回収率は,〈特定加算なしCM〉42.0%,〈特定加算ありCM〉35.7%,〈特定加算あり主任CM〉39.0%,〈包括委託型主任CM〉39.6%,〈包括直営型主任CM〉46.0%であった(表4-3)。

2) 職種ごとの性別と年代

調査対象者の男女比は,女性3:男性1であった。対象者の年代は,40歳代

表4-3 調査対象者数と回収率

職種	事業所	種別	2009.11.20現在の事業所数	送付数(人)	回答数(人)	回収率(%)
ケアマネジャー	居宅介護支援事業所	特定加算なしCM	27,743	400	168	42.0
		特定加算ありCM	6,241	600	214	35.7
		特定加算あり主任CM	6,241	200	78	39.0
主任ケアマネジャー	地域包括支援センター	包括委託型主任CM	4,349	250	99	39.6
		包括直営型主任CM		150	69	46.0

出所:著者作成。

表4-4 職種別にみた性別と年代

種別	性別 男	女	無記入	合計	年代 20歳代	30歳代	40歳代	50歳代	60歳代	無記入	合計
特定加算なしCM	41 (24.4)	127 (75.6)	0 (0.0)	168 (100)	1 (0.5)	47 (28.0)	52 (31.0)	61 (36.3)	7 (4.2)	0 (0.0)	168 (100)
特定加算ありCM	47 (22.0)	162 (75.7)	5 (2.3)	214 (100)	8 (3.7)	67 (31.3)	71 (33.2)	61 (28.5)	6 (2.8)	1 (0.5)	214 (100)
特定加算あり主任CM	18 (23.1)	60 (76.9)	0 (0.0)	78 (100)	1 (1.3)	11 (14.1)	32 (41.0)	29 (37.2)	5 (6.4)	0 (0.0)	78 (100)
包括委託型主任CM	24 (24.2)	75 (75.8)	0 (0.0)	99 (100)	0 (0.0)	14 (14.1)	44 (44.5)	32 (32.3)	8 (8.1)	1 (1.0)	99 (100)
包括直営型主任CM	12 (17.4)	57 (82.6)	0 (0.0)	69 (100)	0 (0.0)	13 (18.8)	23 (33.3)	26 (37.7)	7 (10.2)	0 (0.0)	69 (100)
合計	142 (22.6)	481 (76.6)	5 (0.8)	628 (100)	10 (1.5)	152 (24.2)	222 (35.4)	209 (33.3)	33 (5.3)	2 (0.3)	628 (100)

出所:著者作成。

と50歳代が全体の6割を占めた(表4-4)。

3) 職種ごとのケアマネジャー基礎資格

ケアマネジャーの資格を取得する際の基礎資格は,介護福祉士が306人(48.7%)で最も多く,5割近くを占めている。ケアマネジャーになるための基礎資格には,国家資格以外に「その他」がある。これは,法で定められた施設などで介護などの業務に従事した者で,実務経験が10年以上ある場合に認められる。介護福祉士と「その他」の者を合計すると,介護系を基礎資格とするケアマネジャーが5割を超える。保健師と看護師と准看護師の合計が168人(26.8%)で,全体の4分の1を占めていた(表4-5)。

4) 職種ごとの福祉系業務経験年数

福祉系業務の経験がどれくらいあるのかについて,その経験年数を選択してもらったところ,〈包括委託型主任CM〉を除き,「10年以上15年未満」が多

表4−5 職種別にみたケアマネジャー基礎資格

種別	歯科医師	薬剤師	保健師	看護師	准看護師	理学療法士	社会福祉士	介護福祉士	歯科衛生士	きゅう師	柔道整復師	管理栄養士	精神保健福祉士	その他	無記入	合計
特定加算なしCM	0	1	4	25	4	0	20	80	4	0	0	5	0	21	4	168
特定加算ありCM	0	0	1	34	5	0	15	133	6	0	1	1	2	16	0	214
特定加算あり主任CM	0	0	2	16	4	0	9	40	1	0	0	1	0	5	0	78
包括委託型主任CM	0	0	4	25	0	1	15	39	1	1	0	2	1	9	0	99
包括直営型主任CM	1	0	33	8	1	0	5	14	0	0	0	1	0	5	0	69
合計	1	1	44	108	16	1	64	306	12	1	1	10	3	56	4	628

出所:著者作成。

かった。〈包括委託型主任CM〉については,「15年以上20年未満」が最も多かった(**表4−6**)。

5) 職種ごとのケアマネジャー経験年数

　主任ケアマネジャーの場合は,ケアマネジャーの実務経験が5年以上あることが要件になっている。ところが本調査結果では,ケアマネジャーとして業務した年数について,〈特定加算あり主任CM〉では6人(7.7%),〈包括委託型主任CM〉では17人(17.2%),〈包括直営型主任CM〉では40人(58.0%)が,ケアマネジャーの経験年数が5年未満であると回答した(**表4−7**)。これは,地域包括支援センターの整備が全国で統一的に進んでいったわけではなく,体制が整った市町村から順次展開し,2006年中の経過措置が設けられていたためである。新たな資格となった主任ケアマネジャーについては,資格条件の整った者の配置に苦慮する保険が相次ぎ,経過措置をさらに1年間延長する[1]手だてが講じられた。こうした点をみても,地域包括支援センターを直営で運営する場合の専門職確保に困難を極めたことがうかがえる。とくに包括直営型のなかには,ケアマネジャーとしての実務経験が明らかに少ない主任ケアマネジャーが存在している。このことが現場のケアマネジャーにどのような影響を

---

1) 2006年12月20日付「介護保険最新情報Vol.3」において通知が出されている。

表4-6　職種別にみた福祉系業務経験年数　　　　　　　　　　人（％）

種別	福祉系業務経験年数					無記入	合計
	5年以上 10年未満	10年以上 15年未満	15年以上 20年未満	20年以上 25年未満	25年 以上		
特定加算なし CM	38 (22.6)	57 (34.0)	45 (26.8)	11 (6.5)	11 (6.5)	6 (3.6)	168 (100)
特定加算あり CM	72 (33.6)	89 (41.6)	31 (14.5)	10 (4.7)	5 (2.3)	7 (3.3)	214 (100)
特定加算あり 主任CM	13 (16.7)	28 (35.9)	18 (23.1)	12 (15.4)	6 (7.7)	1 (1.2)	78 (100)
包括委託型 主任CM	13 (13.2)	34 (34.3)	36 (36.4)	11 (11.1)	3 (3.0)	2 (2.0)	99 (100)
包括直営型 主任CM	16 (23.2)	20 (29.0)	16 (23.2)	9 (13.0)	4 (5.8)	4 (5.8)	69 (100)

出所：著者作成。

表4-7　職種別にみたケアマネジャー経験年数　　　　　　　人（％）

種別	CMの経験年数				無記入	合計
	1年未満	1年から 3年未満	3年から 5年未満	5年以上		
特定加算なしCM	10 (6.0)	26 (15.5)	40 (23.8)	86 (51.2)	6 (3.5)	168 (100)
特定加算ありCM	23 (10.7)	45 (21.0)	49 (22.9)	96 (44.9)	1 (0.5)	214 (100)
特定加算あり主任CM	1 (1.3)	4 (5.1)	1 (1.3)	72 (92.3)	0 (0.0)	78 (100)
包括委託型主任CM	0 (0.0)	4 (4.1)	13 (13.1)	82 (82.8)	0 (0.0)	99 (100)
包括直営型主任CM	1 (1.5)	8 (11.6)	31 (44.9)	29 (42.0)	0 (0.0)	69 (100)

出所：著者作成。

及ぼしているかについては，第5章で明らかにしたい。

(2) コミュニケーションストレスについてのとらえ方

1) コミュニケーションストレスを受けやすい職業だと感じるか

　ケアマネジャーや主任ケアマネジャーは，利用者やその家族からコミュニケーションストレスを受けやすい職業だと感じているかを答えてもらったところ，「非常にそう思う」が293人（46.6％），「そう思う」が298人（47.5％）という結果が出た。両者をあわせると591人（94.1％）にのぼり，感じ方の度合いに差はあるものの，ケアマネジャーや主任ケアマネジャーの業務はコミュニケーションストレスを受けやすいと感じていることがわかった（表4-8）。

表4-8 コミュニケーションストレスを受けやすい職業と感じるか　　　人（％）

種別	非常にそう思う	そう思う	そう思わない	無記入	合計
特定加算なし CM	83 (49.4)	78 (46.4)	7 (4.2)	0 (0.0)	168 (100)
特定加算あり CM	119 (55.6)	87 (40.7)	8 (3.7)	0 (0.0)	214 (100)
特定加算あり主任 CM	30 (38.5)	39 (50.0)	9 (11.5)	0 (0.0)	78 (100)
包括委託型主任 CM	40 (40.4)	51 (51.5)	8 (8.1)	0 (0.0)	99 (100)
包括直営型主任 CM	21 (30.5)	43 (62.3)	4 (5.8)	1 (1.4)	69 (100)
合計	293 (46.6)	298 (47.5)	36 (5.7)	1 (0.2)	628 (100)

出所：著者作成。

表4-9 利用者とのコミュニケーションで感じたストレス　　　人（％）

	非常によくあった	時々あった	なかった	無記入	合計
特定加算なし CM	38 (6.1)	108 (17.2)	22 (3.5)	0 (0.0)	168 (26.8)
特定加算あり CM	53 (8.4)	140 (22.3)	20 (3.2)	1 (0.2)	214 (34.1)
特定加算あり主任 CM	14 (2.2)	46 (7.3)	17 (2.7)	1 (0.2)	78 (12.4)
包括委託型主任 CM	17 (2.7)	62 (9.9)	20 (3.2)	0 (0.0)	99 (15.8)
包括直営型主任 CM	7 (1.1)	50 (8.0)	11 (1.8)	1 (0.2)	69 (11.0)
合計	129 (20.5)	406 (64.6)	90 (14.3)	3 (0.5)	628 (100)

出所：著者作成。

2) 利用者とのコミュニケーションで感じたストレス

　最近1年間で、利用者とのコミュニケーションでストレスを感じた度合いは、「非常によくあった」「時々あった」をあわせると535人（85.1％）にのぼった（表4-9）。

3) 利用者の障害や病気の有無

　コミュニケーションでストレスを感じた利用者には、5つの障害のうち当てはまるものすべてに○をつける形で回答を求めたところ、複数回答で427件あった。その内訳は「認知症があった」192件、「精神障害があった」85件、「障害・病気はなかった」76件、「失語症があった」12名件、「その他」62件であった。このことから、調査対象者がストレスを感じる最も大きな要因は利用者が認知症を患っているケースで、全体の4割以上を占めた（表4-10）。また、複数で回答した57件のうち、認知症と精神障害の両方があるのは36件

表4-10 利用者の障害の有無　　　件（複数回答あり）

認知症があった	精神障害があった	失語症があった	障害・病気はなかった	その他
192	85	12	76	62

出所：著者作成。

であった。

(3) 言葉による傷つきの実態

1) 利用者や利用者の家族からの言葉で傷ついた経験があるか

利用者からの言葉で傷ついた経験がある調査対象者は，「非常によくあった」と「時々あった」をあわせると311人（49.5％）となった。また，利用者の家族からの言葉で傷ついた経験がある調査対象者は，「非常によくあった」と「時々あった」をあわせると367人（58.4％）であった（**表4-11**）。

2) 利用者やその家族からどんな言葉が発せられたか

利用者からのどんな言葉で傷ついたかを尋ねたところ，それに対する自由記述は233件あった。それらは13のサブカテゴリーに分類し，さらに6つのカテゴリーに分類した。利用者からの言葉による傷つきについて，類似した内容ごとに分類したうえで〈　〉としてサブカテゴリー化し，さらにそれを【　】としてカテゴリー化した

最も多いカテゴリーは【受容の否定】106件（45.5％）で，サブカテゴリーは〈こちらの言動を否定された〉74件，〈拒否的な言動を向けられた〉32件であった。

次に多いのが【行為への疑惑】65件（27.9％）で，サブカテゴリーは〈信用してもらえない〉43件，〈不本意なイメージを持たれた〉22件，3番目は【怒りの矛先】24件（10.3％）で，サブカテゴリーは〈怒鳴られた〉11件，〈怒りを向けられた〉10件，〈脅しの言葉を向けられた〉2件，〈罵声を浴びた〉1件，4番目は【不満の吐露】16件（6.8％）で，サブカテゴリーは〈前任者と比較された〉11件，〈不満を向けられた〉5件，5番目は【権利意識の固持】13件（5.6％）で，サブカテゴリーは〈無理な内容を強要された〉10件，〈損得勘定を向けられた〉3件，6番目は【性的発言】で，サブカテゴリーは〈性に関す

第4章　ケアマネジャーと主任ケアマネジャーにみるストレスとその対処法　143

表4-11　利用者やその家族からの言葉で傷ついた経験

	利用者からの言葉での傷つき 人（％）					利用者の家族からの言葉での傷つき 人（％）				
	非常によくあった	時々あった	なかった	無記入	合計	非常によくあった	時々あった	なかった	無記入	合計
特定加算なしCM	5 (0.8)	90 (14.3)	72 (11.5)	1 (0.2)	168 (26.8)	10 (1.6)	101 (16.1)	55 (8.8)	2 (0.3)	168 (26.8)
特定加算ありCM	5 (0.8)	103 (16.4)	104 (16.6)	2 (0.3)	214 (34.1)	12 (1.9)	133 (21.2)	67 (10.7)	2 (0.3)	214 (34.1)
特定加算あり主任CM	4 (0.6)	35 (5.6)	39 (6.2)	0 (0.0)	78 (12.4)	2 (0.3)	39 (6.2)	34 (5.4)	3 (0.5)	78 (12.4)
包括委託型主任CM	4 (0.6)	36 (5.7)	59 (9.4)	0 (0.0)	99 (15.8)	4 (0.6)	39 (6.2)	55 (8.8)	1 (0.2)	99 (15.8)
包括直営型主任CM	0 (0.0)	29 (4.6)	38 (6.1)	2 (0.3)	69 (11.0)	3 (0.5)	24 (3.8)	39 (6.2)	3 (0.5)	69 (11.0)
合計	18 (2.9)	293 (46.7)	312 (49.7)	5 (0.8)	628 (100)	31 (4.9)	336 (53.5)	250 (39.8)	11 (1.8)	628 (100)

出所：著者作成。

表4-12　利用者のどんな言葉に傷ついたか　　　　　　　　　　件（％）

	利用者からの言葉で傷ついた内容												
	受容の否定		行為への疑惑		怒りの矛先				不満の吐露	権利意識の固持		性的発言	
	拒否的な言動を向けられた	こちらの言動を否定された	信用してもらえない	不本意なイメージを持たれた	脅しの言葉を向けられた	怒りを向けられた	怒鳴られた	罵声を浴びた	不満を向けられた	前任者と比較された	無理な内容を強要された	損得勘定を向けられた	性に関する発言を向けられた	合計
特定加算なしCM	16	25	12	8	0	8	2	0	5	2	10	3	3	33
特定加算ありCM	9	19	14	10	0	2	6	0	0	6	0	0	2	16
特定加算あり主任CM	3	4	7	0	0	0	1	0	0	0	0	0	0	4
包括委託型主任CM	3	15	8	2	2	0	0	0	0	0	0	0	1	31
包括直営型主任CM	1	11	2	2	0	0	2	1	0	2	0	0	0	6
合計	32 (13.7)	74 (31.8)	43 (18.5)	22 (9.4)	2 (0.9)	10 (4.3)	11 (4.7)	1 (0.4)	5 (2.1)	11 (4.7)	10 (4.3)	3 (1.3)	9 (3.9)	233 (100)

出所：著者作成。

る発言を向けられた〉9件（3.9％）であった（**表4-12**）。

　利用者の家族からのどんな言葉で傷ついたのかについての自由記述は284件あった。それらは15のサブカテゴリーに分類し，さらに7つのカテゴリーに分類した。

　最も多いカテゴリーは【受容の否定】104件（36.7％）で，サブカテゴリーは〈こちらの言動を否定された〉82件，〈拒否的な言動を向けられた〉19件，〈職業を否定された〉3件であった。

　次に多いのが【権利意識の固持】58件（20.4％）で，サブカテゴリーは〈無

表4-13　利用者の家族からのどんな言葉に傷ついたか　　　件（%）

	受容の否定			不満の吐露		権利意識の固持		怒りの矛先				性的発言	行為への疑惑	その他	合計
利用者の家族からの言葉で傷ついた	拒否的な言動を向けられた	こちらの言動を否定された	職業を否定された	不満を向けられた	前任者と比較された	無理な内容を強要された	損得勘定を向けられた	脅しの言葉を向けられた	怒りを向けられた	怒鳴られた	罵声を浴びた	性に関する発言を向けられた	信用してもらえない	その他	
特定加算なしCM	6	20	3	11	7	25	5	3	6	5	2	1	11	1	106
特定加算ありCM	5	29	0	16	10	15	0	3	5	4	0	0	11	0	98
特定加算あり主任CM	2	10	0	0	2	2	5	1	0	3	0	0	3	0	28
包括委託型主任CM	2	10	0	7	0	3	1	3	2	0	0	0	2	0	30
包括直営型主任CM	4	13	0	1	0	0	2	0	0	1	0	0	1	0	22
合計	19 (6.7)	82 (28.9)	3 (1.1)	35 (12.3)	19 (6.7)	45 (15.8)	13 (4.6)	10 (3.5)	13 (4.6)	13 (4.6)	2 (0.7)	1 (0.3)	28 (9.9)	1 (0.3)	284 (100)

出所：著者作成。

理な内容を強要された〉45件,〈損得勘定を向けられた〉13件,3番目は【不満の吐露】54件（19.0%）で,サブカテゴリーは〈不満を向けられた〉35件,〈前任者と比較された〉19件,4番目は【怒りの矛先】38件（13.4%）で,サブカテゴリーは〈怒りを向けられた〉13件,〈怒鳴られた〉13件,〈脅しの言葉を向けられた〉10件,〈罵声を浴びた〉2件,5番目は【行為への疑惑】28件（9.9%）で,サブカテゴリーは,〈信用してもらえない〉28件,5番目は【性的発言】1件（0.3%）で,サブカテゴリーは〈性に関する発言を向けられた〉1件,あと【その他】が1件（0.3%）であった（表4-13）。

3）利用者のどんな言葉で傷ついたか

利用者からのどんな言葉で傷ついたかを尋ねたところ,その回答は次のようにカテゴリー化できた。

【受容の否定】

最も多く,全職種にみられた。〈否定的な言動を向けられた〉体験には,「この年になって,あんたのような人に怒られるなんて思ってもいなかった」「帰

れ，上に上がるな（家の中に入れない），何の用だ」「余計なことはしなくていい」「二度と来るな」「毎月面接していた利用者に突然，『会いたくない』と言われた」などの言葉があった。

また，〈こちらの言動を否定された〉と感じてしまう言葉には，「あなたとは，考え方が違う」「若い人は年寄りの気持ちがわからない」「ケアマネなんか何の役にも立たない」「地域包括支援センターは税金でやって効果がないね！」「包括は結局何もしてくれない」などがあり，これらが最も多かった。

【行為への疑惑】
「一つひとつに対して『やり方がおかしい』『信用できない』『市役所勤務していたから調べてみる』」「サービス担当者会議で言った言わないとなり，利用者にテープレコーダーを設置された」「制度改正なんて，あなたの認定調査の仕方が悪いから，支援になってサービスが使えなくなったんだ」「あなたはウソつきだ」「サービスが利用できない理由を説明しても信用してもらえない」など，利用者から〈信用してもらえない〉と感じるような言葉があった。

また，「度々訪問をして不安な気持ちをお聞きするようにしていたが，認知症のある方で，会ったことを忘れ，『全く来てもらっていない』『放っておかれた』と言われた」「あなたが軽く書いたから認定がさがったんじゃない」「気楽な仕事だね」など，〈不本意なイメージを持たれた〉と感じるような言葉があった。

【怒りの矛先】
「一生恨んでやるからな！」「このままで済むと思うなよ」などの〈脅しの言葉を向けられた〉という〈包括委託型主任CM〉や，「体調を気づかって訪問したが何をしにきたと言わんばかりに『まだいかない』『まだしんどい』と怒り口調に言われた」「あなたがいるとイライラする，帰って」などの〈怒りを向けられた〉〈特定加算なしCM〉と〈特定加算ありCM〉がいた。

「『弱者に対する配慮が足りない』と激怒する」「『出ていけ，何をしているか』と怒鳴られた」などの〈怒鳴られた〉体験は，〈包括委託型主任CM〉以外の職種にみられた。「人格を否定するような罵声を浴びせられた」という体

験も，〈包括直営型主任CM〉にあった。

【不満の吐露】
「面接中に家族と話をしていると，利用者より，自分の話は聞いてくれないで家族の言うことばかり聞いていると言われた」のような〈不満を向けられた〉体験が，〈特定加算なしCM〉にあった。また，包括支援センター以外の調査対象者には，「『若造が何をしに来るのか！ お前のようなやつは来なくていい。前の担当に代われ！』と言われた」「○○さんのケアマネはちゃんとしている」など，〈前任者と比較された〉体験もあった。

【権利意識の誇示】
〈特定加算なしCM〉のなかには，「日常生活のあらゆる出来事について『ケアマネなら，やって当たり前だ』」など〈無理な内容を強要された〉体験や，「アセスメントに関しては，『自分が金を払って使うのに，なぜ，そこまで自分の事を話す必要があるのか！』」など〈損得勘定を向けられた〉体験もあった。

【性的発言】
調査対象職種のすべてにみられた。「セクハラ発言，男性利用者から『やらせてほしい』『体に触らせてほしい』『裸になってほしい』」「印鑑欲しかったら，パンツ脱いで訪問しろ」「訪問するたびに食事に誘われたり，毎日のように電話がかかってくる」「女性蔑視のような発言」などの〈性に関する発言を向けられた〉ことによる「傷つき」体験が明らかになった（表4−14−①，表4−14−②，表4−14−③，表4−14−④，表4−14−⑤）。

4) 利用者の家族からのどんな言葉で傷ついたか
【怒りの矛先】
利用者の家族から〈脅しの言葉を向けられた〉のは，〈包括直営型主任CM〉以外の調査対象者にみられた。具体的には，「『保健所や市へ……共産党へ訴えに行くことも考えている。私が言いに行ったら，テレビに出るか新聞に出るかして，施設としてやっていけなくなるんですよ』と，脅迫ともとれる言葉を

表4-14-① 利用者の言葉で傷ついた内容（特定加算なしCM）

カテゴリー	サブカテゴリー	特定加算なしCMが利用者からの言葉で傷ついた内容（94）
受容の否定	拒否的な言動を向けられた（16）	イライラしている利用者から全てを否定するように「もういいです」「早く迎えが来て欲しい」などと言われた。／もう来ないでくれ‼嫁たちと共謀して私のことを殺そうとしている。／何をしにきたか。保険屋かと言われた。／身体的にレベル低下している利用者に病院受診を促した際「あんたには関係ないから，自分にかまうな」と言われた。／言葉というより言動，訪問を喜ばない様子。／今までは，訪問時喜んでくれていたが，急に「はよ，帰れ」と手で振りはらわれた。／夕方訪問し，遅くなってからだったので，ご利用者のご主人に会うのみでご本人に会わなかったところ「自分の担当なのにお父さんにばっかり会って。嫌い！あんたは！」と言われた。／訪問しても相手からの反応が無い時。／清潔保持できない高齢世帯で夫が「何もしていない」と言われたが，失禁状態でヘルパーの訪問にも汚れたまま何もしていないと言われた。／「自分はもう死ぬのだから，放っておいてくれ」／「この年になって，あんたのような人に怒られるなんて思ってもいなかった」／どんなに話しかけても返事がかえってこなかった。／帰れ。上に上がるな（家の中に入れない）何の用だ。／何しに来た。もう来なくてよい‼／日によって変動があり，穏やかな時とそうでないことがある。／訪問先で名乗った直後「帰れ」と言われた。／「そんなことまで話す必要あるんですか？」
	こちらの言動を否定された（25）	同意を得て作成した計画書について「どうしてあんな事を書いたの？」と自分本位の言い方をされた。／何も分かってない。私の体のことは，あなたには分からない。／「余計なことをしなくてもいい」／年寄りの出すものだば，汚ねくて食われねべ。／「若いあなたに，私の気持ちは分からない！」／一生懸命対応させて頂いたが，「もう，そんなことはどうでも良い」と言われた。／ケアマネは役に立たない。／介護保険はできない事がたくさんある。／訪問介護員への注文が多く「ご不満なら，事業所を変えてみますか」となげかけたところ，「あなたも変わって」と言われた。／「あなたには，分からないでしょうね。」と統合失調症の人に言われた。／「もう，あんたはいいわ。他のケアマネに替えるよう管理者に言うから」と言われた。／占いで利用者と私の相性が悪いと言われた。／何の役にも立たない。／あんたなんか，私に対して何もしてくれんと，そっちの要求ばかり言ってくる‼／行政への不満，介護保険の無理解の利用者の言動。何もやってくれないと言う。／あなたには，私の気持ちは分からない。／あなたとは，考え方が違う。／「あんたじゃ，話にならない」／利用者の気持ちに沿うように同調の言葉を口にした時，「分かったように言うな！」と簡単に自分の苦しさ，つらさを他人がわかるはずがないと言われた。／「若いケアマネじゃダメね」／約束の時間に訪問したら，留守であることが続き，そのことを伝えると「あなたの都合で私を振り回さないで。私の用事があるときには，来てくれないくせに」と言われた。／若いけど大丈夫なのか？／「○○さんには関係ない」／言葉の壁があり，話の語尾が強いとのことで，利用者様から指摘を受けました。／自らは全く努力することなく，介護スタッフへの不平や不満ばかりを訴えている利用者を受け入れ難かった。／情報提供しているのに，言葉が多いとは。

表4-14-① 利用者の言葉で傷ついた内容（特定加算なし CM）

カテゴリー	サブカテゴリー	特定加算なし CM が利用者からの言葉で傷ついた内容（94）
行為への疑惑	信用してもらえない（12）	ヘルパーさんのクレームから始まって，ケアマネージャーである私にも不信感を持たれたのか，A市からどうしてわざわざB市まで来ているのか？と言われ，何となくイヤな雰囲気になってしまった。／ひとつひとつに対して「やり方がおかしい」「信用できない」「市役所勤務していたから調べてみる」／信用できない。仕事なんだからちゃんとしろ。／更新後の認定決定した介護度に不満を持ち「あんたの調査のやり方は間違っている」と言われた。／精一杯，理解しようと思ってコミュニケーションを図るも，年齢と人生経験は利用者に追いつけない事もあるとわかっているものの，自分の気持ちが届かなかった事は大変ショックでした。／何を聞いても「別に」「大丈夫」「心配ない」との返答のみ。信頼されていないように感じた。／あんたは最近の人間だね。信じていたのに，他の人に私のことを何て言っているの？／利用者の実情に合った話までいきつけない，遠慮されてしまう。／家人が「ケアマネジャーがショートステイするようにしてくれた」と説明したところ，ケアマネジャーも一緒に行って泊ると勘違いし「あんたなんか，もう信用しない‼」といわれた。／「お金ばかり取って，困った時に助けてもらえない。税金も払いたくない」／「鬼の様な表情で自分の成績を上げるためにすすめているのだろう」／認知症の利用者，毎回訪問時「あんた誰」と言われる。
	不本意なイメージを持たれた（8）	介護保険サービス（無料）と思い込んで，もう受けないと言われた。／あなたが，告げ口するから大変なことになる。／ケアマネジャーは楽な仕事ですね。／度々訪問をして不安な気持ちをお聞きするようにしていたが，認知症のある方で会ったことを忘れ，「全く来てもらっていない」「放っておかれた」と言われた。／「何をする人だか，よくわからなかった。色々やてくれるから役所の人だと思っていた。ヘルパーさんがよく来てくれるけど，たまにしか来ないから……」／「印かんの人だろ」／過去1年間のことではないが，「お役人のまわし者」と言われたことがあった。／認知症の方が飲酒により，妻と関係者で浮気の疑いをかけられた。
怒りの矛先	怒りを向けられた（8）	本人の了承を取って入所等の手続きを行ったが，入所生活に不満の為，警察に訴えると言われた。／こちらの返答に怒り，会話を中断されたり，席を離れる。／体調を気づかって訪問したが何をしにきたと言わんばかりに「まだいかない」「まだしんどい」と怒り口調に言われたこと。／思うようにサービスを受けられない荷立ちから他事業者へ移行すると言われた。／思った通りのサービスを受けられないことに対して，憤りを覚え，家族共々が「どういう教育をされてるのか，親の顔が見てみたい」と言われた時はカチンときました。契約解除になってホッとしました。／自分の要求ばかりを訴え，それが叶わないことに対してのイラだち，苦情，反抗的な態度。／言葉を上手く言えない利用者で，態度で表明する。「早く来て下さい」等催促しているわけではなかった為，少し不快だったし，寂しさもあった。
	怒鳴られた（2）	認知症の方で，うつ症状もあった人なので気分のムラが多くかんしゃくをおこすと「もういいわ！あんたに私の気持ちはわからん‼ もう，放っといて！」と怒鳴られ，こちらの話も全く聞き入れてもらえなかったこと。／「うるさい」「馬鹿野郎」

表4-14-① 利用者の言葉で傷ついた内容（特定加算なしCM）

カテゴリー	サブカテゴリー	特定加算なしCMが利用者からの言葉で傷ついた内容（94）
不満の吐露	不満を向けられた(5)	家族の介護力等の問題で帰れない。「帰りたい」と言われる方に対して，結局何も出来ない。／面接中に家族と話をしていると利用者より自分の話は聞いてくれないで家族の言うことばかり聞いていると言われた。／別の事業所でもトラブルが多く，再度別事業所へ。／女性ヘルパーや家族の方がいいという。／自分では信頼関係が出来ていたと思っていたが，第三者の出現によって，それまでは私の意見や考え方に同調していたが，同調しなくなった。言葉というより態度。
	前任者と比較された(2)	「以前のケアマネさんは良かった」等の比較されたような言葉には，自分の無力さを感じ落ち込んでしまうこともある。／「若造が何をしに来るのか！お前のようなやつは来なくていい。前の担当に代われ！」と言われた。
権利意識の固持	無理な内容を強要された(10)	日常生活のあらゆる出来事について「ケアマネなら，やって当たり前だ」／介護保険料を払っている。してもらって当たり前。／地域的に社会資源不足で思うような支援ができずにいた時「あんたが物を知らないから，こうなんだ」と言われた。／「そんなことも出来ないのか」／どうにかするのが，あなたたちの仕事でしょ。／わからん（決められない）。／介護サービスを受けるまでの手続きを理解してもらえない。／今は，求める時代であり，人がしてくれる，人のせいにする等。／介護保険制度の中で訪問介護サービスの利用について，制限があるにも関わらず強気で利用したいと主張された。／「制度でできないことの説明じゃなく，利用者が使えるように市や国に言ってくれるのが仕事ではないのか」
	損得勘定を向けられた(3)	他のケアマネの話で，月1回の訪問のみが仕事と思っておられる方が非常に多く，「訪問するだけで，こんなにお金をもらってるの？」と訪れた時はショックだった。／アセスメントに関しては，「自分が金を払って使うのに，なぜ，そこまで自分の事を話す必要があるのか！」／「ケアマネを変えることもできるんだよね」お金がからむことに対してなんとか，ケアマネを通して市を動かそうとする利用者さんは大変です。
性的発言	性に関する発言を向けられた(3)	体形について言われること……言い方による。／自分の体型について指摘された。／セクハラ発言，男性利用者から「やらせてほしい」「体に触れらせてほしい」「裸になってほしい」

注：（ ）内は記述数。記述内容は原文のまま掲載した。
出所：著者作成。

表4-14-② 利用者の言葉で傷ついた内容（特定加算ありCM）

カテゴリー	サブカテゴリー	特定加算ありCMが利用者からの言葉で傷ついた内容（68）
受容の否定	拒否的な言動を向けられた(9)	「そんなこと聞いてどうするんや！」／「何の用だ，帰ってくれ！」／「もう来なくていい」／「顔を見たくない」／配布物を捨てられ，無理やり内容を変更させられた。／「二度と来るな，帰れ」／クレーマーで，印鑑を押してもらえない。「顔も見たくない，さっさと帰れ」／「余計なことはしなくていい」
	こちらの言動を否定された(19)	「第一印象から好きではなかった」／「若い人は年寄りの気持ちがわからない」／「あなたたちに私の気持ちは理解できないと思う」／「若いので経験がないから，どれだけ仕事できるか心配」と若いというだけで相手にしてくれない。／介護認定結果に満足せず，ケアマネの力量のなさと言われた。／「今日は一番不愉快な日だ」／「あんたもこの年まで生きてみな！」／「あなたは私のことを全くわかっていない」／プライベートなことを聞かれ非難された。／「あなたは男性だから」／「いつも電話すると休みだ」／「あなたの話に傷ついた」と言われた。／自己中心的な発言。／「ヘルパーはしてくれるのに，何もしてくれない」／「あなたを怨んでいた」／「何もしてくれない」／「辞めた方がいい」と責められる。／「勝手に動くな！」／新人なので相手にしてもらえない。
行為への疑惑	信用してもらえない(14)	「本当は私のこと心配していないでしょう」／「私のためのケアマネか，家族のためのケアマネか」／サービス担当者会議で言った言わないとなり，利用者にテープレコーダーを設置された。／「これであんたら1万円もらえるんだろ，いい仕事しているな」／「介護支援専門員はどこまで支援してくれるのか全く分からない」／訪問しているにも関わらず，主治医に「来ない，相談にのってくれない」と話している。／「毎月印鑑だけ押せばいいんだろう」／「お前は月に一度しか顔をださないで，そそくさと帰る」／「親身になって相談にのっていない」／「年寄りの家に行って話を聞くだけの仕事でしょう？楽でいいね」／「お前は頼りない」／「お前が物を持って行った，信用できない」／「裏切られた」／「何もしてくれない」
	不本意なイメージを持たれた(10)	「あなたが軽く書いたから認定がさがったんじゃない」／思い込みや間違った認識が強い。「あなたの監督が不行き届きだから，年金がぼったくられる」と利用料支払いへの不満を言われる。／施設入所したとき「あんたがこんな地獄に送り込んだんだ!!」と言われた。／「みんなで俺を邪魔者扱いして！」／「役所の見方」／「暇そうでいいね」／地元出身でないことを言われた。／認知症の利用者から物盗られ妄想の対象にされた。／「お前は施設から金をもらっている！」
怒りの矛先	怒りを向けられた(2)	「あなたがいるとイライラする，帰って」／「あなたは意地悪だ」と強い口調で言われた。
	怒鳴られた(6)	思いがけないことで怒鳴られた。／命令され，怒鳴られる。／「障害者は見捨てられた気分になる」と怒鳴る。／制度に対する不満を怒鳴り散らされ，気持ちをコントロールするのに数か月かかった。／「弱者に対する配慮が足りない」と激怒する。／良かれと思ってしたことに対して怒鳴られた。

表4-14-②　利用者の言葉で傷ついた内容（特定加算ありCM）

カテゴリー	サブカテゴリー	特定加算ありCMが利用者からの言葉で傷ついた内容（68）
不満の吐露	前任者と比較された（6）	他のケアマネと比べられる。／「前のケアマネは1時間以上いた」／「○○さんのケアマネはちゃんとしている」／「ケアマネもピンからキリまであるが，あんたはキリだね」／前任者と比較される。／「前の人が良かった」
性的発言	性に関する発言を向けられた（2）	男性利用者からセクハラな言葉と行動。／「印鑑欲しかったら，パンツ脱いで訪問しろ」

注：（　）内は記述数。記述内容は原文のまま掲載した。
出所：著者作成。

表4-14-③　利用者の言葉で傷ついた内容（特定加算あり主任CM）

カテゴリー	サブカテゴリー	特定加算ありCMが利用者からの言葉で傷ついた内容（68）
受容の否定	拒否的な言動を向けられた（3）	毎月訪問しているが，「来なくていいです」と言われた時。／「お前は帰れ」／ケアマネの訪問を「帰れ！」と拒否する。
受容の否定	こちらの言動を否定された（4）	ケアマネなんか何の役にも立たない。／役立たず（介護保険料を払っているという強い意識のある人が自分の要望が通らないとき）。／人格否定の言葉。／「しんどいのにほったらかし！死ねということか！」
行為への疑惑	信用してもらえない（7）	「制度改正なんて，あなたの認定調査の仕方が悪いから，支援になってサービスが使えなくなったんだ」／「お前もグルか！」／「介護保険でさっぱり良くならない」／「いつも忙しそうだから，声をかけられなかった」／近所の人が「お宅のケアマネは何もしてくれないと言っていた」と言われた。／「何もやってくれない」と言われる。／お茶を遠慮したが，無理に勧められ仕方なく飲んだら，市へ報告された。
怒りの矛先	怒鳴られた（1）	「貴様，俺を破滅させる気か」と大きな声で怒鳴られた。
不満の吐露	前任者と比較された（1）	「隣のケアマネは，あれもこれもやってくれるのに，あなたはさっぱりやってくれない」と比較されたとき。
性的発言	性に関する発言を向けられた（2）	訪問するたびに食事に誘われたり，毎日のように電話がかかってくる。／性の話題や言葉のセクハラ。

注：（　）内は記述数。記述内容は原文のまま掲載した。
出所：著者作成。

表4-14-④ 利用者の言葉で傷ついた内容（包括委託型主任CM）

カテゴリー	サブカテゴリー	包括委託型主任CMが利用者からの言葉で傷ついた内容（31）
受容の否定	拒否的な言動を向けられた（3）	「二度と来るな」／「あなたの世話にはなりたくない」／「もう来なくていい」
	こちらの言動を否定された（15）	非難的な内容。／何も役に立たない。／「あなたたちにはわからない」／「保険料ばかり取って，使いたいときは何も使えないし，役に立たない」／「役立たず」／「なにも良くならない」／「あんたに何ができるの！できないじゃない！」／「地域包括支援センターは税金でやって効果がないね！」／「この体で何ができますか，そんなに簡単に言わないでください」／「保険料払っているのに，ヘルパーを1回しか来させないとは何事か！役場に言うぞ」／制度上の限度額により制限される不満をいわれること。／「ばか！お前のような石頭は何の解決もできないんだよ！」／「頼りにならない」と言われた。／精神的に限界。／「相談しても何の役にも立たない」
行為への疑惑	信用してもらえない（8）	「それでお金をもらっているんでしょう」／介護認定区分が変更になると「どうしてそういうことになるのかわからない」と言われる。／「あなたはウソつきだ」／「あなたは恐ろしい」／間接的に自分に対する評価を聞かされる。／「健康なあなたにはこの痛みはわからないだろう」／「あなたは何してくれるの，何もできないでしょ」／「家族の話だけ信じて，私の話を信じないんでしょう」
	不本意なイメージを持たれた（2）	「そのことは聞いていない。あなたは説明してくれなかった」／「気楽な仕事だね」
怒りの矛先	脅しの言葉を向けられた（2）	「一生恨んでやるからな！」／「このままで済むと思うなよ」
性的発言	性に関する発言を向けられた（1）	女性蔑視のような発言。

注：（ ）内は記述数。記述内容は原文のまま掲載した。
出所：著者作成。

表4-14-⑤　利用者の言葉で傷ついた内容（包括直営型主任CM）

カテゴリー	サブカテゴリー	包括委託型主任CMが利用者からの言葉で傷ついた内容（31）
受容の否定	拒否的な言動を向けられた(1)	毎月面接していた利用者に突然「会いたくない」と言われた。
	こちらの言動を否定された(11)	「あなたは不親切な人だ」／「私にとっては犬は家族と同じ、犬の餌をヘルパーに買ってもらうことはいけないのか、障害者は犬を飼ってはいけないということか。制度にのっとった話ばかりで、所詮、お役所仕事だ」／「3か月に一回しか会えないんですね」／生活保護者にモニタリングに行ったとき「来てもらっても金くれるわけでもない、役所の人は冷たいよ」と言われた。／「あなたたちに言っても仕方ない」「年寄りの気持ちがわからない」「どうせ話をしてもよくならないから」「どうせ何もわからないんでしょ、何もやってくれない！」「今後どうしようと思っているのか！」／「役に立たない」／「包括は結局何もしてくれない」
行為への疑惑	信用してもらえない(2)	要介護状態から要支援状態に認定が変更になり「役所的な物の見方だから、本人の本当の辛さをわかってもらえないんだ」と言われた。／サービスが利用できない理由を説明しても信用してもらえない。
	不本意なイメージを持たれた(2)	「お金泥棒」／「給料泥棒」
怒りの矛先	怒鳴られた(2)	「出ていけ、何をしているか」と怒鳴られた。／自分のことを人に話たことは守秘義務違反だと事実ではないことを言い「土下座しろ!!」と怒鳴りまくる。
	罵声を浴びた(1)	人格を否定するような罵声を浴びせられた。
不満の吐露	前任者と比較された(2)	「前のケアマネはいろいろやってくれたのに、あなたは何もしてくれない」／「前のケアマネはいろいろやってくれたのに、あなたはすぐできないと言う」
性的発言	性に関する発言を向けられた(1)	セクハラ。

注：（　）内は記述数。記述内容は原文のまま掲載した。
出所：著者作成。

延々と電話で1時間近く続けられた」「『早く施設に入れてくれないと親を殺すぞ』と言われた」「『何かあったら訴えるから』と，少々脅し交じりに言われた」などがあった。また，「ご本人が『何もやってくれない』と言った言葉を信じ，『ちゃんとやってくれたの？　母は何もやってくれないと言ってるよ』と怒って言われた」「『今すぐ来い！』と介護内容に対する怒りを向けてきた」などの〈怒りを向けられた〉ことによる傷つきや，「他機関からの介護保険に

関する説明を理解できず,訪問時に『わけがわからない』等,突然怒鳴られる」「特養入所がなかなかできず,電話で怒鳴る」「扶養義務者へ入院同意の署名を求めたところ,『私には関係のない人だからいちいち連絡しないで』と一方的に怒鳴られた」など,〈怒鳴られた〉ことによる傷つきもあった。さらに,特定加算なしCMのなかには,利用者の家族から「○○事業所の通所にいっても良くならない,ムダだと,同法人に対して侮辱的なことを言われた」など,〈罵声を浴びた〉体験もあった。

【受容の否定】
利用者からの言葉と同様,最も「傷つき」の多いカテゴリーであった。具体的には,「協議の上,導入したサービスをもういらないと言ってやめてしまった。本人の意思でなく家族の意向で決めて進んでしまう」「説明をしているにも関わらず『一方的にサービスを打ち切るケアマネ』として,事業所長と市長あてに10数枚以上に及ぶ抗議文を出された」「虐待ケースを分離したら強く非難され,半年間苦情が続いた」など,〈拒否的な言動を向けられた〉ことによる「傷つき」や,「すでに提案したことのある事項について,教えてもらえなかった,情報が無かったと」「こんなケアマネいらない,変わって欲しい」「あなたが来るようになって家族の関係が悪くなった」「経過記録をいちいちチェックされ,家族に記録を否定され揉めて,精神的に追い詰められている」など,〈こちらの言動を否定された〉ことによる「傷つき」であった。利用者の言葉による傷つきにはなかったものに,「大学まで出てこんな仕事に就いていていいの?」などの〈職業を否定された〉体験もあった。

【不満の吐露】
「近所の人に『あのケアマネは何もしてくれない』と言っていることが判明した」「介護保険制度への不満をケアマネの仕事に対して言ってくる」など,〈不満を向けられた〉ことによる「傷つき」,地域包括支援センター以外の職種では,「事業所内でケアマネを変更後,『前の人はよくしてくれていた』と言われた」「前のケアマネはカンファレスなんかしない。迷惑だ」「前担当のケアマネが良かった」など〈前任者と比較された〉ことによる「傷つき」などがあっ

た。

【権利意識の固持】
　利用者の言葉に傷ついた内容に比べ，約5倍以上の件数があった。「『あなたケアマネジャーでしょう』と何でもしてくれると思って話をされる」「『あなた方は福祉の人だものいろいろ全てやってくれればいいでしょ』と年金手続き時怒って言われた」「家族の思い通りのサービスの選択を当たり前に言われる」「福祉で面倒をみるのが当り前だろう！」など，〈無理な内容を強要された〉ことによる「傷つき」，「結局は制度がどうのこうの言って……何の役にも立たない。こっちは本当に困っていて，やってほしい事がやってもらえない。何のために保険料払ってるんだよ。あんたらの給料分だって払ってるんだから……何とかしろよ」「お金を出しているのだから，こちらの言うことを聞くのが当たり前でしょう，上司を出しなさい」「介護保険料を払っているのに依頼した時には，希望のサービスが利用できない」「『保険料払っているんだから』と権利ばかり主張する」など，〈損得勘定を向けられた〉ことによる「傷つき」があった。

【行為への疑惑】
　利用者の家族から「○○会のケアマネジャーは信用できない」「患者や家族の気持ちを考えて行動しているのか？」「業者との癒着があるのか」「あなたたちは公務員で給料もあるだろうけど，私たちはそんなお金はない！」など，〈信用してもらえない〉ことによる「傷つき」があった。

【性的発言】
　利用者からの言葉に比べると少なかった。〈特定加算なしCM〉で，「結婚してないから，あなたに言っても仕方ないけど……」という〈性に関する発言を向けられた〉ことによる「傷つき」があった（表4－15－①，表4－15－②，表4－15－③，表4－15－④，表4－15－⑤）。

表4－15－① 利用者の家族の言葉で傷ついた内容（特定加算なしCM）

カテゴリー	サブカテゴリー	特定加算なしCMが利用者家族からの言葉で傷ついた内容（106）
受容の否定	拒否的な言動を向けられた(6)	家族や利用者が希望される支援内容が介護保険での支援内容から除れるもので、その旨を説明し、インフォーマルな支援での対応をすすめる等などしたときに「もう結構、サービスも利用しません」との返答あり。／自分が一生懸命説明をしたが、受け入れて頂けなかった。／協議の上、導入したサービスを もういらないと言ってやめてしまった。本人の意思でなく家族の意向で決めて進んでしまう。／「もう、あなたにはお世話にならなくても良い。あっち（他事業所）に今後はいろいろとお世話になるから」／言葉ではなく、ケアマネ変更を言われた時と、サービス担当者会議に出席していただくようにお願いしても返事がなかったり、自宅訪問時も挨拶もされず、態度で傷ついた。話しかけると、早口で返事をされるだけで、一方的に自分の話（言い訳）「忙しいので」と言われた。／「もう来なくていい」
	こちらの言動を否定された(20)	新規でサービス利用を始める際の面接中に事業所の理事長は知っている、あんたがしてくれないなら、自分でする。利用料金も安くさせるし、空きがなくてもなんとかさせる、職員がダメと言ったら直接理事長と話をするよう言われた。／何もしてくれない。貴方に気持ちはわからないでしょうと言われた。／身体状況の低下や認知症状などを、離れて暮らすご家族に月に何度か連絡し1年経過。施設の利用などを提案していたが「もっと早くに教えてくれれば……」と何度も繰り返し伝えてきた事を全く聞いていない。／介護保険では出来ない支援を説明し丁寧にお断りしたが「あんたの力不足だね」と言われた。／障害を持つ夫を介護している要に「あなたに私の気持ちは分からない」と言われた。／「だから何なの⁉」／家族の支援が必要であるが何もしてもらえない等の意見があった。／すでに提案したことのある事項について、教えてもらえなかった、情報が無かったと。／嫌味っぽく「超ベテランだから安心してたのに……」／説明的内容などを明らかに意図的に曲解し、自分の都合のよいように表現して、納得しようとされたとき。／認知症の母親について遠方の息子さんからメールを頂き、近隣の人から帰省する度に厳しいことを言われ、これ以上恥はさらしたくない気持ちで一杯です。と書かれていた。／ターミナルの癌の夫を持つ妻が、本人の前で毎回泣かれたので「目の前で毎回それを見るご主人もえらいですよ」といったことがあり、娘さんから母にそんなことを言わないで泣かせてやって下さいと言われた。／居宅に関する苦情でなくても聞かなければならないことがある（サービス事業所の苦情）／居宅の変更により、本人の家族（子の妻）と初回面談するが、その時、何をしに来たのかと言わんばかりの口調と表情がありありと分かった。／貴方は看護婦さんのケアマネじゃないでしょう、私は看護婦のケアマネさんと言っていたでしょう。／毎月変わりはないのに、訪問されるのは迷惑。／アセスメントで質問した時、色々と聞かれて不愉快。／家族より「私はそんな意味で話したのではなく、貴女がそのように受けとったのでしょう」と転換された。／認知症の方の思いを、家族の方に表現されている言葉で一部文章表現した時に「物忘れになっていることを話すが文章には残さないでもらいたい」と了解されていた後になり、変更・否定されることがある。／あきらかに介護放棄と思われる状態の中、「あれもしています」「これもしています」と自分を正当化するお嫁さんの言葉にむなしさを感じた。

第4章　ケアマネジャーと主任ケアマネジャーにみるストレスとその対処法　157

表4-15-①　利用者の家族の言葉で傷ついた内容（特定加算なしCM）

カテゴリー	サブカテゴリー	特定加算なしCMが利用者家族からの言葉で傷ついた内容（106）
不満の吐露	職業を否定された(3)	どうしてこんなお仕事をしているの？／介護は，まともな人間ができる仕事ではない。／大学まで出てこんな仕事に就いていていいの？
不満の吐露	不満を向けられた(11)	入院イコール退所であり，居室が埋まってしまう。／退所時，空きがない場合があることを伝えると怒られた。「もっと早くして欲しかった」と不満を言われた。／利用できないサービスについて「なぜ利用できないのか！」と強く不満をぶつけられた。／利用者の気持ちを無視して家族の都合ばかりをぶつけられた時は寂しい気持ちとなる。／「あんたがどうにかしてくれ」など，決定や方向性など，利用者にとって大切なことを不当にどうでもよいような対応，発言をされたとき。／「あんたが計画したディサービスに行くと，帰宅した後に自分の世話を嫌がるようになった」と嫁が言われ，ディサービスに行くことを自分が希望されたのにと思ったが，感情的になってみえたので聞き流した。／何か困っていることなどありますかと聞くと「オムツ交換のたびに殺したくなるんだよね」との言葉を聞かされた時，自分の無力さを実感した。／「（希望がかなえられなくて）何もできないじゃないか」（くどくどと話を繰り返す）。／何でも，ケアマネジャーを通さなくてはいけないのは面倒。／遠方の家族から，独居で地域との関係力が悪い利用者が体調不良になったとき，「誰も訪問してくれていなかったようで！」と言われた。
不満の吐露	前任者と比較された(7)	事業所内でケアマネを変更後，「前の人はよくしてくれていた」と言われた。／前のケアマネと違って，信頼できないと言われた。／「前の担当者はちゃんとやってくれた。」他のケアマネは，よくしてくれるらしいと他者のケアマネと比べて言う言葉。／前任者が定年退職となったため，前の状況がほとんど分からない中でケース会議に参加して「あなたは，何もわかっていない。頼りがいもない。他の事業所に変えたい」といきなり言われ，結局1ヵ月後に事業所を変えられてしまった。／家族からも同じように訪問介護を際限なく利用したいと主張されて困ってしまう。他のケアマネの話もされ「○○は利用できるようにしてくれた」など言われる。／前担当の介護支援専門員と比較するような発言があった。
権利意識の固持	無理な内容を強要された(25)	「あなたケアマネジャーでしょう」と何でもしてくれると思って話をされる。／「そんなことケアマネにやらせればいい」／介護保険サービス。出来る事，出来ない事の説明時「こんな簡単なこともできないのか」／介護保険外の福祉サービスで市の介護慰労金について「そういう制度があることを，なぜ教えてくれなかったのだ？ケアマネジャーだったら，そういうことをきちんと教えてくれることが当然でしょう。他にもケアマネジャーはいるのだから……。」／「ケアマネなのにできないの？」／何のための介護保険ですか。「何故，必要なサービスなのに利用できないのか」どうにかしてほしい，と無理な依頼をしてくる。／家族で対応しなければいけない事を，ケアマネジャーに頼んでくる。／「自分たちでしなければいけないのですが……」と嫌味っぽく言われる。／「何とかしろ！」「役立たず」／ケアマネなんて，誰でもできるし，誰がやっても同じでしょ。家族の言う事を聞いていればいいのよ。／「あなた私の指示通り動いてくれれば良い」／社会的地位の高さを自慢する発言，逆に被護される立場にあるべきだという主張につよく裏打ちされた発言。／ぶっきら棒な言葉で，「○○しておいて」などと用件のみ言われる，ご家族がいる。／家族が望むサービスを利用者が好まず，サービスの利用をさせたがる家

表4-15-① 利用者の家族の言葉で傷ついた内容（特定加算なしCM）

カテゴリー	サブカテゴリー	特定加算なしCMが利用者家族からの言葉で傷ついた内容（106）
		族が，サービスの利用をさせるのは，あなたの仕事でしょう。ダメなケアマネと言う。／本人の病状と家族の都合，主治医の意見が一度に重なり，ストレスを感じたことがあった。／「言い訳ばかりしている」言葉と言うか，他の事業所に家族が行きケアマネを交代させられた。／「認定を受けたから，好きなように利用できるでしょう。お宅は言うようにしてくれたらいい」また，毎月訪問する事についても「デイサービスにやっているから，お宅は来なくてもいい。面倒くさい」更新申請については「一度認定を受けたらそれで良いだろう？面倒くさい」／「ケアマネは，こちらが希望するサービスをさっさと手配するだけでよい。余計な事はしないで」と言われた。／家族の希望通りのサービスが調整できない時，無能呼ばわりされた。／精神病と認知症の利用者の介護に疲れたとの訴えであるが，利用者は，ショートを利用し自宅には月一泊二日の滞在であった。／利用者家族とサービス事業所の間で（調整等の段階で）悩むことがある。／家族の意向に沿ってサービス提案しても，どの部分が嫌でサービス利用を断ったのかが分からない時。／協力してもらうところなど，できないと言われたり，介護保険外のサービスについて，オムツ交換のしやすさからズボンをはいていないのはご家族の都合であるのに，急に「寒くてどうするの」「こういう意見があることも理解してほしい」と一方的に言われてしまったこと。その他，同法人で起きたトラブルを話題にされ執拗に謝罪後もクレームをつけてくる。「なぜ，間違えたのか‼」「担当者を出せ‼」「謝りによこせ‼」後で話をきくと，どこでもトラブルを起こしているような方でした。
	損得勘定を向けられた（5）	制度上どうしても本人，家族の要望が叶えられない時，その説明をしたところ「保険料を納めているのに，なぜできないのか，差別しているのか」と言われた。／介護保険料をはらっている。してもらえて当たり前。／制度的に利用できない事等の説明時「保険料は払ってるとに！」／施設利用者だと食費，部屋代で負担金がかさむため，金額に見分けたサービス，自分でできることも「お金を払っているのだから，やって当然」という行動を受ける事がある。／「結局は制度がどうのこうの言って……何の役にも立たない。こっちは本当に困っていて，やってほしい事がやってもらえない。何のために保険料払ってるんだよ。あんたらの給料分だって払ってるんだから……何とかしろよ」
怒りの矛先	脅しの言葉を向けられた（3）	「保健所や市へ……共産党へ訴えに行くことも考えている。私が言いに行ったら，テレビに出るか新聞に出るかしかして，施設としてやっていけなくなるんですよ」脅迫ともとれる言葉を延々と電話で1時間近く続けられた。／訪問時，駐車をすると突然，長男様より草刈りがまを持って「葬儀屋が何の用事だ‼」「帰れ‼」とこちらが，ケアマネでの訪問所属を伝えて説明しているが……聞き入れなく大声で叫んだ。／言葉と言うより威圧的な態度で大声で脅す。
	怒りを向けられた（6）	母はきちんとお願いしてやっているのに母が思い違いをしていると言われたと憤慨された。／ご本人が「何もやってくれない」と言った言葉を信じ「ちゃんとやってくれたの？母は何もやってくれないと言ってるよ」と怒って言われた。／「べらべら個人情報を口にするな」と恐れられてしまった。／解決できないことが起きた時に，家族の八つ当たり的な言葉に傷つく。／「介護放棄」しますと，言われたことがショックであった。／「上司を連れてこい」

表4-15-① 利用者の家族の言葉で傷ついた内容（特定加算なしCM）

カテゴリー	サブカテゴリー	特定加算なしCMが利用者家族からの言葉で傷ついた内容 (106)
	怒鳴られた (5)	「わしの親の面倒を見るのにお前らの許可がいるのか」独居でいわゆるゴミ屋敷の方について，劣悪な環境と本人の精神面の疾患をうたがい，家族へご様子確認の電話をした。すると，こちらの話にまったく耳を傾けず，一方的に怒鳴り散らすように上記の言葉をまくしたててきた。／ショートステイの相談委員からの電話の内容に対して激怒。／ご家族と認識の違いから非常識と言われた。怒鳴られた。／特定の家族で支援困難と思われるケースで，ご家族より暴言を言われた。／他機関からの介護保険に関する説明を理解できず，訪問時に「わけがわからない」等，突然怒鳴られる。
	罵声を浴びた (2)	異様に「あなたしかいない」という勢いで近づいてきて違う（思うように支配できない）とわかったとたん，すごい勢いでののしり，契約解除。／○○事業所の通所にいっても良くならない，ムダだと同法人に対する侮辱的なことを言われた。その他，根拠のない話をし続けてきて会話成立せず，ブチ切れしました。
性的発言	性に関する発言を向けられた (1)	結婚してないから，あなたに言っても仕方ないけど…。
行為への疑惑	信用してもらえない (11)	「金ばかり取って」と言われた。／「誠意を見せてくれ」／「何もしてくれない」／入所時インフォームド・コンセントがきっちりできていなかった。／若いから分からないでしょう。／サービス利用についてご本人にて言っても受け入れずなかなか利用につながらなかった時に，「本当にちゃんと勧めてくれてるの」と。／「税金で喰ってて，この税金ドロボー‼」／「○○会のケアマネジャーは信用できない」／自分なりに，制度説明などを行ったが，後日「きっとした説明（話し）がなかった」と不満を訴えられた。／「たまにいるだけで給料もらえていいね。ヘルパーさん達は世話してくれて感謝してるよ。あんたらは直接世話しないもんな」／「印鑑もらうのが仕事だろ…」
その他	その他 (1)	本人にしても家族にしても，支援者がストレスを感じ傷つくのは，その言葉そのものによるのではなく，感情によって傷つけられる事の方が多いと思います。また，本人・家族以外の関係者から言われる言葉の方が，傷つく事が多いように感じます。

注：（ ）内は記述数。記述内容は原文のまま掲載した。
出所：著者作成。

表4-15-② 利用者の家族の言葉で傷ついた内容（特定加算ありCM）

カテゴリー	サブカテゴリー	②特定加算ありCMが利用者家族からの言葉で傷ついた内容 (98)
怒りの矛先	脅しの言葉を向けられた (3)	「早く施設に入れてくれないと親を殺すぞ」と言われた。／「お前の事業所はまともな事業所か！裁判にかける」／「あんた私が死ねばいいと思っているんだろう」
	怒りを向けられた (5)	「今の私に対して，その言葉は許せない」／「ヘルパーをちゃんと教育しろ！」／入院に同意しない長男が切れる。／「医者とケアマネの言っていることが違っている」と一方的に言われる。／「今すぐ来い！」と介護内容に対する怒りを向けてきた。

表4-15-②　利用者の家族の言葉で傷ついた内容（特定加算ありCM）

カテゴリー	サブカテゴリー	②特定加算ありCMが利用者家族からの言葉で傷ついた内容（98）
受容の否定	怒鳴られた（4）	主治医との面談に同席したとき，攻撃的に怒鳴られた。／「訴えてやる！」と怒鳴る。／怒鳴り散らすので担当変更可能であることを説明すると「逃げるつもりか」と怒鳴る。／利用者に罵声をあびせるためアドバイスするが否定する。
	拒否的な言動を向けられた（5）	「迷惑なので来ないで欲しい」／「ケアマネを変える」説明をしているにも関わらず「一方的にサービスを打ち切るケアマネ」として，事業所長と市長あてに10数枚以上に及ぶ抗議文を出された。／「訪問してもらっても話すことはありません」／新人なので面会してくれない。
	こちらの言動を否定された（29）	「あなたにはとてもがっかりした，残念だ」／前日同意したことを翌日に全く逆のことを言ってくる。／「本当はあんたが嫌いだったと本人が言ってた」／説明しても理解してもらえない。／「ケアマネ失格！」と担当者会議で指さされた。／「あなたの性格になれました」／介護認定結果に満足せず，ケアマネの力量のなさと言われた。／「あなたに私の家のことを言われたくない」／「看護師でもないのに健康のことを指示されたくない」／「こんなケアマネいらない，変わって欲しい」／「制度が役に立たない」／「勉強しろ」／「人間としてどうなの？ケアマネとして成長しろ」／「一緒にいる家族の身になっていない」／「家族の気持ちをわかってもらえない」／「経験の多い担当に変わってくれ」／「若いので役に立つの？」／「もっと先回りしていろんなことを考えろ」／「あなたのせいで○○は死んだ」／「きついケアマネ」と言われた。／「今そんなことを言われても，しんどいのでわかりません」／「制度制度って融通がきかない」／ショートステイ先がなかなか見つけられず，探し方が悪いと言われた。／「ケアマネとしての仕事ができていない」／介護者の夫から「俺さえ犠牲になればいいんだ」と言われた。／「毎月来なくてはいけないのか？」／「何も知らないくせにいろいろ言われたくない」／「あなたとは合わないのよ」／「人間失格」
不満の吐露	不満を向けられた（16）	「話を聞いてくれない」／「あなたの家族はさぞ幸せでしょう」／「嫁の私に連絡をくれない」／不満を他者に話している。／近所の人に「あのケアマネは何もしてくれない」と言っていることが判明した。／悪気のない発言。／一方的に不満や苦情をまくしたてられた。／「入院させたいのにあなたが言ってくれないから私が主治医に話をしてきた」ときつく言われた。／2～3時間延々と相談にのった直後，苦情の電話を行政にかけられた。／「家族の気持ちをわかっていない」／「やり方がぬるいから，介護度がかわらない」／「何も聞いていない，してもらっていない」／利用者と進めていたことに対して家族から苦情が入った。／「もっとしっかりして欲しい」／電話連絡がすぐにできなかった時「信頼関係が崩れた」と言われた。／説明不足だったことに対して「自分たちは後悔したことが多くある」と言われた。
	前任者と比較された（10）	「前任者の方がよかった」／「前のケアマネはカンファレスなんかしない。迷惑だ」／「前の人がよかった」／「前のケアマネは業務以外でもやってくれた」／「前任の方が安心できた」／「あの人は何もしてくれなかった」と言っていることを他のケアマネから聞いた。／「前任のケアマネは電話をかければすぐに来た」／「前のケアマネはできると言った」と怒鳴る。／「他のところは良くしてくれるがお前のところは」／他の介護支援専門員に聞いて正誤を確かめたことを目の前で言われた。

表4-15-② 利用者の家族の言葉で傷ついた内容（特定加算ありCM）

カテゴリー	サブカテゴリー	②特定加算ありCMが利用者家族からの言葉で傷ついた内容（98）
権利意識の固持	無理な内容を強要された(15)	ケアマネが何でもするものという考え方があり「～をしてくれなかったの?」と言われる。/「ケアマネだったらやってくれて当たり前だろ」/「それをするのがあんたの仕事だろう」/「これくらいして当然でしょう」/「ケアマネなんだからお願いします」/「あなた方は福祉の人だもんいろいろ全てやってくれればいいでしょ」と年金手続き時怒って言われた。/家族が一方的に要望を言い，都合が悪くなると電話にでない。/お金にシビアである。/家族が要望するサービスがなかったことから，無視される。/死という言葉を簡単に言う。/「施設に入れてくれないのか」/すぐにどこかの施設に入所させて欲しいと言われる。/「施設を探すのも仕事でしょう」/「お金を払うのは家族なんだから，家族の思いでやってほしい」/「金払ってんだ」
行為への疑惑	信用してもらえない(11)	「あなたのことを信用していない」/「ヘルパーの肩を持っている」/近所の利用者で「家庭内の事情を知っているから本音で相談できない」と言われた。/「あなたたちは私たちに死ねと言っているの!」/長男の妻と二男の妻の折り合いが悪く「○○の見方する」と言われた。/「介護している家族のこと考えていない」/「この仕事について何年になるのか?」/「患者や家族の気持ちを考えて行動しているのか?」/「まあ誰が担当しても一緒でしょう」/「信用できない」/「余計なことを本人に言ってもらったら困る」

注：( )内は記述数。記述内容は原文のまま掲載した。
出所：著者作成。

表4-15-③ 利用者の家族の言葉で傷ついた内容（特定加算あり主任CM）

カテゴリー	サブカテゴリー	③特定加算あり主任CMが利用者家族からの言葉で傷ついた内容（28）
怒りの矛先	脅しの言葉を向けられた(1)	「何かあったら訴えるから」と，少々脅し交じりに言われた。
	怒鳴られた(3)	息子にポットを振りあげられ，帰れと怒鳴られた。/特養入所がなかなかできず，電話で怒鳴る。/「あなたは夫の女だから何回も会いに来るんですか」と怒鳴られた。
受容の否定	拒否的な言動を向けられた(2)	利用者家族が精神的に不安定な時，暴言や訪問を拒否される。/「もう父のことは放っておいて帰ってください」
	こちらの言動を否定された(10)	「口をはさみすぎる」と，否定される。/「あなたのレールにのせられた」/担当者会議で「オレの話をちっとも聞いていない」と言われた。普段から，1時間半もかけて話を聞いていたのに。/「お前のような女がいるから，離婚率が高いのだ」と言われた。/人格否定の言葉。/「あなたは何もしてくれない」/能力がないと強調して言われた。/十分説明しても「聞いていなかった」「忘れた」「何もしてくれない」と言われる。/「実際に介護している人でなければ，気持ちはわからないわよ」/「何もやってくれない」と言われる。

表4-15-③　利用者の家族の言葉で傷ついた内容（特定加算あり主任CM）

カテゴリー	サブカテゴリー	③特定加算あり主任CMが利用者家族からの言葉で傷ついた内容（28）
不満の吐露	前任者と比較された（2）	前任ケアマネの不適切プランを修正したら，理解してもらえず態度に出された。／「前担当のケアマネが良かった」
権利意識の固持	無理な内容を強要された（5）	「なぜできないんだ，こんなことはわかっている」／「何でそんなことができないのですか」と風当たりが強い。／約束していないのに「来ると言って来ない」と思い込んで言われる。／勝手にサービスを打ち切ったり，一方的にいわれる。／家族の思い通りのサービスの選択を当たり前に言われる。
	損得勘定を向けられた（2）	「お金を払っているのに，何もしてもらえない」／「お金を出しているのだから，こちらの言うことを聞くのが当たり前でしょう，上司を出しなさい」
行為への疑惑	信用してもらえない（3）	「ケアマネだか，サルまねだか知らないが，お金をあなたたちは欲しいのでしょう！」／介護保険は何もしてくれない。／初対面で「どうせ金儲けでやっているんだから」と言われた。

注：（　）内は記述数。記述内容は原文のまま掲載した。
出所：著者作成。

表4-15-④　利用者の家族の言葉で傷ついた内容（包括委託型主任CM）

カテゴリー	サブカテゴリー	④包括委託型主任CMが利用者家族からの言葉で傷ついた内容（30）
怒りの矛先	脅しの言葉を向けられた（3）	「事業所とグルか！」／恫喝めいた言動。／乱暴な言葉でしつこく絡んできた。
	怒りを向けられた（2）	話の言葉を捉えて，攻撃的に言われた。／「あなたのせいで主人の命が縮まり，救急車で運ばれることになった」
受容の否定	拒否的な言動を向けられた（2）	「何しに来た！用はない！」／追い払うような言葉。
	こちらの言動を否定された（10）	「どうせ言ったってわからないだろうけど」／「仕事でたまに来るだけで何もしてくれない」／「何をしてくれんだ！」／「ケアマネなんて何の役に立つの！必要あるの！」／「看護師あがりで，介護や福祉のことしらないで，なんでも杓子定規にあれもダメ，これもダメと言っているとヘルパーから聞いた」と言われた。／「あなたのやり方がおかしいのでないか」／「あなたが来るようになって家族の関係が悪くなった」／「あなたには，私の気持つがわからない」／「あなたは若いから，別の相談員に変えてもらいたい」と言われた。／「私の立場にならないとわからない」
不満の吐露	不満を向けられた（7）	「何もしてもらえない」／「あんたにとっては他人事だろけど」／介護保険制度への不満をケアマネの仕事に対して言ってくる。／担当ケアマネを変更してなど。／「誰もが理解できるように説明してください」／制度上の限度額により制限される不満をいわれること。／「役所の人はできると言った」

表 4-15-④　利用者の家族の言葉で傷ついた内容（包括委託型主任 CM）

カテゴリー	サブカテゴリー	④包括委託型主任 CM が利用者家族からの言葉で傷ついた内容（30）
権利意識の固持	無理な内容を強要された（3）	「介護のスペシャリストのあなたが全てをみてやってくれなければ困る」と勝手なことを言う。／「施設入所をケアマネがするのが本当じゃないんですか！」／「福祉で面倒をみるのが当り前だろう！」
	損得勘定を向けられた（1）	「介護保険料を払っているのに依頼した時には，希望のサービスが利用できない」
行為への疑惑	信用してもらえない（2）	「介護保険は役に立たない」／「業者との癒着があるのか」

注：( ) 内は記述数。記述内容は原文のまま掲載した。
出所：著者作成。

表 4-15-⑤　利用者の家族の言葉で傷ついた内容（包括直営型主任 CM）

カテゴリー	サブカテゴリー	⑤包括直営型主任 CM が利用者家族からの言葉で傷ついた内容（22）
怒りの矛先	怒鳴られた（1）	扶養義務者へ入院同意の署名を求めたところ，「私には関係のない人だからいちいち連絡しないで」と一方的に怒鳴られた。
受容の否定	拒否的な言動を向けられた（4）	虐待ケースを分離したら強く非難され，半年間苦情が続いた。／自分から頼んだ訪問だではないと否定的で，訪問を拒否された。／「あなたが来ると落ち着かないから，来なくていい」／「はやく施設に入れてくれ」
	こちらの言動を否定された（13）	「あなたの言葉で私は傷ついたの」／家族に繰り返し説明を行った末に，「あんたの顔を見ると頭が痛い」と言われた。／「何を言ってもお宅には他人事でしかない。できないことを何とかしようとするのが行政でないか。私らの税金で給料をもらっているんだ」／要介護状態から要支援状態に認定が変更になり「共働きだから月一回の通院に休んで付き添えない。一人でタクシーで行かせて急変したら，あんたのせいだ」と言われた。／「ちゃんと下調べしてから来い，それでも専門家か」／「無責任ですね」／「あなたの言い方がきつい」／「あんたなんかにわからないわよ。話を聞くだけじゃ何も解決しない」／「あんたなんかケアマネジャーじゃない」／「お役所仕事で自分たちのことをわかってくれない」／「そんなこともできないのか！お前のところの看護師はくるくるパーか！」／「あんたがきちんと見てくれないから，介護度が上がらなかった」／経過記録をいちいちチェックされ，家族に記録を否定され揉めて，精神的に追い詰められている。
不満の吐露	不満を向けられた（1）	「役所の仕事はいつもそう」
権利意識の固持	損得勘定を向けられた（2）	「保険料払っているんだから」と権利ばかり主張する。／制度上対応できないサービスに対し，保険料を払っているのになぜ利用できないのかと不服を言われる。

表4−15−⑤ 利用者の家族の言葉で傷ついた内容（包括直営型主任CM）

カテゴリー	サブカテゴリー	⑤包括直営型主任CMが利用者家族からの言葉で傷ついた内容（22）
行為への疑念	信用してもらえない（1）	「あなたたちは公務員で給料もあるだろうけど，私たちはそんなお金はない！」

注：（　）内は記述数。記述内容は原文のまま掲載した。
出所：著者作成。

5) 利用者やその家族から傷つくような言葉を聞いてどんな感情を抱いたか

　利用者からの言葉で傷ついたときの気持ちについて，18個の選択肢から当てはまるものすべてに○をつける形式で回答を求めたところ，「自己嫌悪」88件，「無力感」86件，「しんどい」85件，「相手にむかついた」66件，「強い情けなさ」54件，「つらい」52件，「相手への不満」47件，「弱い情けなさ」37件，「あきらめ」37件，「相手に憤った」29件，「苦悩」29件，「寂しさ」27件，「苦痛」25件，「後悔」23件，「苦しい」22件，「相手を憎んだ」10件，「孤独」9件，「その他」8件という結果が出た（表4−16）。

　また，利用者の家族からの言葉で傷ついたときの気持ちについて，18個の選択肢から当てはまるものすべてに○をつける形式で回答を求めたところ，「無力感」116件，「しんどい」90件，「相手への不満」89件，「自己嫌悪」79件，「相手にむかついた」77件，「強い情けなさ」73件，「つらい」65件，「あきらめ」48件，「苦痛」46件，「弱い情けなさ」42件，「寂しさ」35件，「相手に憤った」35件，「苦悩」33件，「苦しい」32件，「後悔」28件，「孤独」14件，「相手を憎んだ」5件，「その他」12件という結果が出た（表4−16）。

6) 利用者やその家族からの言葉で傷ついたときにどう対応したか

　利用者からの言葉で傷ついたときにどう対応したかについて，13個の選択肢から当てはまるものすべてに○をつける形式で回答を求めたところ，「話を聞いた」138件，「理解してもらう説明をした」111件，「聞き流した」62件，「がまんした」60件，「上司へ報告した」55件，「謝った」54件，「話題を変えた」30件，「はっきりと違うと伝えた」19件，「違う職員に代わってもらった」19件，「冗談で返した」19件，「黙っていた」18件，「その場を離れた」11件，「その他」10件という結果が出た（表4−17）。

表4-16　利用者やその家族からの言葉で傷ついたと感じたときの気持ち　　（件）

項目	利用者の言葉	利用者の家族の言葉	項目	利用者の言葉	利用者の家族の言葉
自己嫌悪	88	79	相手に憤った	29	35
無力感	86	116	苦悩	29	33
しんどい	85	90	寂しさ	27	35
相手にむかついた	66	77	苦痛	25	46
強い情けなさ	54	73	後悔	23	28
つらい	52	65	苦しい	22	32
相手への不満	47	89	相手を憎んだ	10	5
弱い情けなさ	37	42	孤独	9	14
あきらめ	37	48	その他	8	12

出所：著者作成。

表4-17　利用者やその家族からの言葉で傷ついたと感じたときの対応　　（件）

項目	利用者の言葉	利用者の家族の言葉	項目	利用者の言葉	利用者の家族の言葉
話を聞いた	138	167	はっきりと違うと伝えた	19	28
理解してもらう説明をした	111	175	違う職員に代わってもらった	19	16
聞き流した	62	50	冗談で返した	19	7
がまんした	60	59	黙っていた	18	19
上司へ報告した	55	93	その場を離れた	11	3
謝った	54	86	その他	10	18
話題を変えた	30	13			

出所：著者作成。

　利用者の家族からの言葉で傷ついたときにどう対応したかについて，13個の選択肢から当てはまるものすべてに〇をつける形式で回答を求めたところ，「理解してもらう説明をした」175件，「話を聞いた」167件，「上司へ報告した」93件，「謝った」86件，「聞き流した」50件，「話題を変えた」13件，「黙っていた」19件，「はっきりと違うと伝えた」28件，「違う職員に代わってもらった」16件，「がまんした」59件，「冗談で返した」7件，「その他」18件，「その場を離れた」3件という結果が出た（表4-17）。

4 調査から明らかになったこと

(1) 傾向

　調査結果から，利用者からの言葉に傷ついた経験を持つ者が約5割，利用者の家族から発せられる言葉に傷ついた経験を持つ者が約6割いることがわかった。

　傷ついた言葉の分類では，利用者，利用者の家族の両方に多かったのは【受容の否定】であった。ケアマネジャーや主任ケアマネジャーのなかには，利用者やその家族よりも年齢が下だという理由で，「若いけど大丈夫なのか」「何の役にも立たない」などと言われたり，「何の用だ，帰れ」「顔も見たくない，帰れ」「ケアマネ変える」といった拒否的な態度をとられたケースもあった。

　高良［2007］は，「利用者と心が通じ合い，ケアマネジャーを受け入れる。このような利用者に関することに喜びを感じている」ことが，ケアマネジャーの仕事のやりがいに結びついていると述べている。そう考えると，利用者やその家族による【受容の否定】は，仕事への意欲を失わせる要因にもなると思われる。こうした状態が反復・継続されるなかで，ケアマネジャーや主任ケアマネジャーのストレスが蓄積され，バーンアウトに至る可能性もある。

　【受容の否定】のうち，「来るな」や「会いたくない」などの〈拒否的な言動を向けられる〉ことによる「傷つき」は，利用者の家族よりも，利用者自身からが多かった。これは【行為への疑惑】についても同様で，「あなたはウソつきだ」などの利用者からの不信の言葉もあった。

　反対に，利用者よりも利用者の家族からの言葉による傷つきが多かったのは，【不満の吐露】と【権利意識の固持】であった。この2つに共通するのは，介護保険で提供可能なサービスの範囲を超えた要求がなされ，応じられないことを伝えると，それが制度への不満となってあらわれることである。そこには「保険料を払っている」のだから，専門家として「できるようにすることが当然」であるという考え方がある。これは利用者自身よりも利用者の家族に多かった。

ケアマネジャーや主任ケアマネジャーは，利用者家族のこうした制度批判にどうしても敏感になるが，それが利用者からの【不満の吐露】を誘発してしまうケースも見られた。具体的には，「面接中に家族と話をしていると，利用者から，自分の話は聞いてくれないで家族の言うことばかり聞いていると言われた」ことである。

利用者とその家族から傷つくような言葉を聞いてどんな感情を抱いたかという設問では，利用者自身と利用者の家族とで違いが見られた。

利用者自身については「自己嫌悪」が最も多く，「相手にむかついた」，「強いなさけなさ」，「つらさ」がこれに続いた。傾向的には自責感情を強く持っていることがわかる。

利用者の家族については「無力感」が最も多く，「相手への不満」，「相手にむかついた」，「自己嫌悪」などがこれに続いた。ここでは自責感情と相手への怒りが入り混じっているようである。

(2) ケアマネジャー・主任ケアマネジャーと感情労働

利用者やその家族から傷つく言葉を発せられた調査対象者は，それでも自己の感情をコントロールしながら支援関係の維持に努めようとしていた。そして，言葉による傷つきにともなって生起した感情をコントロールするために，各自がみずからに見合った対処法を実践していた。

なかでも多かったのは「話を聞いた」と「理解してもらう説明をした」であり，理性的に自分の考えを伝えようとしているのがわかる。とくに利用者の家族に対しては，怒りを感じながらも表には出すまいと努力している様子がうかがえる。

二木［2010］は，介護労働は感情労働だと述べているが，その理由は，利用者理解や共感といった利用者と介護労働者の相互行為では多くの感情のやりとりがあり，そこで介護労働者は自己の感情を管理し，利用者の好ましい感情を引き出そうとしているからだとしている。本調査を通じて，ケアマネジャーや主任ケアマネジャーは，利用者とその家族とのコミュニケーションのなかで生起した負の感情をコントロールし，利用者やその家族に理性的な働きかけを行っていることが明らかになった。これら一連の行為は，ホックシールド

[1983] が提唱した感情労働に該当すると思われる。

　ケアマネジャーや主任ケアマネジャーの業務を感情労働と位置づけることで，ストレスやバーンアウトへの対策が新たな課題として浮上してくる。それは大きく分けて2つあると思われる。1つは，利用者とその家族の言葉による傷つきから立ち直るための事後対策，いま1つは，傷つきを可能な限り軽度にするための事前対策である。

　本章では，介護保険制度における在宅サービスの要とされるケアマネジャーと主任ケアマネジャーのコミュニケーション調査を取り上げた。利用者やその家族との関わりのなかで必須となるコミュニケーションによって，ケアマネジャーと主任ケアマネジャーが経験するストレスや「傷つき」の実態，感情コントロールの方法などをさぐった。本調査によって，ケアマネジャーと主任ケアマネジャーが感情労働を実践していることが明らかになった。そして，利用者やその家族との相互行為によって生起する自責の感情や怒りという感情をコントロールしながら，可能な限り理性的に業務を遂行していることがわかった。

　しかし，ケアマネジャーや主任ケアマネジャーが受ける精神的な傷つきがどれほどのストレスとなり，それがそのような過程でバーンアウトにつながるのか，また，ストレスの増大を防ぐためにどのような支援が必要なのかについては，十分に解明できなかった。これらは今後の課題である。

参考文献

アーリー・R.ホックシールド［1983］石川准・室伏亜希訳［2000］『管理される心　感情が商品になる時』世界思想社。
春日キスヨ［2001］『介護問題の社会学』岩波書店。
久保真人［2004］『バーンアウトの心理学　燃え尽き症候群とは』サイエンス社。
菅村佳美・鳴釜千津子・庄司和義ほか［2010］「居宅介護支援事業所の介護支援専門員からみた地域包括支援センターの現状と問題点の分析」『厚生の指標』57 (4), 27-31 頁。
高良麻子［2004］「介護支援専門員におけるバーンアウト——インタビュー調査を通して——」『東京家政学院大学紀要』44, 67-73 頁。
高良麻子［2007］「介護支援専門員におけるバーンアウトとその関連要因——自由記述による具体的把握を通して」『社会福祉学』第 48 巻 1 号, 104-116 頁。

二木　泉［2010］「認知症介護は困難か――介護職員の行う感情労働に焦点をあてて――」『社会科学ジャーナル』69頁。

望月宗一郎［2011］「地域包括支援センターの専門職にみられる職業性ストレス実態」『山梨県立大学看護学部紀要』第9巻2号，33-40頁。

第3章

第5章

ケアマネジャーと主任ケアマネジャーの精神的ストレス軽減のための支援体制

第5章　ケアマネジャーと主任ケアマネジャーの精神的ストレス軽減のための支援体制　173

第1節　居宅介護支援事業所における
　　　　精神的ストレス軽減のための支援体制

1　居宅介護支援事業所で起こる精神的ストレス

(1)　ヒューマンサービスとストレス，バーンアウトとの関連

　ヒューマンサービスは，顧客へサービスを提供し，その代償に報酬を得る職業の総称であり，福祉サービスもその一つとされている。アメリカで1970年代半ば以降，急速に発展してきた産業で，日本においてヒューマンサービスの需要が増してきた背景の一つに，社会構造や家族構造の変化がある。具体的には，多世代家族の同居女性が家事労働に従事したり，嫁が義理の親を介護したりといった日本特有の家族システムが崩壊し，地域社会における互助や共助のシステムが崩れ，家族機能を外部に頼らざるをえなくなったことである。これにともなって少子高齢化が進み，家族機能の代替システムとして，ヒューマンサービスの購入が一般化していった。

　ヒューマンサービスが発展する要因について久保［2004］は，人間関係の希薄さによって専門家依存が増え，「社会の個人主義化」が顕著になったことを挙げている。これに呼応して，供給側となるヒューマンサービス事業所も増加した。とくに，福祉領域におけるヒューマンサービスの急増は，2000年4月に施行された介護保険制度による介護保険サービス事業所の誕生によるところが大きい。

　また，ヒューマンサービス従事者にバーンアウトが多いことがフルーデンバーガー［1974］によって明らかにされ，日本でも1980年代に入って，土居ら［1988］が医療従事者や教育従事者を対象とした研究結果を報告している。

　ヒューマンサービス従事者がストレスやバーンアウトに至る要因には，従事

者の個人特性と職場環境が挙げられる。久保・田尾［1991］はバーンアウトと個人特性の関連に焦点をあてているが、これらの研究はまだ少ないのが現状である。その理由について久保［2004］は，ストレスの生成過程に個人差があることを強調すると，個人の心の弱さが問題にされることになり，従事者にさらなる精神的負担を強いることになり，望ましくない。したがって，まず優先されるべき対策は，職務や職場環境の改善であるとしている。

　介護保険サービス事業所は，現在，慢性的な人材不足にあり，従事者一人にかかる仕事の負担は増えている。これが恒常的に続くと，当然，ストレスやバーンアウトの要因になる。こうしたこともあり，介護サービス従事者のストレスやバーンアウトに関する研究は，今日までに多くの蓄積がある。ところが，ケアマネジャーについては，介護保険制度が施行されて15年近く経つ現在でも，他の対人援助職に比較すると少なく，とくに高良［2007］が指摘するように，ケアマネジャーに限定して，そのストレスやバーンアウトに至った要因を分析した調査は皆無に近いと言える。

(2)　スーパーバイザーとしての主任ケアマネジャー

　対人援助職は，利用者やその家族とのかかわりのなかで生じるストレスや，職場の人間関係が原因で生じるストレスなどを避けて通ることができない。井上［2005］は，「ケアマネジャーをサポートするシステムは，あくまでも基本はケアマネジャーに対するスーパーバイズに他ならない」と述べ，スーパーバイザーとしての主任ケアマネジャーの役割に言及している。

　介護保険制度の施行後，ケアマネジメントの中核を担うケアマネジャーの資質向上のためには，スーパーバイズの実施が重要だという議論がなされた[1]。ところが，主任ケアマネジャーをスーパーバイザー的存在と位置づけた国の当初の指針については，現在ではその運用が疑問視されている（遠藤［2009］，福田［2010］など）。

---

1)　地域包括支援センター創設に関する資料としては，厚生労働省「全国介護保険担当課長会議資料」（2004年9月14日），同省「全国介護保険担当課長会議資料」（2005年10月31日）がある。また，同省「第28回社会保障審議会介護給付費分科会資料」（2005年9月12日）には，地域包括支援センター設置に関する経過が記載されている。

2009年度からは，居宅介護支援事業所に主任ケアマネジャーを置いた場合，介護報酬が加算される[2] 特定事業所加算（Ⅱ）が創設されたが，それ以来，居宅介護支援事業所に主任ケアマネジャーが量産されることになった（環境新聞社［2009］）。

現在，主任ケアマネジャーは，地域包括支援センターと特定事業所加算のある居宅介護支援事業所にそれぞれ配置されている。地域包括支援センターは，管内のすべての居宅介護支援事業所に対するスーパーバイザーとしての役割を担っている。その際，スーパーバイジーとなるケアマネジャーの所属する事業所が，特定事業所加算を受けているか否かは問われない。一方，特定事業所加算のある居宅介護支援事業所では，事業所内でスーパーバイザーとスーパーバイジーという関係が成立し，事業所内でスーパービジョン体制が図られることになっている。

2 精神的ストレス対処行動特性調査

本調査を通じて，ケアマネジャーが利用者やその家族から受ける精神的ストレスにどう対処しているのかを，ケアマネジャー自身の語りを通じて明らかにし，対処行動の有効性について検討した。また，ケアマネジャーが精神的ストレスを抱えたとき，主任ケアマネジャーはどう対応しているのか，居宅介護支援事業所ではケアマネジャーの精神的ストレスを軽減するためにどんな対策をとっているのかも明らかにした。

本調査を実施するにあたり，特定事業所加算のある居宅介護支援事業所の管理者に対し，調査の趣旨を文書と口頭で説明したところ，1箇所の居宅介護支援事業所がケアマネジャー全員に対するインタビュー調査を承諾してくれた。調査は2010年3月9日に実施した。調査対象者には誓約書を作成し，面接時の会話の記録および録音，報告書・論文等公表時には施設名や個人名などの情報が特定されないよう守秘義務を遵守する旨を伝えた。また，面接中の質問に

---

2) 厚生労働省「第63回社会保障審議会介護給付費分科会議資料」（2008年12月26日）による。本書131頁の表4-1を参照。

対し回答を拒むことが可能であり，調査への参加についても途中で中止可能であることを口頭で説明した。面接前にこれらの内容について同意を得た後，署名のある同意書を受領した。

業務に支障のないよう1人30分程度のインタビューとした。インタビューでは，調査対象者の基本属性（年齢，ケアマネジャー歴，現在の役職，ケアマネジャーの基礎資格，前職歴）のほか，「利用者やその家族の言葉による精神的ストレスを感じたことがあるか」，「利用者やその家族の言葉による精神的ストレスを感じたときの対処法について」，「ケアマネジャーに対する支援体制について」をテーマに自由に語ってもらった。調査中は，インタビュアーが対象者の回答に対し必要に応じて質問や確認を行った。インタビュー内容はICレコーダーを使用して録音し，その後，5人のインタビュー内容をそれぞれ逐語化しデータとした。そのうえでデータにある協力者の語りの文脈に着目し，カテゴリーを作成したのち，各カテゴリー間の関係性を探索した。

3　居宅介護支援事業所における精神的ストレスと支援関係の現状

(1)　調査対象者の属性

調査対象者は全員女性で，年齢は36-46歳である。5人のうち2人は主任ケアマネジャー，3人はケアマネジャーである。ケアマネジャーの実務経験は1ヵ月-7年，基礎資格は，介護福祉士2人，准看護師，管理栄養士，歯科衛生士が各1人ずつであった。前の職歴は，訪問介護事業所や施設，医療機関と多彩であった（**表5-1**）。

(2)　どんな場面で精神的ストレスを感じたか

ケアマネジャーが利用者と関わりながらケアマネジメントを展開していく過程で，誰にストレスを感じたかを聞いたところ，【利用者にストレス】と【利用者家族にストレス】の2つに分かれた。

ケアマネジャーには，ケアプランを作成し，その内容を利用者側に説明して

表5-1 インタビュー対象者の属性

対象者	年齢	介護支援専門員歴	役職	介護支援専門員基礎資格	前職歴
A氏	36	1カ月	ケアマネジャー	介護福祉士	老人保健施設
B氏	40	2年	ケアマネジャー	介護福祉士	ヘルパー・サービス提供責任者
C氏	40	4年	ケアマネジャー	准看護師	病院
D氏	37	9年	主任ケアマネジャー	管理栄養士	療養型医療施設
E氏	46	7年	主任ケアマネジャー	歯科衛生士	歯科医院

出所：著者作成。

表5-2 ケアマネジャーが精神的ストレスを感じるときの場面

カテゴリー	コード／インタビューからの引用
利用者にストレス	「最初の段階で介護保険を理解していただいていない時の関わり」(C) 「独り暮らしで，認知症がある方とか，もう生活自体が分からないってなるんで直接「わからないじゃないの」とか，「どうしてくれるの」みたいなね」(D) 「気持の行き違い，何て言ったらいいのかな，認知症のある方」(E)
利用者家族にストレス	「前の方と比べられたり……あと……やっぱり協力的でない」(A) 「いつも立ち会ってくれている家族の想いとかあるんですけど，先に言ってしまったりとか，イライラしてくるのが見えてくる」(B) 「家族が思い込みが激しい人」(E)

注：記述内容は原文のまま掲載した。
出所：著者作成。

同意を得たり，毎月のモニタリングを利用者の居宅で行うことが義務づけられている。利用者がひとり暮らしであれば，本人の同意を得るために平易な説明が必要になるし，認知症を抱えている場合などは，やりとりの過程でいろいろと理不尽なことも言われかねない。また，同居する家族が利用者に代わって交渉相手となる場合は，ストレスの原因は利用者家族になる（表5-2）。

(3) 精神的ストレスにどう対処したか

ストレスを軽減するための手立てとしては，大きく4つのカテゴリーに分かれた。1つは【事業所内での相談】，2つめは【他事業所への相談】，3つめは【自分の家族の協力を得る】，4つめは【自己の経験にもとづく対処法】であった（表5-3）。

表5-3　ケアマネジャーが精神的ストレスを感じたときの対処法

カテゴリー	コード/インタビューからの引用
事業所内の相談	「ベテランさんに聞いてみたり」(A)　「同じ職場内で，困ったというときに耳傾ける仲間っていうか，部屋の中にいる方とか」(D)
他事業所へ相談	「提供事業所の責任者の方と一緒に行かせて頂いて，ご家族立会いのもとお話し合いを繰り返しする」(C)　「サービス事業者とか関係がだいぶ関係ができていて，ここはこう，あそこはこうとかね」(D)「外のケアマネとの関わり，すごく助言ももらえたし，勇気づけてももらえた」(E)
自分の家族の協力を得る	「家に持ち帰ってしまったり，夫に聞く」(D)　「ほんとに煮詰まってきたときには，夫にどっかに連れて行ってもらう」(E)
自己の経験にもとづく	「雰囲気でわかってきて」(B)　「「私も力になるかどうか分からないけど，こういう方がいたよ。」という話を持っていくと，意外と話題の切り替えにそれもなるんです」(B)　「必ず訪問して直接お話しするようにはしている」(C)　「安易に受けてしまわないことと，できないことはできないということで繰り返して伝えていく」(C)

注：記述内容は原文のまま掲載した。
出所：著者作成。

(4) 行き詰まったときは誰に相談するか

ストレスを感じて行き詰ったときに頼る相手としては，大きく4つのサブカテゴリーに分かれた。1つは【事業所内の介護支援専門員】，2つめは【事業所の主任ケアマネジャー】，3つめは【地域包括支援センターの主任ケアマネジャー】，4つめは【他の介護サービス事業所】と，ケースに応じて選択を行っていた（表5-4）。

(5) 主任ケアマネジャーとスーパーバイザー業務

居宅介護支援事業所の主任ケアマネジャーは，事業所内の他のケアマネジャーに対するスーパーバイザー的な存在として期待されている。しかし，現実にはさまざまな理由から，その期待に応えるのが困難な状況にあることがわかった。

1つは，主体的な力量（【主任としての力不足】），2つめ，3つめは時間的な制約（【業務に追われる】，【調整の必要性】）であった。とりわけ特定事業所加算のある事業所の場合，地域包括支援センターから「名指しでケアプランが来るの

第 5 章　ケアマネジャーと主任ケアマネジャーの精神的ストレス軽減のための支援体制　179

表 5-4　ケアマネジャーに対する支援体制の現状

カテゴリー	コード／インタビューからの引用
事業所内の介護支援専門員の存在	「一人ケアじゃなくて，二人ケアとかだと安心です。相談しか今はわからない」(A)　「自然に聞ける，聞き入れてお互いに連携するんですけども」(B)　「去年なんかは事例検討かいって形で，ちょっと自分たちが困った症例や，逆に上手くいった，大変だったけどこうしたらうまく行ったよというケースを，みんなで出し合って順番に，でいろいろ相談したり」(C)　「二人体制で，本当に大変なケースに関して，主のケアマネがいるんだけども，ちょっと一人サポートに入るって形で援助するってことをやったこともあります」(C)　「言いやすいというか，自分で抱え込まずに，「ちょっと今日こんなことがあって」話しやすい環境にあってて話ができやすい環境にありますね」(C)　「例えば自分が帰ってきて困ったというときにもう一人誰かがいたら，「ちょっと今日こんなことがあって」って相談しながら，いろいろアドバイスもらったりとか，ま，どの人とも結構，話をしやすい関係」(C)　「他のケアマネの困難なケースとか，しょっちゅう電話がかかってくるケースとかは，情報をもらったりとかミーティングのときにしている」(C)　「代わりに電話を受けたりしても，逆にちょっとサポートできたりするし，自分が休みのときにサポートしてもらったり，お互いに」(C)　「今だったら同じ職場内で，困ったというときに耳傾ける仲間っていうか，部屋の中にいる方とか」(D)
事業所の主任介護支援専門員の存在	「アドバイスもらえる機会がある」(C)
地域包括支援センターの主任介護支援専門員の存在	「難しいケースであれば，地域包括の主任介護支援専門員に話を聞いてもらう」(A)
他の介護サービス事業所の存在	「他のサービスもあるので，そういうところの責任者の方にも同席していただいたり」(C)　「自分と他のケアマネ誰とでもそういう話はできる関係にある」(C)　「サービス事業者とか関係がだいぶ関係ができていて，ここはこう，あそこはこうとかね」(D)

注：記述内容は原文のまま掲載した。
出所：著者作成。

でお断りできない，その断ることで後がつながってこない，紹介してもらえないと困るので，受けることが多くて (E)」とあるように，事業所の性格からくるものもあった (**表 5-5**)。

表5-5　主任ケアマネジャーがとらえるスーパーバイザー業務

カテゴリー	コード／インタビューからの引用
主任としての力不足	「ちょっとできないという思いが強くて」(D)　「ある程度自信も持たないと，こうで間違いない，言っても間違っていないという，自分のなかでね」(D)　「人にアドバイスするっていう面でやっぱちょと，その辺の自信はない」(D)　「まだ疑問があるようなこととかもいっぱいある。自分が経験したこととかでこうなったよといのは自信もって言えるかもしれないけどね」(D)　「できてないんじゃないんですかね。それは私の能力じゃないかなと思うんですけど」(E)
業務に追われる	「時間のなさ」(E)　「何か話ししたそうだなと思うこともあるけれども，何か業務に追われてそのままになっていることもある」(E)　「こちらからやっぱり話しかけてあげないといけないんじゃないのかなって思う」(E)
調整の必要性	「やっぱり業務量調節しないといけないなと思っている」(E)　「名指しでケアプランが来るのでお断りできない，その断ることで後がつながってこない，紹介してもらえないと困るので，受けることが多くて」(E)　「他の方に移そうと思ってもやっぱりだめ，納得してもらえない」(E)

注：記述内容は原文のまま掲載した。
出所：著者作成。

(6) 居宅主任ケアマネジャーからみた地域包括支援センター主任ケアマネジャーの存在

　居宅介護支援事業所のケアマネジャーは，地域包括支援センターの主任ケアマネジャーと日常的にどういう関係を結んでいるのかを聞いたところ，大きく2つにカテゴライズできた。1つは，困ったことがあると相談・支援を受ける関係（【活用型】），いま1つは，情報を提供したり，ケースについての共通理解を得る関係（【報告型】）であった（表5-6）。

　また，居宅介護支援事業者の主任ケアマネジャーは，地域包括支援センターの主任ケアマネジャーの存在をどう感じているのかを尋ねたところ，現場の状況がわかっていないなど【業務についての理解不足】，一つひとつ判断を仰ぎ，指示を受けなければならないために【仕事が煩雑化する】という回答があった。（表5-7）。

　同じ主任任ケアマネジャーであっても，関係のつくり方には難しさがあることがわかった。

表5-6 地域包括支援センター主任ケアマネジャーの存在

カテゴリー	コード／インタビューからの引用
活用型	「私の中では，包括の人はもう何年もしているから，その支援を何でも」(A)
報告型	「連携としてはなんか，地域での問題と言うか，一人暮らしのこういう方いるっていう方を知っといてもらおう意味で連絡したりするんですけど」(D) 「相談してもあまり何もしてくれない。それは主任ケアマネの研修の時いうてましたね。地域包括って言ったらそんな感じで」(D) 「地域の問題もあるんで，何かあったときには言っておかないとっていうのがねあるんで」(D) 「感覚として，困難ケースと言った時に結局は聞いてもらって「ま，聞くことしかできないですけど。」みたいなこと向こうも言って「それでいいと思いますよ。」みたいな感じで終わっちゃうんで，報告するだけみたいな感じにはなっています」(D) 「主任ケアマネや地域包括に対してこちらから何か相談していくってことはまだまだ難しいと思うんですね」(E)

注：記述内容は原文のまま掲載した。
出所：著者作成。

表5-7 居宅介護支援事業所の主任ケアマネジャーからみた地域包括支援センターの主任ケアマネジャーの位置づけ

カテゴリー	コード／インタビューからの引用
実態について理解不足	「現場に出てないから分からないんだろうと，正直思いますね」(D) 「現場を知らないんで，その頻回の訪問したりしないじゃないですか」(D) 「無理ですね」(E) 「全く介護がわかっていなかったり」(E) 「凄い支援困難ケースで，要支援で包括が持っていたケースが要介護になったので夫婦でお願いします。」って言ってくる」(E)
仕事が煩雑化する	「予防受けています。包括が入って面倒くさいということ…書類とかね，多いですね。一々自分で判断できないというかね，「こうなんですけど。」みたいに聞いたりね」(D) 「ほんとに大変なケースで，すごいクレーマーな家族で，あのもうほんとにしんどい，精神的にもしんどかった」(E) 「チームで支えて行くっていくことを横でサポートするのがその主任ケアマネの仕事であって，しんどいことを一人に押し付けるような援助するべきじゃないと思っていた」(E)

注：記述内容は原文のまま掲載した。
出所：著者作成。

4 ケアマネジャーと事業所とを支援する環境

以上のインタビュー調査にもとづいて各カテゴリー間の関係性をまとめたものが，図5-1である。

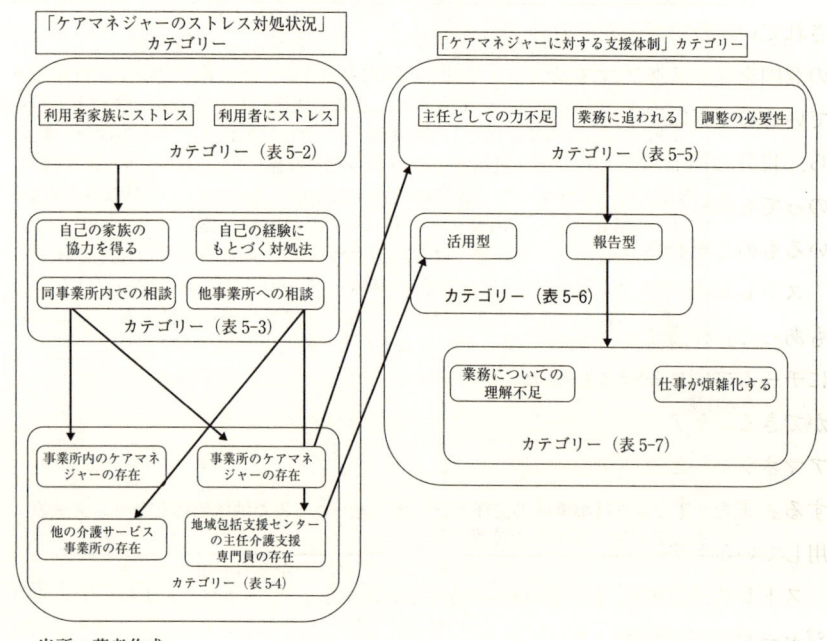

図5-1　ストレス対処状況と支援体制についての関係性

「ケアマネジャーのストレス対処状況」カテゴリー

- 利用者家族にストレス
- 利用者にストレス
  カテゴリー（表5-2）

- 自己の家族の協力を得る
- 自己の経験にもとづく対処法
- 同事業所内での相談
- 他事業所への相談
  カテゴリー（表5-3）

- 事業所内のケアマネジャーの存在
- 事業所のケアマネジャーの存在
- 他の介護サービス事業所の存在
- 地域包括支援センターの主任介護支援専門員の存在
  カテゴリー（表5-4）

「ケアマネジャーに対する支援体制」カテゴリー

- 主任としての力不足
- 業務に追われる
- 調整の必要性
  カテゴリー（表5-5）

- 活用型
- 報告型
  カテゴリー（表5-6）

- 業務についての理解不足
- 仕事が煩雑化する
  カテゴリー（表5-7）

出所：著者作成。

(1) 精神的ストレスへの対処行動の有効性

ケアマネジャーは，認知症高齢者の在宅生活を支えることを目的にしながら，マネジメント業務も滞りなく遂行していかなければならない。そのためには利用者の家族の都合を優先せざるをえず，その時間調整は容易ではない。仮にうまく調整がついたとしても，介護保険法上の帳票等への署名捺印を済ませるだけで終わってしまうことさえある。そのため，「利用者の思いを聞くことなくして利用者支援といえるのか。これでは家族支援ではないのか」という疑問にかられ，介護保険制度の理念でもある「利用者主体」のあり方について悩んでいる者も少なくない。

本調査の対象となったケアマネジャーは，利用者とその家族から受ける言葉によって精神的ストレスを感じながら仕事をしているが，未だ過重なストレスによってバーンアウトを引き起こすまでには至っていないことが明らかになっ

た。それは，一人ひとりのケアマネジャーを支える支援体制が事業者内に整備されているためだと思われる。この事業所では，主任ケアマネジャー創設当初の意図を守り，ケアマネジャーの質向上のためにスーパーバイザーが配置されているのである。そこでケアマネジャーは，事業所内の他のケアマネジャーから，自分と同じような場面におかれたときの対処法を教えられたり，相談にのってもらったりすることで，これまでどおり仕事を続けていくことができているものと思われる。

　ストレスの内容によっては，【他事業所へ相談】することで対処するケースもあった。介護サービスについては，利用者を支援する各分野の担当者とともにチームアプローチとしてかかわっていくなかで，ストレスを乗り越えることができる。ケアマネジャーとしてのキャリアを積んでくると，他の事業所のケアマネジャーと連携が図れるようになり，そこからアドバイスがもらえたりもする。また，【自己の経験にもとづく】対処法で，過去に有効だったものを採用しているケアマネジャーもいた。

　ストレス対処法に【自分の家族の協力を得る】を選択したのは主任ケアマネジャーだけだったが，これは立場上，部下であるケアマネジャーには相談できないためだと推察される。これに関連して川野［1988］は，メンタルヘルス対策で重要なのは情緒的支援者の存在であり，なかでも家族，とくに配偶者が好ましいとしている。

　所属する事業所によっては，主任ケアマネジャーにとってのスーパーバイザー的存在が見出せない場合もあると思われるが，本調査の対象となった居宅介護支援事業所の場合は，事業所内での縦と横の関係に支援体制の存在が認められた。

(2) スーパーバイザーとしての力量について

　本調査の対象となったケアマネジャーは，事業所の上司である主任ケアマネジャーをスーパーバイザーとして有効に活用し，同じ職階のケアマネジャー同士も協力しあって仕事をしていることがわかった。このように上司・同僚との関係が良好であれば，ケアマネジャーの事業所内での孤立化は避けられるし，バーンアウトも未然に防ぐことができる。

しかしそのためには，主任ケアマネジャーにスーパーバイザーとしての力量が必要になる。この点について，本調査の対象となった2人の主任ケアマネジャーは，人にアドバイスすることに自信がなく，【主任としての力不足】を自己の評価としている。スーパーバイザー的存在にふさわしい知識や技術を身につけるための継続的な研修が課題となるだろう。

(3) 主任ケアマネジャー間の関係について

居宅介護支援事業所の主任ケアマネジャーは，地域包括支援センターの主任ケアマネジャーをかなり厳しい目で見ていることが明らかになった。

居宅介護支援事業所の主任ケアマネジャーは，事業所内でケアマネジャーとしての長い経験を積んでいることから，地域に根ざした業務展開は誰にも負けないという自負がある。一方，地域包括支援センターの主任ケアマネジャーは，各地域の居宅介護支援事業所への連絡調整を中心業務としており，みずからケアマネジメントの現場に足を運ぶことはほとんどない。両者のこうした日常業務の違いが，【実態について理解不足】という評価になってあらわれたのだろう。

【仕事が煩雑化する】という点については，支援が困難なケースの委託要請や，地域包括支援センターの主任ケアマネジャーも参加したチームアプローチなどが挙げられる。居宅介護支援事業所の主任ケアマネジャーにとって，地域包括支援センターの主任ケアマネジャーは頼りにならないばかりか，自分のほうが利用者や地域のことを理解できているという自負もあると思われる。

地域包括支援センターは，居宅介護支援事業所に関する利用者への情報提供や，居宅介護支援事業所へのケース委託を主な業務にしている。その際，居宅介護支援事業所は，委託されたケースについても，地域包括支援センターに関与してもらいたいと考えている。ところが，本調査で明らかになったように，ケース委託後はすべてを居宅介護支援事業所に任せきりで，地域包括支援センターはいっさい手を引いてしまっていた。

地域包括支援センターの主任ケアマネジャーの業務に「ケアマネジャーへの指導，助言や関係機関との調整」がある。本調査の対象となった事業所の場合は，特定事業所加算のある居宅介護支援事業所であり，スーパーバイザー的ポ

ストが事業所内に整備されているため，地域包括支援センターの主任ケアマネジャーがスーパーバイザーとして関与する必要はなかった。したがって，地域包括支援センターの主任ケアマネジャーが行うスーパービジョンの対象は，特定事業所加算のない居宅介護支援事業所ということになる。

現行システムの問題点としては，スーパーバイジーが曖昧なことである。地域包括ケアシステムの構築に必要なチームアプローチを実践していくためにも，主任ケアマネジャー同士の良好な関係づくりが求められる。

(4) ケアマネジャーの精神的ストレス軽減策について

川島・青野［2008］によると，2006年度に静岡県で開催された主任ケアマネジャー研修では，6割以上の受講者が包括的・継続的ケアマネジメントを受講目的に挙げていたという。また，研修終了後の活動予定として，8割以上の受講者がケアマネジャーの質的向上に向けた支援（研修等の開催）を挙げ，のちの報告では，同じく8割以上が実際にそれに取り組んだといわれる。ところが，研修終了後の活動予定としてケアマネジャーに対する精神的支援を挙げたのは5％にも満たず，実際の活動報告でも6％にとどまった。このように，ケアマネジャーの質的向上には多くの主任ケアマネジャーが意欲的だが，こと精神的支援となると，まだまだ関心が低いことがうかがえる。

たとえば，本調査の対象となった居宅介護支援事業所では，ケアマネジャーは業務上の精神的ストレスを他者の力を借りることで乗り越えているが，地域包括支援センターの主任ケアマネジャーの関与のあとはうかがえない。居宅介護支援事業所の主任ケアマネジャーに対する精神的支援が，早急に制度として確立される必要がある。

第2節　ケアマネジャーとスーパービジョン

1　スーパービジョン関係に着目したアンケート調査

　第1節で紹介した調査から，ケアマネジャーは業務上の精神的ストレスを他者の力を借りて乗り越えていることが明らかになった。しかし，ストレスの克服に関わったのが地域包括支援センターの主任ケアマネジャーではなかったことも事実である。そこで本調査では，介護保険制度施行後の主任ケアマネジャーによるスーパービジョンの現状を明らかにするとともに，ケアマネジャーと主任ケアマネジャーの支援関係，ならびに地域包括支援センターの主任ケアマネジャーと特定事業所加算のある居宅介護支援事業所のケアマネジャーとの関係について検証してみたい。

(1)　調査対象

　本調査は，第4章で紹介した調査における対象者と同じであるが，制度上の複雑さから，特定事業所の指定を受けていない居宅介護支援事業所に勤務するケアマネジャー（以下，〈特定加算なしCM〉とする）を除外した。したがって調査対象者は，①特定事業所の指定を受けている居宅介護支援事業所に勤務するケアマネジャー（以下，〈特定加算ありCM〉とする）214名，②特定事業所の指定を受けている居宅介護支援事業所に勤務する主任ケアマネジャー（以下，〈特定加算あり主任CM〉とする）78名，③地域包括支援センター委託型に勤務する主任ケアマネジャー（以下，〈包括委託型主任CM〉とする）99名，④地域包括支援センター直営型に勤務する主任ケアマネジャー（以下，〈包括直営型主任CM〉とする）69名である。

　本調査は郵送による質問紙調査で，実施期間は2010年2月2日から26日である。実施にあたっては，調査対象となった事業所の管理と調査対象者に対し，

研究の目的と個人情報の守秘・匿名性を書面で説明し，倫理的配慮に万全を期した。回答があった対象者については，調査への同意が得られたものとし，調査協力者とした。

(2) 調査方法

対象者の基本属性は第4章と同じで，職種別にみた性別と年代，基礎資格，経験年数は表4-3，表4-4，表4-5，表4-6（本書138頁～140頁）を参照願いたい。

スーパービジョンに関する質問項目では，〈特定加算ありCM〉に対しては，スーパービジョンの認知度について「知っている」「知らない」の2件法，スーパービジョンを「受けている」「受けていない」の2件法，事業所内でスーパービジョンが「十分機能している」「十分ではないが機能している」「機能していない」の3件法でそれぞれ回答を求めた。

また，〈特定加算あり主任CM〉に対しては，事業所内でスーパービジョンが「十分機能している」「十分ではないが機能している」「機能していない」の3件法，国が指定した主任ケアマネジャー研修のなかのスーパービジョン研修に「十分満足」「まあまあ満足」「不満足」の3件法でそれぞれ回答を求め，「まあまあ満足」「不満足」については，自由記述によってその理由を尋ねた。

さらに，〈包括委託型主任CM〉と〈包括直営型主任CM〉については，居宅介護支援事業所のケアマネジャーに対するスーパービジョンが「十分機能している」「十分ではないが機能している」「機能していない」の3件法，国が指定した主任ケアマネジャー研修のなかのスーパービジョン研修に「十分満足」「まあまあ満足」「不満足」の3件法でそれぞれ回答を求め，「まあまあ満足」「不満足」については，自由記述によってその理由を尋ねた。

データは単純集計し，自由記述については，調査対象のグループごとに類似内容をカテゴリー化した。

2 スーパービジョンの実態

(1) 〈特定加算あり CM〉のスーパービジョン認知度と実施状況

特定事業所加算のある居宅介護支援事業所内で，スーパービジョンが認知されているかどうかを調査するため，スーパーバイジーの立場にある〈特定加算あり CM〉合計 214 名について分析した。

スーパービジョンを「知っている」は 197 名（92.1％），「知らない」は 13 名（6.0％）であった（表 5-8）。

特定事業所加算のある居宅介護支援事業所内のケアマネジャーの 214 名のうち，スーパービジョンを「受けている」のは 123 名（57.5％）であった（表 5-

表 5-8　基礎資格別にみた〈特定加算あり CM〉のスーパービジョン認知度　人（％）

介護支援専門員基礎資格	スーパービジョンの認知度			
	知っている	知らない	無記入	合計
保健師	1 (0.5)	0 (0.0)	0 (0.0)	1 (0.5)
看護師	31 (14.5)	2 (0.9)	1 (0.5)	34 (15.9)
准看護師	5 (2.3)	0 (0.0)	0 (0.0)	5 (2.3)
社会福祉士	15 (7.0)	0 (0.0)	0 (0.0)	15 (7.0)
介護福祉士	119 (55.6)	11 (5.1)	3 (1.4)	133 (62.1)
歯科衛生士	6 (2.8)	0 (0.0)	0 (0.0)	6 (2.8)
柔道整復師	1 (0.5)	0 (0.0)	0 (0.0)	1 (0.5)
管理栄養士	1 (0.5)	0 (0.0)	0 (0.0)	1 (0.5)
精神保健福祉士	2 (0.9)	0 (0.0)	0 (0.0)	2 (0.9)
その他	16 (7.5)	0 (0.0)	0 (0.0)	16 (7.5)
合計	197 (92.1)	13 (6.0)	4 (1.9)	214 (100.0)

出所：著者作成。

表 5-9　〈特定加算あり CM〉のスーパービジョン認知度と実施状況　人（％）

		スーパービジョンを受けているか			
		受けていない	受けている	無記入	合計
スーパービジョンの認知度	知っている	72 (33.6)	122 (57.0)	3 (1.4)	197 (92.1)
	知らない	10 (4.7)	1 (0.5)	2 (0.9)	13 (6.1)
	無記入	0 (0.0)	0 (0.0)	4 (1.9)	4 (1.9)
合計		82 (38.3)	123 (57.5)	9 (4.2)	214 (100)

出所：著者作成。

9)。

(2) スーパービジョンは機能しているのか

スーパービジョン関係において，スーパーバイジーのケアマネジャーと，スーパーバイザーの主任ケアマネジャーのそれぞれに対し，実際の業務においてスーパービジョンが機能していると考えているかどうかを尋ねた。その結果，「十分ではないが機能している」が242名（52.6％），「十分機能している」が62名（13.5％），「機能していない」が133名（28.9％）であった（表5-10）。

(3) 主任ケアマネジャーのスーパービジョン研修満足度

スーパービジョンを行う主任ケアマネジャーに対し，国が定めたスーパービジョン研修に満足しているかどうかを尋ねたところ，「まあまあ満足」が81名（32.9％），「不満足」が63名（25.6％），「十分満足」が53名（21.5％）であった（表5-11）。

表5-10 スーパービジョンは機能しているのか　　　人（％）

	十分機能している	十分ではないが機能している	機能していない	無記入	合計
特定加算あり CM	51 (11.1)	81 (17.6)	64 (13.9)	18 (3.9)	214 (46.5)
特定加算あり主任 CM	8 (1.7)	52 (11.3)	14 (3.0)	4 (0.9)	78 (17.0)
包括委託型主任 CM	2 (0.4)	60 (13.0)	37 (8.0)	0 (0.0)	99 (21.5)
包括直営型主任 CM	1 (0.2)	49 (10.7)	18 (3.9)	1 (0.2)	69 (15.0)
合計	62 (13.5)	242 (52.6)	133 (28.9)	23 (5.0)	460 (100)

出所：著者作成。

表5-11 主任 CM のスーパービジョン研修満足度　　　人（％）

	十分満足	まあまあ満足	不満足	無記入	合計
特定加算あり主任 CM	19 (7.7)	29 (11.8)	13 (5.3)	17 (6.9)	78 (31.7)
包括委託型主任 CM	16 (6.5)	34 (13.8)	31 (12.6)	18 (7.3)	99 (40.2)
包括直営型主任 CM	18 (7.3)	18 (7.3)	19 (7.7)	14 (5.7)	69 (28.0)
合計	53 (21.5)	81 (32.9)	63 (25.6)	49 (19.9)	246 (100)

出所：著者作成。

(4) スーパービジョン研修の満足度に関する自由記述

スーパービジョン研修の満足度に関する自由記述には，〈特定加算あり主任CM〉からは22件，〈包括委託型主任CM〉からは27件，〈包括直営型主任CM〉からは11件の記述があった。

スーパービジョン研修に「まあまあ満足」と答えた者の自由記述は表5-12のとおりであるが，ここではそれぞれについて【業務活用型】と【業務活用不安型】に分類している。すべての主任CMの【業務活用型】を合計すると16件あった。

【業務活用不安型】については，さらに【継続した学びの機会】，【研修内容】，【実践環境】，【実践のあり方】という4つのサブカテゴリーに分類した。このうち【継続した学びの機会】がないことを挙げた者は12件，【研修内容】を挙げた者は20件，【実践環境】を挙げた者は5件，【実践のあり方】を挙げた者は7件であった（表5-12）。

一方，スーパービジョン研修に「不満足」と答えたすべての主任ケアマネジャーの自由記述は表5-13のとおりであるが，ここではそれぞれについて5つのカテゴリーに分類した。【継続した学びの機会】が18件，【研修内容】が29件，【実践環境】が11件，【実践のあり方】が5件，【未受講】が10件であった。

(5) スーパービジョンの機能状況と研修の満足度

スーパーバイザーの立場にある主任ケアマネジャーが，みずからのスーパービジョンをどのようにとらえているのかを知るために，スーパービジョンが機能していると感じているかどうかと，研修に満足しているかどうかを尋ねてクロス集計したところ，自分が所属する事業所内におけるスーパービジョンは「十分ではないが機能している」と感じている者が最も多く，研修の満足度は「十分満足」「まあまあ満足」と感じている者の割合が半数を超えた（表5-14）。

(6) 主任ケアマネジャー間の業務上の連携に関する自由記述

主任ケアマネジャー同士の連携がどうなっているかを知るために，対象者に

表5−12 スーパービジョン研修に「まあまあ満足」と回答した人の自由記述

特定加算あり主任CM	業務活用型 (9)		研修は勉強になった。／生かすようにはしている。／研修を受講し勉強になった。／個々のケアマネの気づきを大切にする助言を心がけるようになった。／漠然と行ってきたものが，研修後は理論的に行えるようになった。／概ね内容が理解できた。／今まで機会をつくることも意識していなかった。／仕事への行き詰まりを感じることは多々あり，活用したいと感じることができた。／1事例をじっくり考えるので，気づかなかったことが見えてくる。
	業務活用不安型 (13)	継続した学びの機会 (5)	継続的に研修がない。／自己啓発意識の高い人は，継続の必要性を感じているが，機会が少ない。／物理的に深めることに壁がある。／続けて学ぶ場が欲しい。／終了後も継続した研修があったらよい。
		研修内容 (3)	相手に気づきを与えると教わったが，相手に「相談したことで支援されている」と感じてもらえるまで至るようには思えなかった。／一通りの研修は受けても，フォローアップには不十分。勉強になったが，修得できたかわからないのが残念。
		実践環境 (2)	レベルの上下がある。／各自の問題。
		実践のあり方 (3)	研修を受けるも，やはりその通りにはならない事が多い。／理論や技術を研修しても，実際行う際，できるかどうかはやってみないとわからない。／職場にスーパーバイザーがいない場合に，スーパーバイズの経験が乏しいことの穴埋めは難しい。
包括委託型主任CM	業務活用型 (3)		ケアマネより「相談して良かった」「相談しやすい」等の意見をいただいています。／地域の有志で毎月ピアスーパービジョンを実施し，仕事に活かしている。／毎月勉強会に参加している。
	業務活用不安型 (24)	継続した学びの機会 (7)	受講した時は満足度が高かったが，その後自己研鑽を積んでいないため，積み上げていくためのフォローアップ研修を繰り返してもらいたい。／研修は1回受けたから機能するものではなく，繰り返し，フォローアップされなけれながら研修していった方がよい。／何度も行う必要のある研修だと思う。／主任ケアマネ研修だけでなく，継続的に開催してほしい。／単発での研修だけでは身につかないと思う。／継続していく必要性があると思う。／継続的な研修が必要。
		研修内容 (13)	国で指定したスーパービジョン研修は少ない。／講師はとてもよかったが，時間が充分ではなかったので，機能していないと思う。／国で決められている時間数内では限界があることがわかるので，グループワークが少ないように感じる。／いささか，技術各論に走りすぎるきらいがある。／人が人の支援をするのだから，明確な答えがあるわけでもない。／事例検討によるディスカッションの時間が少なかった。／研修内容が，個別事例の問題解決策を考えるという視点からずれていることが多い。／主任介護支援専門員研修を受けただけ。その時は良かったが，継続して勉強ができていない。／もっとスーパービジョンについては研修を受けたいが，機会がない。／継続した研修がない。／1年に何回か定期的に受けたい。
		実践環境 (1)	現場ではなかなか活かせない。
		実践のあり方 (3)	研修内容については満足しているが，自信が持てない。／十分満足しているが，現場に活かすためには，さらなる自己努力が必要だと思う。／研修で得た知識を実践するのが難しい。

表5-12 スーパービジョン研修に「まあまあ満足」と回答した人の自由記述

包括直営型主任CM（7）	業務活用型（4）	いい研修を受けたからうまくできるというものではなく，常々の実践の中で研修で受けた内容に戻ってみることができている。／研修では自分の知らなかった支援方法を教えていただいた。／きっかけをつくってもらえた。／あとは自己研鑽が必要と思う。
	業務活用不安型	研修内容（4）	時間が不足していると思われるし，スキルアップの継続した研修がない。／研修を受講しただけでは技術は身につかない。／定期的なトレーニングが必要だと感じた。／できれば事例にもとづいた現場で起こり得る問題解決策等が多数あった方が良いと思う。
		実践環境（2）	研修内容をいかすことができていない。／研修はとてもわかりやすくて勉強になったが，実践するには時間がかかりすぎるため難しい。
		実践のあり方（1）	自分自身の不勉強のせいだと感じている。

注：（ ）内は記述数。記述内容は原文のまま掲載した。
出所：著者作成。

表5-13 スーパービジョン研修に「不満足」と回答した人の自由記述

特定加算あり主任CM	継続した学びの機会（2）	もっと勉強したい。／継続しなくて技術は習得できない。
	研修内容（3）	多い人数での研修では無理。／実際活用できるまでの内容ではない。／内容が薄い。
	実践環境（7）	何をしても効果がないと思う。／今までの検討・研修に慣れていて，スーパービジョン内容に戸惑いと理解できない。／職場に導入してもなかなかなじまない。／職場で実践できるまでの研修になっていない。／スーパービジョン研修をしても，事業所内でケアマネが受け付けない。／スーパービジョンができる環境作りができていない。／ゆっくり時間が取れない。
	未受講（3）	良くわからない。／スーパービジョン研修についてはよくわからない。／研修受けていない。
包括委託型主任CM	継続した学びの機会（8）	スーパービジョン研修の情報が充分流れてこない。／研修があっても参加できないことも多い。／忙しすぎて出席できない。／機会がない。／研修を受ける機会が少ない。／研修の機会が少ない。／定期的に学ぶ機会がないと身につかない。／研修のなかだけではなく，機会を設けてトレーニングしてほしい。
	研修内容（15）	体系的に学びができない。／体系的な研修になっていないように感じる。／面接，コーチングしかない。／技術，ノウハウばかりでなく，引き出すための時間の使い方を理解する必要がある。／いつも同じような内容でマンネリ化している。／専門的に学習できなかった。／概念の説明だけという気がする。／時間が短かったので，具体的なテクニックを学ぶことは，個人の努力になってしまっている。／回数を多くし，内容をより具体的に。／回数が少なすぎる。／広い部屋で人数の多い中，指導者の数が少なく，時間も短いため，グループ実習をしても身につかない気がする。／継続的研修が必要であるし，研修内容も人事管理，困難事例など多彩なメニューが必要と思う。／講師自身が「この程度の研修で活用するのは危険なのでやめてください」と話していたことから，スーパービジョンに関する嫌悪感を持ってしまった。／難しい内容であった。／講師のレベルの低さが不満。

第5章 ケアマネジャーと主任ケアマネジャーの精神的ストレス軽減のための支援体制 193

表5-13 スーパービジョン研修に「不満足」と回答した人の自由記述

包括委託型主任CM	実践環境（3）	他の業務が多く，十分に相談にのることができない。／スーパーバイズできるまでになっていない。／スーパービジョンするための，される経験は，研修だけでは不十分だと思われる。
	実践のあり方（2）	主任ケアマネに対してのスーパービジョンの体制が必要。／本来，スーパービジョン関係は，バイジーが認めた人との間に成立するものではないか。
	未受講（5）	国でどのように指定しているのかわからない。／受けたことがない。／言葉からして浮いている。／実感がない。／まだ研修しておらず，実際スーパービジョンに対しても自信も十分でないと思う。
包括直営型主任CM	継続した学びの機会（8）	継続的な研修の機会がなく，自分自身ケアマネに対して行えない。／トレーニングが必要なことだが，その機会が少ない。／研修のみでその後のフォローがない。／主任ケアマネの養成研修で一度受けたが，その後の継続した研修がない。／自己研修するしかない現状。／1回限りの研修のため，継続又は再研修の場が欲しい。／一度の研修では不十分。／力量アップのための定期的な研修必要。
	研修内容（11）	研修の講師による。／主任ケアマネとして，どのようにスーパービジョンしていくのかまで修得ができない，理論ばかり。／自信がない。／主任介護支援研修したのみなので，実践するところまで行っていない。マニュアルがあればいいと思う。／スーパービジョンを学ぶ期間も短く，また，スーパービジョンの研修そのものの内容についても，もう少し丁寧にしてもらわないと，力がつかないと思う。／もっと少人数で個々に考える時間と，いろいろな立場を経験できると良かった。／開催回数が少ない。／研修回数が少なくて充分でなかった。／時間不足。／論理的に不十分であるため。
	実践環境（1）	一度学習しても，なかなか実践には結び付きにくいことが多く，自らの学習意欲はあるものの，より実践へ生かすための学習の場がない。
	実践のあり方（3）	責任が重く相談するところがない。／経験を積んでも，その方法が良いか悪いかわからない。／そして，実践の方法がみつからないまま，別の特別研修が行われ，主任ケアマネの必要性はなくなりつつある。
	未受講（2）	スーパービジョン研修を受けたことがない。／受講していない。

注：（ ）内は記述数。記述内容は原文のまま掲載した。
出所：著者作成。

表5-14 主任ケアマネジャーに聞いたスーパービジョンの機能状況と研修の満足度

	国のスーパービジョン研修の満足度				人（％）
	十分満足	まあまあ満足	不満足	無記入	合計
十分機能している	4 (1.6)	2 (0.8)	2 (0.8)	3 (1.2)	11 (4.5)
十分ではないが機能している	38 (15.4)	63 (25.6)	32 (13.0)	28 (11.4)	161 (65.4)
機能していない	11 (4.5)	16 (6.5)	29 (11.8)	13 (5.3)	69 (28.0)
無記入	0 (0.0)	0 (0.0)	0 (0.0)	5 (2.0)	5 (2.0)
合計	53 (21.5)	81 (32.9)	63 (25.6)	49 (19.9)	246 (100)

出所：著者作成。

表5-15 主任ケアマネジャー間の業務上の連携に関する自由記述

業務上の連携	積極的現状（件・%）									
	会議	研修	虐待	困難	事例	相談	情報	訪問	報告	予防	今後
特定加算あり主任CMからみた包括直営型主任CMとの連携	7 (8.1)	2 (2.3)	5 (5.8)	25 (29.1)	1 (1.2)	9 (10.5)	5 (5.8)	1 (1.2)	2 (2.3)	6 (7.0)	0 (0.0)
包括委託型主任CMからみた特定加算あり主任CMとの連携	6 (6.9)	7 (8.0)	1 (1.1)	8 (9.2)	6 (6.9)	9 (10.3)	1 (1.1)	1 (1.1)	3 (3.4)	1 (1.1)	6 (6.9)
包括直営型主任CMからみた特定加算あり主任CMとの連携	9 (13.4)	12 (17.9)	0 (0.0)	10 (14.9)	4 (6.0)	9 (13.4)	4 (6.0)	1 (1.5)	1 (1.5)	1 (1.5)	3 (4.5)

業務上の連携	消極的現状（件・%）				合計
	課題	困惑	不十分	その他	(件・%)
特定加算あり主任CMからみた包括直営型主任CMとの連携	7 (8.1)	0 (0.0)	5 (5.8)	11 (12.8)	86 (100)
包括委託型主任CMからみた特定加算あり主任CMとの連携	28 (32.2)	2 (2.3)	5 (5.7)	3 (3.4)	87 (100)
包括直営型主任CMからみた特定加算あり主任CMとの連携	11 (16.4)	2 (3.0)	0 (0.0)	0 (0.0)	67 (100)

出所：著者作成。

自由記述を求めた。地域包括支援センターの主任ケアマネジャーとの連携について，居宅介護支援事業所の主任ケアマネジャーはどう思っているかの記述は86件あった。また一方で，居宅介護支援事業所の主任ケアマネジャーとの連携について，地域包括支援センターの主任ケアマネジャーはどう思っているのかの記述も寄せられた。具体的には，〈包括委託型主任CM〉からみた〈特定加算あり主任CM〉との連携については87件，〈包括直営型主任CM〉からみた〈特定加算あり主任CM〉との連携については67件の記述があった（表5-15）。

それぞれの自由記述を【積極的現状】【消極的現状】の2つのカテゴリーに分類したうえで，【積極的現状】はさらに11のサブカテゴリーに，【消極的現状】は4つのサブカテゴリーに分類した（表5-16，表5-17，表5-18）。

第5章 ケアマネジャーと主任ケアマネジャーの精神的ストレス軽減のための支援体制 195

表5-16 〈特定加算あり主任CM〉からみた地域包括支援センター主任CMとの連携

カテゴリー	サブカテゴリー	記述内容
積極的現状	会議(7)	包括主催の会議に出席している。／地域ケア会議。／地域ケア会議の出席。／地域支援会議の出席。／地域ケア会議に出席依頼。／主任ケアマネ連絡会をとおして連携を図っている。／連絡会。
	研修(2)	包括主催の研修会参加。／定期の研修会。
	虐待(5)	虐待,認知症の事例。／虐待ケースの相談。／虐待事例に相当すると感じられるケースを報告するのみ。／虐待等の困難ケースで相談し,一緒に行政に相談に行ってもらったりしている。／虐待ケースなどの情報共有。
	困難(25)	困難事例のとき相談する。／処遇困難事例への関わりで,相談,同行訪問など連携している。／事例困難な場合相談する。／困難ケースのアドバイス。／困難ケースの相談。／困難事例の相談。／困難事例について随時相談している。／困難事例の相談。／困難事例に対する相談。／困難事例の相談を通じ,連絡調整を取っている。／困難ケースについての相談。／日常的に困難事例の相談に行っている。／困難事例等の相談。／困難事例等。／権利擁護や困難事例。／困難事例。／支援困難ケースで解決できないときは相談にのってもらっている。／対応が難しいケースを報告し,対応を相談する。／困難事例の相談。／困難ケースへの対応,相談。／困難ケースの相談等。／困難事例の相談。／支援困難ケースで解決では,連絡を取り,同行してもらう。／新規の困難ケースの紹介を受ける。／介護保険サービスでは対応しきれないとき。
	事例(1)	事例検討会打ち合わせ。
	相談(9)	相談。／連携が必要と判断した時に,相談連絡。／相談と報告。／ケース相談。／地域の問題がある場合相談する。／日頃からケースごとに話し合いをしている。／事業所だけで解決しないケースの相談。／施設入所希望者。／ケースの見守り。
	情報(5)	地域資源の情報提供。／地域民生委員やその他の機関との橋渡し。／情報共有と対応。／利用者の情報提供。／情報の共有及び必要に応じて同行訪問。
	訪問(1)	同行訪問。
	報告(2)	状態報告・訪問,状況確認,報告などして連携とっている。／一応,報告。
	予防(6)	予防に対しての情報を得ている。／要支援⇔要介護の認定での情報共有。／予防介護。／要介護から要支援移行者の引き継ぎ。／新規依頼の相談。／利用者の紹介等。
	今後(0)	─────

表5-16 〈特定加算あり主任CM〉からみた地域包括支援センター主任CMとの連携

カテゴリー	サブカテゴリー	記述内容
消極的現状	課題 (7)	ほとんど連携していない。機能していない。特ない（他に4件）。
	困惑 (0)	
	不十分 (5)	なかなか図れない。／連携はあまりとられていない。／充分な連携はとっていない（他2件）。
	その他（実態）(11)	上下関係になっている。／ケースのことなどで支援を依頼することはほとんどない。／あまり役に立たない。／こちらが相談することはない（経験は私の方があるため）。／実際に相談をしても対応等がないため，現在はしていない。／ほとんど動かないので当てにしていない。／相談をしても机上の空論のようなもので，積極的に一緒に考えようという態度はうかがえないので，あまり相談できない。／困難事例時，報告〜相談するが解決に至る助言はない。／困難ケースについて相談，連携を図っているが，アドバイスなどなく，ケースを伝えるのみの様である。／事業所のケアマネはケアマネ同志，地域包括の主任ケアマネは何処の現場にも顔を出しません。／連携も取れない状況です。包括の主任ケアマネの意味や必要性はどこにあるのでしょうか。

注：( ) は記述数。記述内容は原文のまま掲載した。
出所：著者作成。

表5-17 〈包括委託型主任CM〉からみた〈特定加算あり主任CM〉との連携

カテゴリー	サブカテゴリー	記述内容
積極的現状	会議 (6)	ケアマネ協議会で顔合わせして，お互い知り合いの中で対処という関わりをしている。／介護支援専門員連絡会の役員となてもらい，連絡会の年間計画を一緒に考えてもらている。／定期的に介護支援専門員の連絡会開催。／2ヶ月に1度，会議を実施して，情報・意見交換をしている。／連絡会開催時，グループリーダー（司会）を依頼している。／連絡会内容の意見をうかがったり，その時のグループワークなどでは，リーダー的存在になってもらっている。
	研修 (7)	年数回ケアマネに向けての研修会を開催している。／勉強会等の協力など。／包括支援センターの主任ケアマネが市内の主任ケアマネと連絡会を持ち，研修会，事例研究会を開催し，ケアマネへ参加をしてもらい連携をとるようにしている。／全員での学習会・研修会。／地区の介護支援専門員連絡会をとおして，研修の企画を一緒に行ったり，保険者との意見交換の場を設定したりしている。／年間計画の立案に主任ケアマネが参加し，介護支援専門員の研修を行って連携を図る。／協働して行事を行っている。
	虐待 (1)	虐待ケースの検討。
	困難 (8)	困難ケースの検討。／困難ケースについての検討会議。／困難事例に対しての助言や，定期的な会議を開催している。／困難事例を相談する。／困難事例への対応，相談。／困難事例の相談を受けているが，担当者会議等参加で顔の見えるようにしている。／困難事例の介護支援を依頼している。／困難ケースの情報交換。

表5-17 〈包括委託型主任CM〉からみた〈特定加算あり主任CM〉との連携

カテゴリー	サブカテゴリー	記述内容
積極的現状	事例（6）	事例研究会を年5〜6回開催し，介護支援専門員のスキルアップのための連携を取っている。/事例検討時，事例の提供を依頼するときがある。/主催の事例検討会内での交流。/事例検討会。/月1回の地域ケア検討会への参加を促し，ケアマネが抱えている事例課題に対して，情や対応方法等共有できるよう心がけている。/毎週，カンファレンス，会議で事例を検討している。
	相談（9）	特定事業所加算を算定していなくても，主任ケアマネを取得した方々に，利用者の支援について相談している。/個別相談。/相談にのり進める。/必要があれば，意見交換ができるようになっている。/主任ケアマネのいる事業所のケアマネが，包括に相談されることがたまにある。/クレームなど，相談を受け一緒に対応を考える。/何らかの相談がある場合のみコンタクトを取っている。/連携をしているわけではないが，問題等について，機会があると話をしている。/相談があったときに対応。
	情報（1）	業務においての情報共有。
	訪問（1）	一緒に同行訪問している。同行訪問しての相談。
	支援（3）	経験の浅い介護支援専門員に対してのフォロー。/内容問わず，とにかく話をするようにして，お互いに声をかけやすい関係づくりが構築できるように意識している。/地域には，同法人の居宅介護支援事業所しかなく，常に連携を取り対応している。
	他職（1）	行政への働きかけ。
	今後（6）	連絡会をもち，今後，勉強会等の開催をしていく予定。/今後，研修会への協力依頼を考えている。/どのように連携していくか，今後話し合っていく予定。/これから連携を取っていきたい。/今後働きかけていかなければならないという課題になっている。/定期に介護支援専門員の連絡会はありますが，特別「主任ケアマネ」との連携の機会は持っていません。今後の課題です。
消極的現状	課題（28）	どのような連携を図ってよいか課題。/具体的な連携が見えていない。特別な連携は図っていない。/スタートしたばかりで，連携は図っていない。/特段，その立場としては連携を図っていない。/特定事業所が地域になく，連携を図るに至っていない。/連携までは行っていない（他21件）。
	困惑（2）	困難ケースを担当してもらったが難しい。/主任ケアマネ自身が抱えているケースの問題解決できず，包括が支援している状況。
	不十分（5）	包括主催の事例検討会への協力依頼をしているが，まだ，十分な連携が図れているとは言えない状況。あまり連携が図られていないと思う。/十分な連携がとれていない。/特別に業務上の連携を図ることは少ない。/居宅介護支援事業所が独自に，主任ケアマネを中心にケースカンファレンスをおこなっている所があり，包括としての支援はあまりとっていない。/包括主任ケアマネとして適切なケアマネ支援が行えていない。

表5-17 〈包括委託型主任CM〉からみた〈特定加算あり主任CM〉との連携

カテゴリー	サブカテゴリー	記述内容
消極的現状	その他（無情報）(3)	個人情報の関係で，誰が主任ケアマネになっているかわからないため，分かっている方と年3回の地域のケアマネ交流会などで事例検討の司会などをお願いしている。／どこに主任ケアマネがいて，特定事業所なのか情報がなく，連携はとれていない。／どこに主任ケアマネがいるのか情報がなく，連携はとれていない。

注：( )は記述数。記述内容は原文のまま掲載した。
出所：著者作成。

表5-18 〈包括直営型CM〉からみた〈特定加算あり主任CM〉との連携

カテゴリー	サブカテゴリー	記述内容
積極的現状	会議(9)	主任ケアマネ連絡会で意見交換会，ケアマネ研修会の意見を聞く。／定期的に連絡会を開催。／主任ケアマネ連絡会を開催している。／ネットワーク会議や地域ケア会議の開催。年2回連絡会をもち，話しあう場をつくっている。／定期的に主催している「地域居宅介護支援事業所連絡協議会」で意見を聞く。／地域包括支援センター内に設置してある介護支援専門員連絡協議会の中で連携を図っている。／ケアマネ協議会の企画委員として主任ケアマネが参加していることが多い。／地域の中でケアマネ連絡会を定期的に開催している。／主任介護支援専門員との連携ではなく，地域の介護支援専門員との情報交換会を2～3か月ごとに開催し，その時々に学習（消費者被害のことや，生活保護についてなど）をしている。
	研修(12)	定期絵に勉強会を開催。／定期的に研修会を開催している。／研修会の開催。／主任介護支援専門員部会を定期的に開き，マニュアルや事例集を作成している。／スーパービジョンのバイザーとして協力依頼。／市内のケアマネ研修会に協力を依頼し，グループワークなどに入ってもらっている。／講師としても活躍していただいた。／主任ケアマネの資質向上につながる研修案内，情報提供をしている。／包括の主任ケアマネ部会で企画運営する研修等をケアマネ協と共催という形で協力を得ることが多い。／主任介護支援専門員連絡会において研修を行っている。／新人ケアマネ研修をどのような形で行っていくかを話し合った。／介護支援専門員の質の向上のために，研修を行っている。
	虐待(0)	
	困難(10)	困難事例への支援。／困難事例への対応。／対応困難事例については，その対応方法の検討。／現在，特に行っているものはないが，困難ケースに関しては，積極的に関わってもらうよう要請している。／随時，困難ケース等について相談を受けたり同行訪問をしている。／個々の困難事例対応を一緒に対応している。／困難事例の協力依頼。／支援困難ケースに対して，協働的な関与を図っている。／困難ケースや困ったときに相談できる体制をとっているので，事業所から相談してもらっている。／困難事例等は，一緒に検討して支援に関わっている。

第5章 ケアマネジャーと主任ケアマネジャーの精神的ストレス軽減のための支援体制　199

表5-18　〈包括直営型CM〉からみた〈特定加算あり主任CM〉との連携

カテゴリー	サブカテゴリー	記述内容
積極的現状	事例（4）	事例検討など月1回行っている。／事例提出等の協力をいただいており，連携を図っている。／特例的なサービス利用に対する介護給付についての検討。／地域包括では，居宅の主任介護支援専門員とスーパーバイズ能力を高めるための事例検討会を開催している。
	相談（9）	相談があれば同行訪問をしている。／法令に関する相談やアドバイス。／相談があれば対応しているのみ。／適宜相談を受けたり，情報交換を行っている。／必要時に協力体制や支援ができるように心がけている。／主任ケアマネからの支援者支援に関する相談を受けている。／事業所内の研修や相談体制がとられるように居宅会議棟では話を出して，他の事業所の実際を紹介したりする。／当市内ケアマネジャー連絡会での相談・支援。／主任ケアマネに関係なく対応している。
	情報（4）	主任介護支援専門員連絡会において情報交換を行っている。／情報交換やカンファレンス。／必要な時の情報交換や連絡をとる。／居宅介護支援事業所情報交換会で連携を図っている。
	支援（1）	人材育成や精神面の支援を事業所内で図っていく。
	他職（1）	他職種への連携。
	事業（1）	来年度から実施予定の介護給付適正化事業として行う，ケアプランチェックに向け，チェックする立場に主任介護支援専門員に協力を求め，連携を図るきっかけ作りを目指している。
	今後（3）	今年になって受講者が多くなっている。／想定した場合，スーパーバイザー的な機能を果たすため，要所で介護支援専門員の仕事ぶり，対処の仕方などを観察し，立場の確立を図るよう各機関と関わっていくことが望ましい。／今年度からなのでまだその連携の仕組みができていないが，定期的な連絡会みたいな形で，情報交換や共通の課題などについて話し合い，それに対する取り組みなどを行っていきたいと思っている。現在はない。今後については検討中。
消極的現状	課題(11)	まだ市内には人数が少ないため，連携は図っていない。／特定事業所が地域になく，連携を図るに至っていない（他9件）
	困惑（2）	困難事例は主任ケママネが行うという意識が強いようで，それも負担である。／図らず，とれない。
	不十分（0）	＿＿＿＿＿
	その他（0）	＿＿＿＿＿

注：（　）は記述数。記述内容は原文のまま掲載した。
出所：著者作成。

(7) 主任ケアマネジャー間の連携について感じていること

主任ケアマネジャー同士の連携について当事者たちはどう感じているかを，自由に記述してもらった（表5-19，表5-20，表5-21）。

地域包括支援センターの主任ケアマネジャーとの連携について，居宅介護支援事業所の主任ケアマネジャーはどう感じているかの記述は55件あった。また，〈特定加算あり主任CM〉との連携について，〈包括委託型主任CM〉はどう感じているかの記述は44件，〈特定加算あり主任CM〉との連携について，〈包括直営型主任CM〉はどう感じているかの記述は33件あった。

さらに，自由記述を主任ケアマネジャーごとに【満足】【制度上の課題】【個人の力量】【改善案】という4つのサブカテゴリーに分類したところ，【満足】

表5-19 居宅介護支援事業所の主任ケアマネジャーが地域包括支援センターの主任ケアマネジャーとの連携について感じたこと

カテゴリー	サブカテゴリー	記述内容
満足(4)	頼れる存在(4)	会議の開催も多数あり，相談しやすい雰囲気である。／上手につきあえている。／適切な助言をいただき助けられている。／大変連携が取りやすく，頼りがいがある。
制度上の課題(28)	立場の違い(4)	スタートが同じケアマネでも上下関係となり，無理が生じている。／公的立場を背景にしていることを理解していない人もいる。／市職員なので，お役所仕事。／遠い存在に感じる。
	業務内容の違い(6)	個人情報保護のためか，積極的な情報提供がない。／地域を支えるべく，先方から連携を取ろうという姿勢もうかがえない。／包括の仕組みが，主任ケアマネに仕切られているようで，連携が取りにくい。／実際にケアプランを作成していないので，制度の変更等に気づいていない。／予防の視点は持っているが，介護の利用者支援を知らないと思う。／包括の意味が把握されていない状況で，保険者も理解していないような気がする。
	業務の多忙さ(12)	多忙で不在のことが多く，タイムリーな相談ができにくい。／予防プランにかかりきりで，本来しなければいけないことは全くできていない。／忙しく時間がとりにくい。／業務が大変そうでゆっくり話を聞いてもらう時間がなさそう。／一緒に関わって欲しいと言っても，忙しいと言われ，その対応に不満がある。／どこに相談していいかわからない。／いつも忙しそうで話しづらい。／互いに忙しく，なかなかコミュニケートが難しい。／忙しすぎて連携を図るまでは行かない。／自分の仕事だけでいっぱいの様であるため，相談できる体制が整ていない。／相手も忙しいため，どんな相談にも乗ってくれるわけではない。／忙しくて相談したりできない。

表5-19 居宅介護支援事業所の主任ケアマネジャーが地域包括支援センターの主任ケアマネジャーとの連携について感じたこと

カテゴリー	サブカテゴリー	記述内容
個人の力量 (21)	心理的評価 (6)	ここの包括に相談しても・・・と思ってしまうところがある。／包括によっては連携しにくいところもある。／事業所内や同業者と相談することが多く，地域内での信頼度が低いように思う。／事業所の訴えがないと動いてもらえないときがある。／特に包括の主任介護支援専門員のとは連携を取っていない。／ケアマネの相談機能として使われていない。
	期待はずれ (9)	自分の事として感じてもらえているようには見えないことがある。／相談にのっていただいても，同聴だけで，適切なアドバイスはない。／助言を受けることがない。／具体て相談をしても，特に対応策が想定内のことが多い。／もっとアドバイス求めた時受け入れてほしい。／人それぞれで，相談を控えることの方が多い。／困難事例の相談をしても，ケアマネがついているからと相談にのることをためらっている。／ある程度切羽詰まったケースでないと相談しにくい。／相談した時に，的外れな解答が返ってきた。
	価値観の押し付け (3)	どのように問題解決しようかと相談に行くと，「ケアマネを他の事業所に変更したら？」とすぐにいわれる。／長い年月かけて信頼関係を構築したのに，簡単に関係が切れる問題ではないといつも思う。／訴えた人の言い分ばかりでなく，関係者双方の意見を公平に聞いて欲しいと思う。
	ケアマネ支援の差 (9)	相談しても結局は自分が頑張らなければいけないことに気づき，疲れてしまうこともある。／経験があるため，逆に包括から相談される立場になる。／認識の違い。／地域のケアマネにも目を向けて欲しい。／力量が違う。／包括支援センターがいくつかあるが，センターにより，ケアマネに対する支援の力量の差を強く感じる。／経験不足を感じる。／個々の能力，個性も異なるので，ある程度は思うように進まなくても仕方がないと思っている。／専門の訓練を受けて，一緒にやれるようになって欲しい。
改善案 (2)	今後の方向性 (2)	連絡会等を通じて，意見を出し合って，システム化作りをして行ってはどうかと思う。／地域包括も困難ケースを相談されて，どう対応するかマニュアルがないのではないか？

注：( )内は記述数。記述内容は原文のまま掲載した。
出所：著者作成。

表 5-20 〈包括委託型主任 CM〉が〈特定加算あり主任 CM〉との連携について感じたこと

カテゴリー	サブカテゴリー	記述内容
満足(3)	頼れる存在(3)	年に数回,連絡会を持つことで,お互い情報交換ができて良いと思う。/依頼をすれば協力してくれることがわかった。/制度の理解等,専門的な部分を教えてもらってる。
制度上の課題(23)	立場の違い(3)	包括の主任ケアマネでは,介護情報が少ない。/事業所の主任ケアマネの方が,情報をたくさん持っているので,連携作りも難しいと感じている。/特定事業所加算のある主任介護支援専門員の役割について周知されていない。
	業務内容の違い(5)	居宅に所属する主任ケアマネも,それぞれに母体法人,母体事業所の方針を持っていますので,状況によっては方向性が違うようなときは連携の難しさを感じます。/方向性が異なっているので,特にない。/誰が主任介護支援専門員かわからない。/どこに主任ケアマネがいて,特定事業所なのか情報がなく,情報が欲しい。/連携を図る前に,どこに主任介護支援専門員がいるかわからない。
	業務の多忙さ(8)	日々の業務にとられ,連携が充分でないと思っている。/今後の課題である。/もっと連携を図り,事業所個々の質の向上ができるように話し合いをしたいが,知己の介護支援専門員が忙しく,いまひとつ連携が深められない。/事業所内での支援は実施しても,他事業所のケアマネ支援までは至っていない。/多数の主任ケアマネが誕生しているので,横のつながりをつくり,利用者への良質なケアプラン調整が一定レベル以上に,どのケアマネも行えるようなサポート研修をしなければならないと思うが,具体的な準備や形作りのノウハウがないので,何もしていないのと同じ。/連携は図れていない。/まだ積極的な活動がなされていない。/まだ皆よくわかっていない。
	心理的評価(7)	問題が起きた際の相談援助が主になるが,ほとんどが加算には関係ない。/キャリアで介護支援専門員の支援が可能とは思えないとの意見もあり,この主任ケアマネ育成を問い直す必要があると思います。/包括主任ケアマネには役割があるが,居宅主任ケアマネには役割をもつ義務がないため,自覚のない方が多い。/自主的に連携を持ちかけてくるような居宅の主任ケアマネでないと,加算だけのための主任だろうと感じる。/自分が主任ケアマネという自覚をもって業務に当たっているのか,意識調査したいと思っています。/単に5年以上の経験者というのが,受講した方の認識です。/特定事業所の主任介護支援専門員の方が,しっかりしているなあと思います。
個人の力量(6)	期待はずれ(4)	特定主任ケアマネには,主任ケアマネとしての意識がないと思う。/困難ケースや仕事に行き詰まりがあっても居宅の事業所内で解決に至っているのか,沢山の相談はない。/主任ケアマネの力量により対応を考えていかないと,相手の方が経験がある場合,自分の考えを持っているので,連携がうまくとれないこともある。/包括から居宅の主任ケアマネに困難事例をお願いしても,「忙しい」「困難事例をこれ以上受けられない」と断られることが多いのが現状である。かえって,介護支援専門員の方が,ケースに積極性がみられるように感じます。
	ケアマネ支援の差(2)	個人差(能力差?)があり,連携を積極的にとってくれるところとそうでないところがある。/各事業所の主任介護支援専門員の顔合わせができるような機会を持ちたい。

第5章 ケアマネジャーと主任ケアマネジャーの精神的ストレス軽減のための支援体制　203

表5-20 〈包括委託型主任CM〉が〈特定加算あり主任CM〉との連携について感じたこと

カテゴリー	サブカテゴリー	記述内容
改善案(12)	継続した取り組み(3)	現場の課題を共有して，支援していく。／お互いの研鑽や情報の共有，専門の研修等を継続していければいい。／適性テスト「自己評価と分析」の継続。
	今後の方向性(9)	事例検討など，一緒に開催していけると良い。／お互いの役割を確認し，連携を図っていかなければいけないと思う。／お互いの資質向上を図るうえでも，ネットワークづくりが必要である。／相談しやすいように，連携を取っていきたい。／地域ごとの連携が必要と感じる。／今後は町内の主任ケアマネに，ケアプラン点検事業で協力をいただきたく計画中。／介護支援専門員の対人援助技術指導。／特定事業所との主任ケアマネとの連携の必要性を感じている。／主任ケアマネ連絡会など，地域で発足し活動できれば，横の連携もうまく取れるようになると思う。

注：( )内は記述数。記述内容は原文のまま掲載した。
出所：著者作成。

表5-21 〈包括直営型主任CM〉が〈特定加算ありCM〉との連携について感じたこと

カテゴリー	サブカテゴリー	記述内容
制度上の課題(17)	立場の違い(1)	特定事業所と地域包括では，主任ケアマネのすべき業務が違う。
	業務内容の違い(3)	地域包括の主任ケアマネは，事業所の主任家マネからスーパービジョンを求められるが，地域包括の主任ケアマネはスーパービジョンを求める相手がいない。／誰が主任介護支援専門員なのか情報がない。／個人的にやり取りするなかで知っている程度。
	業務の多忙さ(4)	事業所の仕事のみで，ケアマネ支援をすることができないと思う。／加算にともなう書類整備に時間がとられている。／居宅介護支援事業所の主任介護支援専門員は，業務多忙のため，介護支援専門員の支援まで手が届かない。／各々，主任ケアマネとしてのみの業務を行っているわけではなく，難しい。

表5-21 〈包括直営型主任CM〉が〈特定加算ありCM〉との連携について感じたこと

カテゴリー	サブカテゴリー	記述内容
個人の力量 (3)	心理的評価 (9)	役割の明確さがない。／特定事業所加算をとるがための主任ケアマネの取得ということになっており，包括で事例検討会を開催して主任ケアマネに呼びかけても，ごく一部の主任ケアマネが参加していないのが現状である。／加算のための資格であって，業務には関係ないと思う。(2)／お互いの力の向上にもならないと考える。／包括の制度自体に疑問を持っております。／現在まだ研修のため，まだ事業所の主任ケアマネも十分な活動はできていない状況だと考える。／直営の地域包括にいるが，小さな町であり，高齢者福祉から保険・予防給付を含めた包括の仕事を行っています。
	期待はずれ (2)	自ら解決されておられるのかわからない。／特定事業所の主任介護支援専門員からの相談はほとんどない。
	ケアマネ支援の差 (1)	スキル面について一定ではなく，特に介護系の場合，レベルの高低が著しい。
改善案 (13)	継続した取り組み (4)	常に連携を図り，相談できるようにコミュニケーション作りが大切であると思っている。／経験は自分の方が少ないが，立場上支援を行う場合もあり，上から目線の支援委ならないよう注意している。／ケアマネはここで行動し判断し悩む人が多いので，ストレスに早く気付くために，常に声掛けをして連携をとり，必要なときにはいつでも相談にのる環境が必要。／居宅介護支援事業所の主任介護支援専門員も相談に来られることがある。
	今後の方向性 (9)	お互いの時間調整が難しい部分もあるが，定期的な交流の場（情報交換）があると良いと思う。／模索中である。／相談窓口として相談しやすい雰囲気作りをし，困難事例への協働対応や情報交換を行い，地域や関係機関とのネットワーク作りを共に行っていければと思う。／研修内容の検討や事例検討会の事前打ち合わせなど，積極的に会議に参加してもらう。／いずれは，自主的にケアマネ部会を立ち上げて，介護支援専門員の質の向上につなげたい。／困難事例など事業所内で充分な検討をし，介護支援専門員が向上できるよう各機関間との連携を図り，問題解決に向けて欲しい。／連絡協議会等の立ち上げで，包括と特定事業所のCM等連携深めてゆけると良いのではと思われる。／今後一緒に活動していけることを楽しみに期待している。／その立場の主任ケアマネに対する支援が，包括の主任ケアマネにもあると，このアンケートをとおして今気づきました。

注：（ ）内は記述数。記述内容は原文のまま掲載した。
出所：著者作成。

は7件,【制度上の課題】は68件,【個人の力量】は30件,【改善案】は27件あった。

3 スーパービジョン関係構築のために

(1) スーパービジョンの実施状況

1) スーパーバイザーとしての実践環境

　特定事業所加算のある居宅介護支援事業所では,主任ケアマネジャーの配置が加算要件となっている。したがって,当該事業所内ではスーパービジョンを行う人的体制が整備されている必要がある。しかし,本調査によると,〈特定加算ありCM〉の82名(38.3%)がスーパービジョンを「受けていない」と回答している。このことから,2つのことが推測できる。1つは,事業所内のスーパーバイジーであるケアマネジャーの資質が高いために,スーパービジョンが必要ない場合である。そしていま1つは,事業所内にスーパービジョンを実施できる体制が整っていない場合である。

　スーパービジョン研修に関する自由記述カテゴリーのうち【実践環境】については,〈特定加算あり主任CM〉による「レベルの上下がある」(表5-12)や「職場で実践できるまでの研修になっていない」(表5-13)などの記述,〈包括委託型主任CM〉による「現場ではなかなか活かせない」(表5-12)や「スーパーバイズできるまでになっていない」(表5-13)などの記述,〈包括直営型主任CM〉による「研修はとてもわかりやすくて勉強になったが,実践するには時間がかかりすぎるため難しい」(表5-12)などの記述があった。これらから,スーパービジョンを実践するための条件づくりや,スーパーバイザーとしての実践力のアップが課題になると思われる。

　また,同じ自由記述のうち【実践のあり方】については,〈特定加算あり主任CM〉による「職場にスーパーバイザーがいない場合に,スーパーバイズの経験が乏しいことの穴埋めは難しい」(表5-12)という記述や,〈包括委託型主任CM〉による「研修内容については満足しているが,自信が持てない」(表5-12)や「主任ケアマネに対してのスーパービジョンの体制が必要」(表5-

13）などの記述，〈包括直営型主任CM〉による「自分自身の不勉強のせいだと感じている」(表5-12)や「責任が重く相談するところがない」(表5-13)などの記述があった。これらから，【継続した学びの機会】が少ないことや【研修内容】に対する不満とも関わって，スーパーバイザーとしての実践環境が十分に整っていないことがわかる。

2) 学びと実践との関係

さらに，スーパービジョンが事業所内で「十分機能している」「十分ではないが機能している」と回答した者で，研修に「十分満足」「まあまあ満足」と答えた者は107名（43.4％）であった（表5-14）。このことからも，研修内容の満足度とスーパービジョンの機能度との間には深い関係があることがわかる。

主任ケアマネジャーの所属別にみると，地域包括支援センターの主任ケアマネジャーたちは，約半数が研修内容に満足しているが，実践レベルにおいては【業務活用不安型】が多いことが明らかになった。このことは，スーパービジョンの実践場面が，居宅介護支援事業所の主任ケアマネジャーのような事業所内ではなく，事業所外にあるためだと思われる。

(2) スーパーバイザー育成の課題

居宅介護支援事業所の主任ケアマネジャーは，本来のケアマネジャーの業務の他に，新たに組織内のスーパーバイザーとしての業務を担うことになった。つまり，主任ケアマネジャーは，これまでどおりケアマネジャーとしての業務を担当しながら，同時にスーパービジョンも行わなければならないのである。これは地域包括支援センターの主任ケアマネジャーについても同様である。スーパービジョンを身につけるための研修はあるものの，それが実践に結びつくものになっていないことは，本調査における【研修内容】についての自由記述からも明らかであった。

また，制度上の対応を急ぐあまり，ケアマネジャーの意識が追いついていかなかったという経緯もある。その結果，主任ケアマネジャーになった者は，じつは自分のスーパーバイザーを必要としているのだと気づいたのである。このことは，ケアマネジャーになる際の基礎資格とも関係がある。つまり，ケアマ

ネジャーの基礎資格として挙げられる専門職のなかで，スーパービジョンが確立されている領域は少なく，主任ケアマネジャーになるまではスーパーバイジーの立場におかれたことすらない者も多いということである。したがって，慣れないスーパービジョンがストレスを生み，バーンアウトの危険性まで指摘されたのである。

(3) 2箇所に存在するスーパーバイザーの問題

2009年9月16日に東京都社会福祉協議会センター部会が行った「主任ケアマネジャーの養成等に関する提言」のなかに，「地域包括支援センターの主任ケアマネジャーと居宅介護支援事業所の主任ケアマネジャーの役割を明らかにすること」という文言がある。

主任ケアマネジャーの養成研修は，地域包括支援センターと居宅介護支援事業所において共通の内容で実施されている。特定事業所加算のある居宅介護支援事業所の主任ケアマネジャーは，事業所内のリーダー的存在として，事業所内のケアマネジャーへのスーパービジョンを行い，地域包括支援センターの主任ケアマネジャーは，地域包括ケアにおけるリーダー的存在として，所管内ケアマネジャーへのスーパービジョンを行うことになっている。しかし，居宅介護支援事業所のケアマネジャーからみると，自分が所属する事業所と地域包括支援センターの2箇所にスーパーバイザーが存在することになる。そうなると，自分が所属する事業所の主任ケアマネジャーではなく，地域包括支援センターの主任ケアマネジャーをスーパーバイザーとして選ぶことも理論上認められることになる。このような場合，福山［2005］が述べるスーパービジョンの概念――「専門職の業務全般の遂行をバックアップするための職場の確認作業体制」――に沿わなくなるばかりか，特定事業所加算のある居宅介護支援事業所の組織運営に支障をきたすおそれも出てくる。東京都社会福祉協議会センター部会が指摘するように，主任ケアマネジャーがスーパービジョンの対象とするケアマネジャーについて，明確にする必要があるだろう。

(4) ケアマネジャー養成課程とスーパービジョンの重要性

介護保険制度上，主任ケアマネジャーはスーパーバイザー的な役割を担って

いるが，実態としては多くの不安要素があることがわかった。それは主任ケアマネジャーになるために受講する研修の問題と関連している。実践に結びつくような履修内容と継続的な研修が求められる。

中田［2008］は，わが国では福祉援助職者にスーパービジョンは必要不可欠であると述べている。一方，ケアマネジャーになるための基礎資格である看護師や歯科衛生士等の養成課程には，スーパービジョンという言葉すら見当たらないと指摘している。ケアマネジャーになる前の職種によって，スーパービジョンが馴染みのあるものかそうでないかの差が生じてしまっている。そのため，主任ケアマネジャーとなっても，スーパービジョンを受けた経験がないなかで，スーパーバイザーとしてスーパービジョンを展開することに抵抗を感じてしまうものと思われる。本調査は，そのことを裏づけるものなった。基礎資格取得までの教育課程，専門職としての業務遂行過程で，体験をとおしてスーパービジョンについて学んでいくことがぜひとも必要だろう。

(5) スーパービジョンを実践するための連携課題

居宅介護支援事業所の主任ケアマネジャーと，地域包括支援センターの主任ケアマネジャーでは，スーパービジョンの実施の仕方に違いがある。このことは，【制度上の課題】として記述された内容に表れている（表5-9）。

地域包括支援センターでは，利用者に対する介護予防ケアプランは作成するが，要介護者のケアプランは作成していない。しかし，要介護者の困難ケースについては，地域包括支援センターの主任ケアマネジャーが，居宅介護支援事業所のケアマネジャーのスーパーバイザー的役割を担うこともある。その場合，まず居宅介護支援事業所の主任ケアマネジャーが事業内でスーパービジョンを展開し，そこで解決が難しい場合，セカンドオピニオン的な立場から，地域包括支援センターの主任ケアマネジャーがスーパーバイザーとして関与する形が，より効果的だと思われる。

ところが現状では，主任ケアマネジャーの多くが担当業務に追われ，スーパービジョンを意識してはいても，実際に動くことには難しさを感じている。したがって，たとえば地域包括支援センターの主任ケアマネジャーであれば，特定加算のない居宅介護支援事業所のケアマネジャーだけをスーパービジョン

の対象にするという，棲み分けの方法も可能ではないだろうか。ただ，この方法では，居宅介護支援事業所の主任ケアマネジャーが自由記述で指摘していた「主任ケアマネはスーパービジョンを求める相手がいない」という問題を解決することはできない。

いずれにせよ，主任ケアマネジャーが行うスーパービジョンは，ケアマネジャーのスーパーバイザー的な役割である。これを遂行できるようにするためには，自由記述に示された【研修内容】の改善，【継続した学びの機会】の保障がぜひとも必要になると思われる。

主任ケアマネジャー制度は創設されてまだ歴史が浅いことから，改善・補強すべきところは少なくない。また，地域包括ケアの考え方を実践していくためには，事業所を超えた職種間連携も，利用者支援の重要な要素となる。

本調査を通じて，制度と実践のはざまで悩み，もがいている主任ケアマネジャーの姿が浮かび上がった。しかし，スーパービジョンがケアマネジャーにどのような効果をもたらし，それが利用者支援にどう生かされているのかについては明らかにできていない。この点は，今後検証が必要になってくるだろう。

第3節　支援体制の現状

1　主任ケアマネジャーへのインタビュー調査

(1)　調査対象

第2節では特定事業所加算のある居宅介護支援事業所における支援体制の現状を明らかにしたが，本調査は第2節で紹介した調査結果をもとに，主任ケアマネジャーに焦点を絞り，主任ケアマネジャー同士の関係性や業務実態を明ら

かにしたい。

特定事業所加算のある居宅介護支援事業所の主任ケアマネジャーへの調査は2010年3月に，地域包括支援センターの委託型と直営型の主任ケアマネジャーへの調査は2011年9月に，それぞれ実施した。

調査対象者は，特定事業所加算のある居宅介護支援事業所で主任ケアマネジャーとして勤務しているA氏（30代，主任ケアマネジャー歴約1年）とB氏（40代，主任ケアマネジャー歴約1年），地域包括支援センターの委託型で主任ケアマネジャーとして勤務しているC氏（30代，主任ケアマネジャー歴約1年），地域包括支援センターの直営型で主任ケアマネジャーとして勤務しているD氏（30代，主任ケアマネジャー歴約5年）の計4人で，全員女性である。

(2) 調査内容

本調査の趣旨と内容について，調査先の管理者に対し口頭で説明した。管理者の了承を得たのちに，調査対象者に対し研究の趣旨と内容を説明し，調査への協力については任意であること，データの公表にあたっては個人が特定されないこと，研究目的以外の使用はしないことを口頭で伝えた。また，話したくないことについては拒否してもよい旨も伝えた。

なお，ICレコーダーへの録音の是非について尋ねたところ，同意・協力が得られたのは特定事業所加算のある居宅介護支援事業所の主任ケアマネジャーのみであった。地域包括支援センターの委託型の主任ケアマネジャーと，地域包括支援センターの直営型の主任ケアマネジャーについては，筆記によって聞き取りを行った。

調査方法は，1人30～45分程度の半構造化インタビューであった。内容は，①「現在の自分について，スーパーバイザーとしての実践ができていると思うか」，②「①のように思う背景は何か」，③「②について改善する必要があるとすれば何か」，④「自分はケアマネジャーから，どのようにとらえられていると考えているか」，⑤「主任ケアマネジャーという職種に対して思うこと」の5点で，それぞれについて自由に語ってもらった。また調査中，インタビューアーが対象者の回答に対し，必要に応じて質問や確認を行った。

分析にあたってA氏とB氏については，インタビュー内容をそれぞれ逐語

化し，データとした。C氏とD氏については，インタビュアーによる記録内容をもとに，可能な限り文字化し，データとした。その結果をサブカテゴリーごとに取りまとめ，上位概念としてカテゴリーを作成した。その後，サブカテゴリー間の関係性の探索を行った。

2　主任ケアマネジャーの本音

　調査対象者4人のデータを，居宅介護支援事業所の主任ケアマネジャーと地域包括支援センターの主任ケアマネジャーの2つに分け，共通する内容をまとめた。その結果，【スーパーバイザー的存在としての現状】と【職種・組織としての連携の在り方】の2つのカテゴリーと，【スーパーバイザーとしての実践状況】【実践状況の思いの背景】【背景から見る改善の必要点】【関係性の現状】【関係性への期待】の5つのサブカテゴリーに分類できた（表5-22）。

(1)　スーパービジョンの実施状況と改善点

実践状況について
　居宅介護支援事業所の主任ケアマネジャーは，事業所内のケアマネジャーに対するスーパービジョンは「出来ていないんじゃないかな」と感じており，「出来ないのは自分の能力のせい」であると，現状と自己の能力を関連づけていた。地域包括支援センターの主任ケアマネジャーは，「スーパーバイジーに気付きを起こさせる支援が出来ない」などを理由に，「スーパービジョンはやれていない」としていた。
　結論として，両組織の主任ケアマネジャーは，ともにスーパービジョンが行えていないことが明らかとなった。

実践できない理由について
　居宅介護支援事業所の主任ケアマネジャーは，スーパービジョンが行えていない理由として，「自分が経験した事だったら自信持って言える」が，経験したことのない内容をケアマネジャーから持ち込まれると「その辺の自信はない」こと，スーパービジョンを行うための「時間が無い」ことを挙げている。

表5-22 スーパービジョン，業務連携をめぐる主任ケアマネジャー間の認識比較

カテゴリー	サブカテゴリー	居宅介護支援事業所主任ケアマネジャー	地域包括支援センター主任ケアマネジャー
スーパーバイザー的存在としての現状	①スーパーバイザーとしての実践状況	・出来ていないという思いが強い・そこまで出来ていない・出来ていないんじゃないかな・出来ないのは自分の能力のせい	・スーパービジョンは自信が無い・スーパーバイジーに気付きを起こさせる支援が出来ない・スーパービジョンはやれていない・スーパービジョンはやれていない・どんな風に指導，助言できるか分からない
	②実践状況の思いの背景	・その辺の自信はない・まだ疑問があるようなことがいっぱいある・自分が経験した事だったら自信持って言えるけど・時間が無い	・センター長のところに行く・特定加算事業所の主任が中心となり困難事例に支援を行っている・独立に行っている状況・介護予防プランの作成が主たる仕事で，主任ケアマネジャーの本来の仕事がやれない・振り返りの出来ない多忙な状況
	③背景から見る改善の必要点	・相談されるというよりはこちらから先に声を掛けなければいけないのでは・主任ケアマネジャーとしての業務量の軽減・調節・ケースの量を抑える・業務に追われそのままになっている	・地域包括に言っても分からないという思いを持たれている・地域包括として関わることが多くない・スーパーバイザーの研修の不足・主任ケアマネジャー研修におけるスーパーバイザーに対する時間や内容の不足・事例検討会を開催し加算事業所の主任には事業内のケアマネジャーを支援してくれることを期待・どのようにしてスーパービジョンを行うか，自分の知識や技術不足・民間委託すると保険者として地域の現状が見えなくなってしまう・三業種の確保が困難になる
職種・組織としての連携のあり方	④関係性の現状	・包括の主任ケアマネジャーは現場に出ていないから分からないのだろう。正直みな思っている・現場を知らない，頻回の訪問をしない・包括の主任とは連絡は取っていない・困難ケースは聞くこともできない・相談しても余り何もしてくれない・何かあると困るため言ってだけはおく・報告をするだけになっている・聞いても経験年数が違っている	・経験年数が少なく自分には求めてこない・自分の役割についての意識が薄い

表5-22　スーパービジョン，業務連携をめぐる主任ケアマネジャー間の認識比較

カテゴリー	サブカテゴリー	居宅介護支援事業所主任ケアマネジャー	地域包括支援センター主任ケアマネジャー
	⑤関係性への期待	・ケースの紹介，相談はしてるが密な連絡は無理だと思う・しんどい仕事を一人に押しつけてしまうようなそういう動きしか取れない主任ケアマネや地域包括に対し，こちらから相談することはまだまだ難しい	・包括と居宅支援事業所の連携が取れる体制を図る・地域包括支援センターと居宅介護支援事業所の関係は理解できない。もっと分かりやすい位置づけであれば良い

注：記述内容は原文のまま掲載した。
出所：著者作成。

地域包括支援センターの主任ケアマネジャーは，「介護予防プランの作成が主たる仕事で，主任ケアマネジャーの本来の仕事がやれない」ことや，「振り返りの出来ない多忙な状況」にあることを挙げている。

両組織の主任ケアマネジャーは，スーパービジョンのための時間の確保や，スーパービジョンの方法論を課題として挙げている。

改善策について

スーパービジョン的な実践を行うために必要なこととして，居宅介護支援事業所の主任ケアマネジャーは「業務量の軽減・調節」を挙げ，なかでも主任ケアマネジャーが担当する「ケースの量を抑える」べきだとしている。また，スーパーバイザーであるからには，「相談されるというよりはこちらから先に声を掛けなければいけないのではないか」とも考えている。

地域包括支援センターの主任ケアマネジャーは，「自分の知識や技術不足」を挙げ，それは「スーパーバイザーの研修の不足」が大きく関係していると指摘している。そして，ケアマネジャーには「地域包括に言っても分からないという思いを持たれている」ことから，「地域包括として関わることが多くない」という新たな問題も生まれている。地域包括支援センターの主任ケアマネジャーは，居宅介護支援事業所の主任ケアマネジャーに対して，「事例検討会を開催し加算事業所の主任には事業内のケアマネジャーを支援してくれることを期待」しているものの，「民間委託すると保険者として地域の現状が見えなくなってしまう」ことは，地域包括支援センターとしてあってはならないこと

だと考えている。しかし，直営として地域包括支援センターを運営していく点については，設置基準として規定されている「三業種の確保[3]」が困難になる」ことからジレンマを抱えていた。

両組織の主任ケアマネジャーはともに，主任ケアマネジャーとしてスーパーバイズできるようになるためには，業務の多忙さを改善することが必要であると考えていた。

(2) 職種・組織としての連携のあり方

関係性の現状

居宅介護支援事業所の主任ケアマネジャーは，地域包括支援センターの主任ケアマネジャーとの関係をどう思っているのか，また逆に，地域包括支援センターの主任ケアマネジャーは，居宅介護支援事業所の主任ケアマネジャーとの関係をどう思っているのかを尋ねた。

居宅介護支援事業所の主任ケアマネジャーは，地域包括支援センターの主任ケアマネジャーについて，「包括の主任ケアマネジャーは現場に出ていないから分からないのだろう」，「聞いても経験年数が違っている」から「相談しても余り何もしてくれない」と感じている。その結果，地域包括支援センターの主任ケアマネジャーに対しては，「何かあると困るため言ってだけはおく」，「報告をするだけになっている」という関係にあり，「包括の主任とは連絡は取っていない」とも言っている。

一方，地域包括支援センターの主任ケアマネジャーは，居宅介護支援事業所の主任ケアマネジャーについて，「経験年数が少なく自分には求めてこない」と述べている。また，居宅介護支援事業所の主任ケアマネジャーは，「自分の役割についての意識が薄い」と感じており，主任ケアマネジャーとしてよりケアマネジャーとしての業務が中心となっていると述べている。

関係性への期待

---

3) 厚生労働省「第37回社会保障審議会介護給付費分科会資料」(2005年12月13日)において，従来の在宅介護支援センターと，新たに創設される地域包括支援センターの相違が示された。

それでは，居宅介護支援事業所と地域包括支援センターの主任ケアマネジャーは，両者がどのような関係にあることを望んでいるのだろうか。

居宅介護支援事業所の主任ケアマネジャーは，「ケースの紹介，相談はしてるが密な連絡は無理だと思う」，「しんどい仕事を一人に押しつけてしまうようなそういう動きしか取れない主任ケアマネや地域包括に対し，こちらから相談することはまだまだ難しい」と述べている。

一方，地域包括支援センターの主任ケアマネジャーは，居宅介護支援事業所に対して「包括と居宅支援事業所の連携が取れる体制を図る」ことを期待し，現状では「地域包括支援センターと居宅介護支援事業所の関係は理解できない。もっと分かりやすい位置づけであれば良い」と言う。

このように，居宅介護支援事業所の主任ケアマネジャーと地域包括支援センターの主任ケアマネジャーの間では，関係性への期待にかなり明確な違いが見られた。

3 スーパーバイザーとしての役割をどう担うか

(1) 主任ケアマネジャーの本務

2でみたように，居宅介護支援事業所の主任ケアマネジャーと，地域包括支援センターの主任ケアマネジャーはともに，自分たちはケアマネジャーに対するスーパービジョンが実践できていないと感じていた。その理由としては，それまでの職歴で，スーパーバイジーやスーパーバイザーの経験がなかったことが挙げられる。また，主任ケアマネジャーの実務研修を受講しても，現状では職歴上の未経験な部分を補うに足る内容になっておらず，受講時間数も保障されていない。しかし本調査によって，スーパービジョンの方法を充分理解できる研修と現場での実践機会が保障されれば，主任ケアマネジャーに求められるスーパーバイザー業務ができると考えていることもわかった。

ところが現実には，主任ケアマネジャーの本務はスーパービジョンではなく，介護サービス計画（ケアプラン）の作成にある。介護保険法によると，ケアマネジャー1人が受け持つケアプランの数は35件とされており，それをやりな

がら同時にスーパーバイザー業務もこなすのには無理がある。ケアマネジャーの支援のためにスーパービジョンの時間を確保するには，自分が担当するケース数を減らす以外にないのである。

これは地域包括支援センターの主任ケアマネジャーも同様で，地域包括支援センターの全体業務をこなしながら，地域のケアマネジャーへの支援を行うのであるから，スーパービジョンの時間を確保するには，業務量を調整しなければとうてい不可能である。

(2) 主任ケアマネジャーの関与の仕方

本調査では，地域包括支援センターの主任ケアマネジャーと居宅介護支援事業所の主任ケアマネジャーの役割の違いは明確にならなかった。ただし，居宅介護支援事業所の主任ケアマネジャーには，地域包括支援センターの主任ケアマネジャーに対する期待感が薄いことが明らかになった。そして，そこには主任ケアマネジャーの職務が大きく関係していた。地域包括支援センターの主任ケアマネジャーは通常のケアマネジャーと異なり，要介護ケアプランを作成していないため，実情を理解したうえでのスーパーバイズはできないと判断されていること，人事異動でケアマネジャーとしての経験の浅い者が地域包括支援センターの主任ケアマネジャーに配置されるため，最初から知識や技術について期待や信頼を持たれていないこと，などがその理由として挙げられた。

また，スーパービジョン関係を構築するためには，スーパーバイザーとスーパーバイジーの立場が重要となるが，ケアマネジャーとしての実務経験のみを取り上げれば，地域包括支援センターの主任ケアマネジャーと居宅介護支援事業所の主任ケアマネジャーの立場は逆転してしまう。そうなると，特定加算のある居宅介護支援事業所の主任ケアマネジャーにとってのスーパーバイザー的存在が不在となり，主任ケアマネジャーを支援するシステムもなくなってしまう可能性がある。

一方，地域包括支援センターの主任ケアマネジャーについても，要介護のためのケアプランは作成しない立場にある以上，スーパーバイザーとしてどこまで関与できるのかはっきりしない。直営型の地域包括支援センターの主任ケアマネジャーであれば，保険者という立場に比較的近いためにかなり積極的な関

与が可能だが，委託型の場合は，どうしても保険者の意向をうかがいながらの関与になってしまう。そのためか，特定加算のある居宅介護支援事業所のスーパービジョンについては，可能な限り主任ケアマネジャーに一任し，事業所内解決を図る方法がとられているものと思われる。

(3) 独自の取り組み

　居宅介護支援事業所の主任ケアマネジャーは，みずからの力量アップを図り，事業所内のケアマネジャーの資質向上を望んでいることが，今回の調査からわかった。そのために，地域包括支援センターの主任ケアマネジャーを当てにすることなく，資質向上に向けた独自の取り組みを進めているようである。また，地域包括支援センターの主任ケアマネジャーも，居宅介護支援事業所内での取り組みに期待し，こちらからの関与はできるだけ少なくしたいとの考えがうかがえた。

　居宅介護支援事業所の主任ケアマネジャーと地域包括支援センターの主任ケアマネジャーが，法律上同じ名称とされていることも，両者の役割を不明確にし，連携を難しくしている原因だと思われる。そう考えると，地域包括支援センターが誕生する前にあった，基幹型在宅介護支援センターと地域型在宅介護支援センターの関係図式が，ケアマネジャーへの支援関係を理解するうえで最適だったのではないだろうか。居宅介護支援事業所は民間の事業所であり，利用者との契約による市場原理が働いている。そこへ地域包括支援センターという公的機関が関与するわけだから，両者をうまく共存させるのは簡単ではないだろう。

(4) ケアマネジャーの感情管理

　第4章，本章で紹介した調査によって，ケアマネジャーや主任ケアマネジャーの多くが，自己対処法による感情コントロールを行い，利用者やその家族に不快感を与えないよう工夫しながら職務を遂行していることが明らかになった。したがって，ケアマネジャーの業務もまた，ホックシールドが述べる感情労働に該当するといえる。しかし，三橋［2006］や長谷川［2008］が指摘するように，ホックシールドが示す感情労働の特徴——「雇用者は，研修や管

理体制を通じて労働者の感情活動をある程度支配する」——が，業務のなかで十分に展開できていないのが現状である。

ケアマネジャーの場合，感情活動をある程度支配するためのスーパービジョンが実践されているとは言い難い。そこには，感情管理をケアマネジャー一人ひとりの責任に帰してしまう現行システムの問題がある。また，調査を通じてその不十分さが明らかになった主任ケアマネジャーの研修についても，プログラム内容の再検討がぜひとも必要である。

(5) スーパーバイザーの必要性

1) 日本におけるスーパービジョンの位置づけ

ヒューマンサービス従事者はストレスが多く，一般的にバーンアウトに至りやすい職業であるといわれている。ヒューマンサービス従事者のバーンアウトは，援助者側の要因，職場の要因，利用者側の要因の3つの側面があるとされるが，本調査ではバーンアウトに至る前の場面に着目した。利用者側の要因を排除し，援助者側の要因，職場の要因から，ケアマネジャーの精神的ストレスを軽減し，感情労働を支えていくうえで何が必要かを検討した。

西尾［2002］は，「我が国における福祉現場に共通する深刻な問題のひとつはスーパービジョンの不備である」と述べている。この指摘からすでに10年以上が経過したが，改善点と呼べるものは，介護保険法に主任ケアマネジャー制度が明記されたことぐらいである。しかし，その主任ケアマネジャー制度すらも十分に機能していないのが実情と言える。

スーパービジョンについては，ソーシャルワーク領域で古くから存在しているが，関係法規には明文化されていない。介護分野にさまざまなサービスがあるなかで，本調査が対象とした居宅介護支援事業所や地域包括支援センターにも，明確な形でスーパービジョンは位置づけられておらず，2005年の介護保険法改正に係る一連の審議過程においても，主任ケアマネジャーはケアマネジメントの適正実施を図ることを目的とし，ケアマネジャーのスーパーバイズやケアプランチェック等を行うこととされ，スーパーバイザーという専門職種が設けられたわけではない。しかし，スーパービジョンのなかの支持的機能に精神的支援が含まれる必要があることは，本調査からも明らかになったと思われ

る。

2) スーパービジョンの支持的機能について

　ここで、スーパービジョンの支持的機能がどう理解されているか、主要な見解を紹介しておきたい。

　黒川［1992］は、スーパーバイザーの重要な仕事には「スーパーバイジーの支持やストレス管理」もあるとし、ワーカーの燃え尽き現象に支持的スーパービジョンが必要不可欠だと述べている。福山［2005］は支持的機能について、「スーパーバイジーとスーパーバイザーが、一つひとつの業務のなかでスーパーバイジーのできているところ、よいところ、これから伸ばしてほしい能力をともに理解し、認めること」だとしている。植田［2005］は、「援助者自身が個人で行うストレスマネジメントには限界がある。そこで、支持的機能のスーパービジョンが必要になる」と述べている。また、相澤［2006］は、スーパービジョンはスーパーバイジーへの心理的サポートだとしている。一方で、塩村［2000］は、スーパービジョンの構造には同一組織内の直属上司によるものと組織の部外者によるものがあるとして、構造の違いによって、スーパービジョンとして取り扱う機能にも違いが出てくると述べている。そして、同一組織内の直属上司による場合には、利用者サービスの質に限定され、スーパーバイジーの自己覚知に迫っていくような個人的な部分に触れるアプローチは適当でないとしている。深澤［2000］は、「原則的に、スーパーバイザーはスーパーバイジーの心理的問題の治療者ではない」と述べており、対人サービス領域のスーパービジョンの支持的機能については、その取り扱う範疇の理解に関して意見が分かれている。

(6) パラレルプロセスという考え方

　ケアマネジャーが利用者やその家族とのかかわりのなかで感じるストレスや傷つきは、業務上の災害に相当するという認識が必要である。所属事業所で感情労働への精神的支援や支持が得られれば、その体験は利用者やその家族への支援技術にも活用できる。利用者の満足度をアップさせるうえでも重要である。

　黒川［1992］は、ワーカーはスーパーバイザーを模倣するものだと述べてい

る。また，塩村［2000］は「スーパーバイジー自身が情緒を伴った体験として理解でき，知らず知らずのうちに自分の中に取り入れていく」点が，スーパービジョンの有効性だと述べている。植田［2005］は「援助者が，スーパーバイザーの自分へのかかわりを無意識のうちに模倣し，利用者にフィードバックしている」として，これを「パラレルプロセス」という言葉を用いて説明している。つまり，スーパービジョンとしてケアマネジャーの精神的支援を行うことは，利用者やその家族の生活の質を向上させることにつながるのである。

　本調査では，スーパービジョンができていないとみずから評価する主任ケアマネジャーに対象者を限定したために，ごく特徴的な傾向しか明らかにできていない。スーパーバイザーとして高い力量を備えた主任ケアマネジャーに対する調査があれば，両者の比較も可能だったと思われる。
　また，スーパーバイジーとなるケアマネジャーの視点からの調査も，手が及ばなかった領域である。たとえば，ケアマネジャーによるスーパービジョンのとらえ方や，ケアマネジャーにとってのスーパーバイザーのあり方などである。
　主任ケアマネジャーのあり方を検討するうえでは，今後，こうした調査も必要になってくると思われる。

参考文献

相澤譲治［2006］『スーパービジョンの方法』相川書房。
井上信宏［2005］「地域包括ケアシステムの担い手とケアマネジメント・ネットワークの構築：ケアマネジメントの系譜と〈ケアの包括性〉のゆらぎ」『信州大学経済学論集』(Vol.53) 75-79頁。
植田寿之［2005］『対人援助のスーパービジョン　よりよい援助関係を築くために』中央法規。
遠藤征也［2009］「すべてのケアマネに主任研修を受けてほしい研修内容の見直しも」『月刊ケアマネジメント』第20巻7号，16-17頁。
川島貴美江，青野秀子［2008］「主任介護支援専門員の活動を促進する研修のあり方」『静岡県立大学短期大学部研究紀要』22号，47-56頁。
環境新聞社［2009］『月刊ケアマネジメント』20 (7)：10-21頁。
久保真人，田尾雅夫［1991］「バーンアウト——概念と症状，因果関係について」『心理学

評論』34, 412-431頁.
久保真人［2004］『バーンアウトの心理学　燃え尽き症候群とは』サイエンス社.
黒川昭登［1992］『スーパービジョンの理論と実際』岩崎学術出版社.
塩村公子［2000］『ソーシャルワーク・スーパービジョンの諸相　重層的な理解』中央法規.
清水隆則・田辺毅彦・西尾祐吾編著［2002］『ソーシャルワーカーにおけるバーンアウト　その実態と対応策』中央法規.
高良麻子［2007］「介護支援専門員におけるバーンアウトとその関連要因――自由記述による具体的把握を通して――」『社会福祉学』第48巻1号, 104-116頁.
土居健郎監修［1988］『燃え尽き症候群――医師・看護婦・教師のメンタルヘルス――』金剛出版.
中田直美［2008］「公的介護保険におけるスーパービジョンの現状と課題――主任ケアマネジャーのインタビュー調査から――」『Gakuin policy studies review』10号, 1-29頁.
長谷川美貴子［2008］「介護援助行為における感情労働の問題」『淑徳短期大学研究紀要』47号, 117-134頁.
深澤道子［2000］「スーパービジョンとは――人とかかわる職業の基本」深澤道子, 江幡玲子編集『現代のエスプリ　スーパービジョン・コンサルテーション実践のすすめ』至文堂, 10-11頁.
福田健［2010］「地域包括支援センターの課題と今後の方向性」『自治体チャンネル』116号, 18-21頁.
福山和女編著［2005］『ソーシャルワークのスーパービジョン　人の理解の探求』ミネルヴァ書房.
Freudenberger.H.J［1974］"Staff burnout" Journal of Social Issues.30 159-165頁.
三橋弘次［2006］「感情労働の再考察――介護職を一例として――」『ソシオロジ』第51巻1号, 35-51頁.

終章 感情労働の実践者

1 介護労働の専門性

(1) 介護労働への誤った評価が就業構造に与える影響

　介護保険制度がスタートすると，介護サービス事業は成長産業とみなされ，民間による事業参入が相次いだ。しかし，一方で介護には「3K」（きつい・汚い・危険）のイメージがつきまとったために，当初から深刻な人材不足に見舞われた。

　武井［2006］が指摘するように，介護労働はボランティア精神に支えられた「愛の労働」として受け止められてきた。また，白崎［2009］が述べるように，「家事労働の延長」「子育てが終わった主婦ならば誰でもできる仕事」といった誘い文句も飛び交った。

　経済界は介護サービス分野の人材不足を補うために，介護労働へのこうした一面的なイメージを人々に植え付けることで人材確保を図ろうとしている。なかには，異業種からの転身者をごく短い養成期間だけで現場へ送り込むなど，きわめて乱暴な方法もとられている。これは西川［2009］が指摘するように，「介護職になら誰でもなれるだろうという安易な発想」だと言える。

　本書で紹介した調査の対象者を見ても，年齢が高いわりには経験年数の短い労働者が多数存在した。国の施策は，こうしたところにも反映しているのだろう。「どんな労働でも実際にやってみないと分からない」（西川［2009］）の言葉どおり，誘い文句につられて介護の世界へ飛び込んでみたものの，予想に反して誰にでもできる仕事ではなかったことがわかり，結局は辞めていくケースがあとを絶たない。介護職場の離職率の高さは，こうしたことにも原因があると思われる。

　離職との因果関係を立証するものではないが，本書で調査対象とした特別養護老人ホームの介護労働者のうち，20歳代と30歳代は全体の57.0％を占めている。また，40～50歳代と年齢は高いものの，福祉分野での経験年数は5年未満の労働者が最も多く，10年以上のキャリアを積んだ人たちは，調査対象者の4分の1に満たなかった。これは，施設介護労働者の人材構造に新たな変

化が起きていることを示している。

　今後，20～30歳代のキャリアデザインは大きく2つに分かれると思われる。1つは，同じ施設にとどまって，介護の現場でリーダーとして仕事を続けていくパターン，いま1つは，ケアマネジャーの資格を取得し，同じ施設内のマネジメント業務を担当するか，あるいは別の事業所へ移るパターンである。

　そして後者が増えていくと，人材構造としては，40歳代で経験年数10年以上のベテラン介護労働者が減少していくことになる。

(2) 感情コントロール技術と人生経験

　本書で紹介したいくつかの調査から，感情労働に必要な感情コントロール技術は，介護労働者のキャリアではなく，年齢の高さと関連していることが明らかになった。つまり，感情コントロール技術は，キャリアを長く積んでいれば身につくものではなく，年齢を重ねるなかでのさまざまな人生経験に拠るところが大きいということである。しかし，このことを全面的に認めてしまうと，「家事労働の延長」，「誰でもができる仕事」といった，介護労働への皮相的な評価を追認してしまうことになる。感情労働である介護労働が専門職として認知されるためには，西川［2009］が強調するように，「非熟練労働ではない」ことを明確にする必要がある。

　人生経験の豊かさは，介護労働の専門性に深い関係がある。その意味では，ベテラン介護労働者の役割は大きい。介護労働者の養成課程において，人生経験の豊かなベテラン介護労働者の感情コントロール技術を若い介護労働者に伝えていけるような人材育成プログラムが求められている。

2　ケアマネジャーと感情労働

　本章の1で紹介した施設介護労働者の人材構造の変化は，ケアマネジャー資格の創設が少なからず影響していると思われる。

　施設などで介護業務に5年以上従事した者がケアマネジャーの資格を取って，介護の現場から去っていくケースが多くみられる。本調査でも明らかになったが，施設介護の現場において，40～50歳代の労働者が30歳代の労働者に比較

して少なくなっている背景には，こうした介護労働者からケアマネジャーへの職種替えがある。

　ケアマネジャーの基礎となる実務経験が施設介護労働者であった場合，基礎資格取得時の養成課程に感情労働についての技術習得プログラムがない現状では，ケアマネジャーとして行っている感情労働は，個人の努力によって会得した技術でしかないということになる。したがって，主任ケアマネジャーとしてスーパービジョンの実践が求められても，感情コントロールの方法を十分に体得していないために，ケアマネジャーの精神的支援が難しくなるのである。

3　介護労働における感情労働の特殊性

　感情労働とされる職業領域は多岐にわたるが，佐藤ら［2012］は9つの専門領域において介護労働の本質を整理しており，他の職業領域で論じられる感情労働との差異を明確にするために，それを「共有時間」という視点から検討している。

　たとえば，感情労働が最初に取り上げられた客室乗務員においては，乗客のフライトが終了するまでという時間の区切りがそれに当たる。また，看護師をはじめとする医療領域においては，入院患者の場合は退院する日まで，外来患者であれば月に何度かという短時間でというように，患者の病気が一定の治癒段階に達したと予測されるときがそれに当たる。さらに，保育士や教師においては，3年や6年という卒業年次までがそれに当たる。いずれも終期の見える限定された時間である。これに対して介護労働の場合は，利用者やその家族との支援関係が終わるまでの期間（契約期間）ということになるが，そこで問題となるのは，感情労働の終焉を迎える時期が予測できないことである。早期に感情労働の提供を終結する場合があるかもしれないし，10年以上感情労働を提供し続けても終結が来ない場合があるかもしれない。つまり，介護労働者は，利用者やその家族との契約関係が続く限り，感情労働の提供が要求されるのである。

4　感情労働とコミュニケーション能力

　終焉予測の立たないなかで感情労働を行う。これが介護労働の特殊性である。そう考えると，感情労働を提供するための知識や技術の習得はますます重要になってくる。ところが，本書でこれまで見てきたように，現行の研修システムでは不十分である。感情コントールの必要性は理解できても，国が行う養成プログラムでは，組織で通用する感情管理技術を習得できるような内容にはなっていない。このため本書では，これまで介護労働者が自己流に行ってきた感情コントロール技術を取り上げるしかなかった。

　また，感情労働にコミュニケーションは必要不可欠という認識に立って，介護労働者のコミュニケーション能力に着目した。佐藤ら［2012］が述べるように，「感情労働は，仕事のうえでコミュニケーションを介した時に生起する多様な感情であり，自身の感情を抑制したり促進したりして対人との関係性の安定を図ろうとする心理的活動」であり，利用者やその家族との関係性の安定を図るためには，介護労働者のコミュニケーション能力の向上が求められる。

5　ミス・コミュニケーションを乗り越える力

　介護労働は，利用者やその家族とのコミュニケーションを媒体として支援関係が形成される。本書では，利用者やその家族が表出した言語的コミュニケーションのみを対象として，コミュニケーションの受け手である介護サービス従事者の「傷つき」について分析した。そこでは，言語的コミュニケーションの送り手である利用者やその家族の意図を，介護サービス従事者がどのように受け止め，傷つく言葉と判断したのかをさぐってみた。

　岡本［2011］が述べるように，ある言葉を傷つく言葉と結論づけるかどうかは，発せられた言葉の受け手である介護サービス従事者の推論如何による。また，介護サービスにおけるコミュニケーションは双方向性を持っていることから，利用者やその家族が言葉を発する前に，介護サービス従事者が発した言葉を利用者やその家族はどのように受け止め，判断したかという点も分析対象に

含めなければならない。

しかし，利用者やその家族の持つ意味内容と，介護サービス従事者の持つ意味内容が完全に一致することは稀であろう。このようにコミュニケーションの送り手と受け手の持つ意味内容の不一致状況を，施・井上［2013］はコミュニケーション・エラーと呼び，これが起こるのは，情報伝達に歪みがあるためだと指摘している。そして，歪みを起こすさまざまな要因のなかで，送り手の意図と受け手の推論が異なり，事態が正しく伝わらない場合，それを岡本［2013］は「誤解」だとして，これが双方の感情の行き違いを生じさせると述べている。つまり，コミュニケーションのなかには，情報の送り手と受け手の双方が推論する意味づけにより，言語情報にはないものが生成して誤解が発生し，ミス・コミュニケーションに至るというわけである。

とはいえ，介護労働で用いられるコミュニケーションにはミス・コミュニケーションが付きものだという前提に立ちながらも，介護サービス従事者のコミュニケーション能力の向上は図られなければならない。ミス・コミュニケーションによって介護労働者が「傷つき」を感じつつも，感情をうまくコントロールしながら業務を継続していく力が，介護サービスを担う専門職として必要だからである。

6　感情コントロールの技術

介護労働者の多くは，利用者やその家族からの言葉によって「傷つき」を感じながらも，介護サービスで求められる感情にふさわしい方向へ自己の感情をコントロールし，利用者やその家族の感情に変化がもたらされるような対応を行っている。それは，介護労働者が自己の経験に即して行っている感情労働であることが，これまで述べてきたなかで明らかになった（図1）。しかし，もう一つ明らかになったことは，感情労働としての介護労働へのフォローアップ技術や方法論がいまだ確立されていないことである。そこで，本書で紹介したいくつかの調査をふまえ，介護労働に必要な感情労働の技術について，以下の3点を提案したい。

第1に，介護労働者にとって有効な感情コントロール技術が習得できるよう

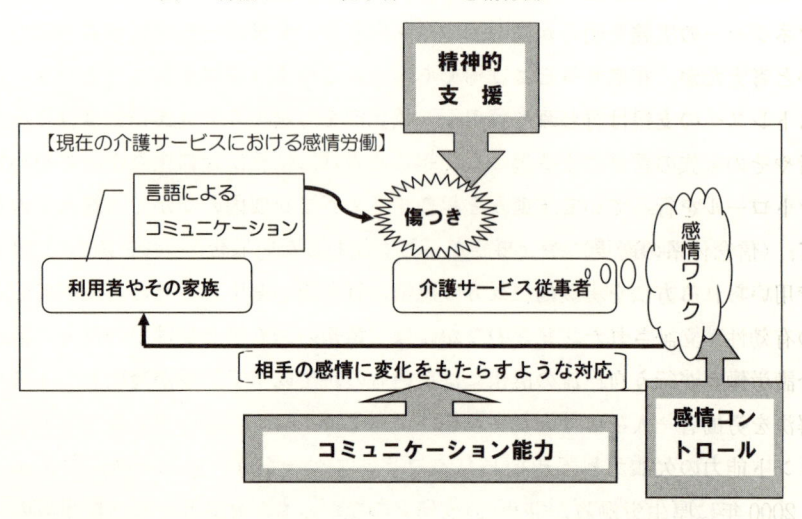

図 1 介護サービス従事者にみる感情労働のプロセス

出所：著者作成。

なカリキュラムを介護士養成課程に設けることである。加えて，望ましい感情労働を実践できるように，感情コントロール技術に関する研修会を組織として恒常的に実施することである。

　第2に，感情労働に必要不可欠なのは，利用者とその家族の感情に変化をもたらすような対応であることから，介護労働者のコミュニケーション能力を高められるような訓練プログラムを組むことである。

　第3に，介護労働者が利用者やその家族からの言葉で傷つきを感じたとき，上司や同僚たちが精神的に支援するような体制を整えることである。これは，介護労働者のストレスやバーンアウトに対する予防策としても重要である。

7　介護労働者の精神的支援

　施設介護サービスには，介護労働者に対するスーパービジョンが確立されていないところが多くある。スーパービジョンの機能の一つである介護労働者への支持的機能については，誰が実施するのかという明確な規定はなく，実践す

るかどうかの判断も施設に任されている。そのため，在宅サービスの主任ケアマネジャーの実態を明らかにし，それを施設サービスに応用できるのではないかと考えたが，在宅サービスにおいても，ケアマネジャーが被る「傷つき」やストレスへの支援は行われていなかった。つまり，多くの介護労働者は，利用者やその家族の言葉による傷つきに遭いながらも，自己対処法によって感情コントロールを行っている実態が明らかになった。そこで，ストレス軽減策として，〈信念体系の変更〉や〈リフレーミング〉，〈ねぎらい〉といった認知療法で用いられる方法を実験的に取り入れた調査を実施してみたところ，ある程度の有効性が立証された。しかし，感情規則に沿った介護労働を行うためには，介護労働者が行う自己流の感情コントロールだけでは不十分である。ストレスの解決を労働者一人ひとりの責任に帰してしまうのは，人材育成に関するマネジメント能力の欠如だと言える。

　2000年に厚生労働省が発表した「事業場における労働者の心の健康づくりのための指針」では，50人以下の小規模事業場における産業保健スタッフの配置義務（努力義務）と，事業場外資源の積極的活用を明記している。しかし実際には，同一事業場内にメンタルヘルスに関する支援体制が整備されている小規模事業者はほとんどない。そうなると，在宅サービス部門では，スーパーバイザー的存在としての主任ケアマネジャーの役割に期待せざるをえない。

　西川［2009］は，「入職したものが定着するような仕組みや，実践を伴う学習を促進するための効果的な施策を考えていく必要がある」と述べている。介護現場からの離職者をこれ以上増やさないためには，賃金の改善を図ったり，介護サービスに関する知識や技術の習得機会を増やしていくことが必要だが，同時に，労働者の職場環境の改善も喫緊の課題である。

8　これからの介護労働に求められるもの

　感情労働をめぐって，相反する2つの先行研究がある。1つは，感情労働がバーンアウトに影響を与えるという萩野ら［2004］による看護領域の研究，いま1つは，感情労働はバーンアウトの直接要因ではなく，感情労働を行いたいのにそれができない状況におかれるために，バーンアウトが引き起こされると

いう三橋［2008］の研究である。

　特別養護老人ホームの介護労働者も，在宅サービスの要であるケアマネジャーも感情労働者である点から，この労働自体が萩野の述べるように，バーンアウトに影響を与えるものであろう。そして，本書の調査で実証してきた介護労働者やケアマネジャーが感情労働者でありながら，感情労働に対する研修等の訓練がなされていないこと，利用者やその家族とのかかわりにおいて「傷つき」を感じても，職場や組織が精神的な支援をしてくれる環境が十分にないことなどを考え合わせると，感情労働が求められているにもかかわらず感情労働ができない状況にあるといえ，三橋が述べるように，こうした現状が結果的にバーンアウトに至らしめているともいえるだろう。

　感情労働に沿った教育が行われると，介護労働者の離職率が下がり，介護サービス分野の人材不足も解消されると言われるが，この点についてはもう少し突っ込んだ検証が必要だろう。

　感情労働研究については，安部ら［2011］が他者との相互作用の視点からの研究や文化的な背景からくる特異性などを加味することも必要だと述べている。この点に関わって，利用者やその家族との間のコミュニケーションのなかで生起する感情が，介護サービス従事者と利用者たちの間で双方向的に「快」の感情となるにはどうすればよいか，また，介護サービス従事者と利用者やその家族の間のジェネレーションギャップや価値観の差異を乗り越えた「快」の感情をどう生み出すか，といったことも今後の研究課題になってくるだろう。

　また，近年問題になっている若者の「新型うつ」の一つに，感情コントロールができないことが挙げられている（傳田［2009］）。将来，介護職に就くことになるかもしれない若者たちのためにも，大学など教育機関での調査や研究も必要になってくるだろう。

　国に対しては，介護労働の原点に立ち返り，次世代型の労働環境整備に重点をおいた施策をぜひ実行に移してもらいたい。

参考文献

相澤譲治［2006］『スーパービジョンの方法』相川書房。
安部好法・大蔵雅夫・重本津多子［2011］「感情労働についての研究動向」『徳島文理大学

研究紀要』82 号, 101 - 106 頁。

植田寿之［2005］『対人援助のスーパービジョン　よりよい援助関係を築くために』中央法規。

岡本真一郎編［2011］『ミス・コミュニケーション　なぜ生ずるかどう防ぐか』ナカニシヤ出版。

岡本真一郎［2013］「ミス・コミュニケーション――誤解の実態の追加調査と検討課題」『愛知学院大学心身科学会』第 9 号, 25 - 29 頁。

佐藤麻衣・今林宏典［2012］「感情労働の本質に関する試論――A.R.Hochschild の所論を中心として――」『川崎医療福祉学誌』Vol.21, No.2, 276 - 283 頁。

施桂栄・井上枝一郎［2013］「産業組織体におけるコミュニケーションエラーの発生メカニズムとその防止対策に関する研究」『関東学院大学人間学会紀要』19 号, 3 - 17 頁。

塩村公子［2000］『ソーシャルワーク・スーパービジョンの諸相　重層的な理解』中央法規。

白崎朝子［2009］『介護労働を生きる　公務員ヘルパーから派遣ヘルパーの 22 年』現代書館。

武井麻子［2006］『ひと相手の仕事はなぜ疲れるのか――感情労働の時代』大和書房。

傳田健三［2009］『若者の「うつ」「新型うつ病」とは何か』ちくまプリマー新書 117。

西川真規子［2009］「介護労働の実像」『労働調査』4 - 8 頁。

荻野佳代子・瀧ヶ崎隆司・稲木康一郎［2004］「対人援助職における感情労働がバーンアウトおよびストレスに与える影響」『心理学研究』75 号, 371 - 377 頁。

長谷川美貴子［2008］「介護援助行為における感情労働の問題」『淑徳短期大学研究紀要』47 号, 117 - 134 頁。

深澤道子［2000］「スーパービジョンとは――人とかかわる職業の基本」深澤道子・江幡玲子編集『現代のエスプリ　スーパービジョン・コンサルテーション実践のすすめ』至文堂。

福西朱美［2012］『21 世紀の新型うつ病「非定型」うつ病との向き合い方』ぎょうせい。

福山和女編著［2005］『ソーシャルワークのスーパービジョン　人の理解の探求』ミネルヴァ書房。

三橋弘次［2008］「感情労働で燃え尽きたのか？――感情労働とバーンアウトとの関連を経験的に検証する――」『社会学評論』58（4）, 576 - 592 頁。

あとがき

　利用者に「あんたなんかに何がわかる！」と声を荒げられると，「熱があって保育園を休んだ娘をおいて，あなたの世話をするために今日の交代勤務をこなしているの！」という言葉が口から出そうになり，何度自分を抑えたことだろう。「人を幸せにするはずの職業に従事していながら，自分の幸せは置き去りにしている」ことをわかってほしい。
　これが介護労働者の真の心の叫びである。介護労働者のなかには，自分の家族を犠牲にして利用者のために仕事を全うしている人も珍しくない。まじめであるがゆえに，困っている利用者を見て見ぬふりはできないと我慢し続けた結果，自分のなかにある心の叫びに気づく。そんなとき，介護労働に虚しさを感じ，いったい自分は何のためにこの仕事を続けているのか，わからなくなってしまう。そんなふうに自己の感情をやり過ごしているうちに，介護労働者として持ってはいけない感情があることを知り，自分の正直な感情に気づかないほうが楽に仕事ができるということを体得していくのである。そして，自分の感情をコントロールして，ただただ，その日の業務をこなすだけになってしまうのである。
　人を幸せにする職業に従事する者が，その仕事を通してみずからの幸せを体験できない。こうした状況におかれることはよくあるのではないだろうか。人が根底に持っている，誰かのために「役に立ちたい」と「大切にされたい」という二つのテーマが介護労働には存在する。介護サービス従事者の多くは，人のためにという意志を強く持ち介護の世界に飛び込むのである。しかし，ひとりの人間として大切にされたいという部分が，介護労働を通して達成されることがないために，何か大事なものが枯渇した状態にあるのも事実なのである。
　本書では，介護労働の事実から目をそらすのではなく，今まで見ようとしなかった部分に光をあて，さらに介護労働者の専門性を強化していく方法をさぐることを目的とした。
　本書は，博士論文に加筆・修正をほどこしたものだが，改めて介護労働における成果とは何かという問いかけが脳裏をめぐっている。介護労働における成

果とは，利用者の満足である。しかし，近年は福祉ビジネスとして儲けるための経営手法に利用され，その結果，介護労働者の精神的疲労や自己犠牲，ボランティア精神の押しつけ，低賃金労働などを招き，これらが介護職場の人材不足へとつながっているように思われる。

　20年以上前の学部生時代，介護職員が当たり前に行っているボランティア労働を非常に疑問に感じた。そして10年以上前に，「介護労働は感情労働ではないのか」と言葉にして言ったとき，それは福祉の世界ではタブーだとして相手にしてもらえなかったのを，今でも鮮明に思い出す。その時々の挫折感や悔しい思いが，本書を書く原動力となった。そのような筆者を丁寧にご指導くださった九州保健福祉大学大学院連合社会福祉学研究科博士（後期）課程の諸先生方に感謝申し上げる。いまだに，「介護は感情労働だ」と言うと誤解を受けることがある。その原因は筆者の未熟な表現力以外にない。この場を借りて，介護現場の皆様にお詫び申し上げたい。

　本書で紹介している調査を実施するにあたり，全国の介護労働者の皆様，ケアマネジャーの皆様から多大なるご協力を得たことを深く感謝申し上げたい。調査結果をまとめ上げる過程では，自信を失うことが何度もあった。そのような私を励ましてくれたのは，返送されてきたアンケートに添えてあった「私たちの声を代弁して」という多くのメッセージであった。これがなかったら，10年前の成長なき私のままであったに違いない。いま思えば，私の使命は何かを問い続けてきた10年間でもあった。

　そして，本にすることを躊躇していた私の背中を押してくださった山口洋史先生のおかげで，本書を書き上げることができた。心より感謝申し上げたい。また，旬報社の真田聡一郎氏には，私の話にいつも丁寧に耳を傾けていただいた。現場の多くの方に手に取っていただくために表現の工夫をしてくださり，介護労働の「闇」に一筋の光を当てたいという，私のわがままをお引き受けいただいたことに感謝申し上げたい。

　私を成長させてくれた現場と私が愛する人々に，感謝をこめて。

2014年8月

吉田輝美

著 者
吉田輝美（よしだ　てるみ）
昭和女子大学人間社会学部福祉社会学科准教授。
日本福祉大学卒業後，公立の養護老人ホームの介護員を経て，生活相談員となる。ケアする人のケアを専門領域として介護現場の研修を展開。九州保健福祉大学で博士号（社会福祉学）取得。仙台白百合女子大学，静岡福祉大学を経て現職。仙台白百合女子大学在職中に，ケアマネジャーや成年後見人の業務も行う。
社会福祉士，介護福祉士，介護支援専門員，認知症ケア専門士。
主な著書に，『シリーズ介護施設安全・安心ハンドブック第4巻人材育成と労務管理』（ぎょうせい，2011年），『介護従事者のための応対接遇ガイド』（ぎょうせい，2012年），『世界の社会福祉年鑑　第13集』（旬報社，2013年）などがある。

感情労働としての介護労働
――介護サービス従事者の感情コントロール技術と精神的支援の方法

2014年9月5日　初版第1刷発行
2015年2月10日　　第3刷発行

著　者　吉田輝美
発行者　木内洋育
編集担当　真田聡一郎
発行所　株式会社　旬報社
　　　　〒112-0015　東京都文京区目白台2-14-13
　　　　TEL 03-3943-9911　FAX 03-3943-8396
　　　　ホームページ　http://www.junposha.com/
印刷製本　日本ハイコム株式会社

Ⓒ Terumi Yoshida 2014, Printed in Japan
ISBN 978-4-8451-1361-3